LA CHANSON DE ROLAND

Dans Le Livre de Poche
« Lettres gothiques »

LETTRES GOTHIQUES

Collection dirigée par Michel Zink

La Chanson de Roland

Édition critique et traduction de Ian Short

2e édition

LE LIVRE DE POCHE

Ian Short est professeur de français à l'Université de Londres (Birkbeck College). Il a enseigné aux États-Unis (Berkeley) et en France (Paris X - Nanterre). Auteur de nombreux travaux sur la langue et la littérature françaises du Moyen Age, il est spécialiste de l'anglo-normand et, depuis 1974, secrétaire général de l'*Anglo-Norman Text Society*.

© Librairie Générale Française, 1990.

ISBN : 978-2-253-05341-5 – 1ʳᵉ publication - LGF

INTRODUCTION

Il est des textes qui sont notre trésor à tous, tant les héros et les lieux qu'ils évoquent nous sont familiers : qui n'a dans sa mémoire le preux Roland à Roncevaux, l'impérieux Charlemagne à la barbe fleurie, le sage Olivier, le traître Ganelon ? C'est le propre des plus grands classiques que de nourrir, jusque dans le quotidien, notre imagination. Si donc, aujourd'hui encore, notre mythologie personnelle accueille Roland et Charlemagne, c'est que l'œuvre qui les met en scène est pour nous toujours vivante, fascinante et forte.

La seule mention de *La Chanson de Roland* suffit désormais pour déclencher un déluge de superlatifs : le premier grand monument de la littérature française, le premier en date, et le plus riche, des poèmes épiques français, ou encore l'œuvre la plus connue du Moyen Age français, la plus belle des épopées nationales... Texte emblématique, texte des origines, donc, qui s'est vu, au fil des années, promu au rang de chef-d'œuvre. Loin de nous intimider, le prestige dont jouit *La Chanson de Roland* devrait nous inciter à découvrir ou à redécouvrir par nous-mêmes la splendeur et la valeur incontestées de cette œuvre. Alors nous comprendrons, en la lisant, comment et pourquoi *La Chanson de Roland* s'est imposée dans la culture universelle. En effet, cette chanson de geste n'est pas uniquement une des gloires de la littérature française : elle occupe une place unique dans les lettres européennes, voire dans la littérature mondiale : elle est, à juste titre, considérée comme le témoignage le plus achevé du genre épique médiéval.

À l'épique on oppose communément le prosaïque. L'un est apte à nous transporter et à nous émerveiller, l'autre reste ancré dans le quotidien et n'inspire guère l'enthousiasme. L'un libère l'imagination, l'autre l'étouffe. Ce n'est pas un hasard si les Anciens associaient épopée, poésie et création. Quand, plus près de nous, Voltaire faisait dire à M. de Malézieu que les Français n'avaient pas la tête épique, il provoquait plus qu'il ne constatait. Car à l'évidence nous sommes tous, quelle que soit notre culture, éminemment capables de nous émouvoir devant le grandiose et l'extraordinaire.

S'il est vrai que le commun des Français ne perd pas la tête à la lecture de *La Henriade*, c'est sans doute qu'il reconnaît instinctivement qu'il y a épopée et épopée : celle qu'un individu essaie de synthétiser ou de ressusciter, et celle – plus authentique – qui se crée et se perpétue (on ne sait trop comment) à travers le temps. Quand on parle du « souffle épique » qui fait si souvent défaut aux modernes lorsqu'ils s'essaient au mode de l'épopée, on évoque cet « ailleurs » d'où surgit l'inspiration, d'où jaillit le feu sacré, dans l'espace-temps d'un passé qui ne peut être que lointain. C'est inévitablement à l'individu que revient un jour le privilège de voir naître l'épopée sous sa plume, mais c'est à la collectivité qui l'a d'abord engendrée, puis longuement nourrie et couvée, que l'épopée doit véritablement la vie.

Le propre de l'épopée est d'étancher la soif de rêve qui est celle de chacun et de valoriser la communauté dans la durée et dans la continuité de son histoire. Parmi les variations modernes sur le thème épique, sans doute le western s'impose-t-il comme la forme la plus répandue et la plus appréciée. Ici, le gestuel et le visuel remplacent la dimension poétique de l'imaginaire dans une célébration de valeurs ressenties et perçues comme perdurables, mais mises en œuvre dans un monde qui leur est foncièrement étranger. Le western fait revivre, réinvente un passé proche d'une façon essentiellement nostalgique tout en exploitant des archétypes dont les origines se perdent dans la préhistoire.

Depuis les débuts de la littérature, en effet, le genre protéiforme de l'épopée sert à véhiculer un idéalisme plus ou moins national et à le fixer dans la mémoire historique collective. L'idéal premier, c'est celui de l'héroïsme propre aux sociétés et aux castes guerrières. Il s'inscrit dans une longue tradition épique qui remonte au-delà de l'Antiquité grecque et de ses fameux poèmes homériques pour trouver sa première expression tangible dans la littérature assyro-babylonienne du IIe millénaire avant l'ère chrétienne. *Gilgamesh*, le premier en date, donc, des textes épiques (on laissera la Bible de côté), montre l'étroite parenté qui existe, dès les origines ténébreuses de la littérature, entre mythe et épopée : dieux et mortels s'y côtoient. Les poèmes attribués à Homère, fixés par écrit dès le VIe siècle avant notre ère mais évoquant un passé héroïque plus lointain encore – de six siècles au moins – marquent l'arrivée de l'épopée au stade mythico-historique. Les héros humains s'éloignent des divinités pour devenir plus autonomes : Achille et Ulysse accomplissent leur part de destin et s'érigent en figures exemplaires et mémorables d'un passé militaire glorieux.

De par la spécificité du discours poétique qui les porte, les récits homériques sembleraient relever d'une tradition orale, dans laquelle la lettre n'est pour ainsi dire que le véhicule stabilisateur de la voix collective. L'épopée de Virgile, au contraire, marque un effacement de l'oralité et l'entrée en scène de l'individu de génie : de l'écrivain qui, tout en s'inspirant d'une longue tradition anonyme, sait accommoder son récit aux goûts d'un public choisi, rompu aux compositions sciemment structurées et finement articulées par le support de la rhétorique classique. Cette dualité, voire cette dichotomie entre l'oral et l'écrit, ne cessera désormais de marquer la production épique de l'Europe occidentale.

Dans *L'Énéide*, Virgile chante la genèse d'une nation qui se crée un passé à partir de la légende, mais c'est avec l'avènement du Moyen Age que l'épopée entame sa phase proprement historique. Sur le sol français, il faudra attendre la fin du XIᵉ siècle pour que l'épopée en langue vulgaire se manifeste comme une véritable entité. Que le silence des siècles précédents ait été rempli d'une assourdissante musique orale, c'est ce que laisse supposer toute une série d'allusions, éparpillées dans les écrits en latin, aux figures héroïques appartenant à un fonds populaire historico-légendaire ; témoignages d'une osmose continue entre littérature et ce que nous nous plaisons à appeler chronique, un processus qui s'est effectué tantôt dans un sens tantôt dans l'autre, pour aboutir à un genre d'écriture inextricablement mixte. Notre mentalité moderne, si tributaire du rationalisme, a parfois de la peine à admettre et à considérer sans condescendance ce qui passait au Moyen Age pour de l'Histoire.

L'on sait effectivement que l'épopée conserve souvent dans ses récits certains souvenirs d'événements réels. Ceux-ci sont susceptibles d'être récupérés par ceux qui croient utile de faire le partage entre « Histoire » et « Légende ». Tâche d'autant plus délicate, soit dit en passant, qu'elle s'appuie sur deux concepts difficilement définissables. Quoi qu'il en soit, l'espace-temps que met en scène l'épopée reste irréductiblement poétique : c'est avant tout à la littérature qu'ont affaire ses lecteurs et exégètes modernes, et non à l'Histoire déformée et travestie. Il n'empêche que l'on reconnaît sans peine dans *La Chanson de Roland*, la plus ancienne des épopées françaises, le souvenir d'événements particuliers qui subsiste, noyau irréductible, derrière la narration poétique. Ces événements sont suffisamment bien attestés ailleurs pour que l'on soit en droit de les considérer comme indubitablement historiques.

Qu'en savons-nous ? *« Pour l'année 778, les* Annales Royales *mentionnent une expédition victorieuse de Charlemagne en Espagne, mais ne soufflent mot d'une quelconque défaite. Cependant, une seconde rédaction postérieure d'une vingtaine d'années ajoute qu'au retour d'Espagne, beaucoup de chefs francs furent tués dans une embuscade tendue par les Basques, qui pillèrent les bagages avant de s'enfuir. Aucune des victimes n'est nommée. Vers 830, la* Vita Karoli *d'Éginhard rapporte que dans la traversée des Pyrénées l'empereur "éprouva quelque peu la perfidie des Basques" et ajoute que "dans cette bataille furent tués le sénéchal Eggihard, Anselme, comte du palais, et Roland, duc de la Marche de Bretagne, entre beaucoup d'autres". L'épitaphe d'Eggihard, qui nous a été conservée d'autre part, précise qu'il est mort le 15 août, ce qui nous permet de connaître le jour exact de la bataille. Dix ans plus tard enfin, on lit, non sans frustration, dans la* Vita Hludovici imperatoris *de l'auteur désigné comme l'Astronome limousin : "Ceux qui marchaient à l'arrière-garde de l'armée furent massacrés dans la montagne ; comme leurs noms sont bien connus, je me dispense de les redire."*

Trois conclusions se dégagent de ces témoignages. D'abord, loin que l'événement s'efface peu à peu des mémoires, il est mentionné avec de plus en plus d'insistance à mesure que le temps passe, jusqu'au moment où l'insistance devient inutile tant il est connu. Ensuite, Éginhard nomme bien Roland, mais en dernier – et pas dans tous les manuscrits. C'est à ses yeux le moins considérable des trois morts illustres de la bataille. C'est aussi le seul dont nous ne savons rien, tandis que le sénéchal Eggihard et le comte palatin Anselme nous sont connus d'autre part. Enfin, tous s'accordent pour voir dans l'embuscade l'œuvre des Basques. Tout en confirmant la célébrité croissante – et surprenante – de la bataille de Roncevaux, La Chanson de Roland *prendrait deux libertés fondamentales avec l'histoire, en donnant à Roland une importance qu'il n'a jamais eue – à supposer même que le personnage ait réellement existé – et en substituant les Sarrasins aux Basques.*

Mais les historiens arabes donnent des faits une version assez différente. Selon Ibn Al-Athir (XIIIᵉ siècle), Charlemagne serait venu en Espagne à la demande du gouverneur de Saragosse, Sulayman Ben Al-Arabi, révolté contre le calife omeyade de Cordoue. Mais, arrivé sur les lieux, il se serait vu fermer les portes de Saragosse à la suite d'un revirement de

Ben Al-Arabi. Ayant réussi à s'emparer de ce dernier, il serait reparti vers la France en l'emmenant prisonnier, mais, lors du passage du col de la Ibañeta, c'est-à-dire à Roncevaux, les fils de Ben Al-Arabi auraient, sans doute appuyés par les Basques, attaqué les Francs et délivré leur père. La bataille de Roncevaux n'aurait donc pas été un simple accrochage avec des montagnards ayant pour seule ambition de piller les bagages, mais un combat contre les Sarrasins. Elle aurait été pour Charlemagne un revers assez important.

Divers recoupements rendent cette version plausible. Elle s'accorde avec certains détails des Annales latines, qui mentionnent par exemple la capture de Ben Al-Arabi, mais ne parlent plus du tout de lui ensuite, dans des circonstances où cet otage aurait pourtant constitué un atout dans les mains de Charlemagne. Si elle est vraie ou proche de la vérité, les témoignages de l'historiographie latine en reçoivent une signification nouvelle, et la place croissante faite à la défaite devient parfaitement explicable. Les Annales officielles auront en effet tenté sur le moment de la passer sous silence. Mais elle était si connue, elle avait tellement marqué les esprits, qu'il est devenu impossible, au fil des années, de ne pas la mentionner du bout des lèvres, quitte à en minimiser l'importance, et cela au prix d'incohérences de détail qui laissent soupçonner la vérité. Un raid de pillards sur les bagages, vraiment ? Que faisaient alors au milieu des bagages des personnages aussi considérables que le sénéchal – une sorte de chef d'état-major – et le comte du palais – une sorte de commandant de la garde personnelle de Charlemagne ?

Tout cela reste une hypothèse. Si elle était avérée, pourtant, la longue mémoire qui, trois siècles plus tard, fait entendre sa voix dans le poème français aurait raison contre l'histoire officielle – au moins touchant la nature de la bataille, car tout le reste est évidemment de pure fiction, l'existence historique d'un Roland demeure une énigme et d'autres personnages sont assurément légendaires » (Michel Zink).

Dans le plus ancien des neuf manuscrits, complets ou fragmentaires, en langue française qui sont parvenus jusqu'à nous, *La Chanson de Roland* est dépourvue de titre. Il s'agit d'un codex de parchemin, de petit format, d'apparence plus que modeste, à l'écriture peu soignée, et qui est aujourd'hui conservé à la Bibliothèque bodléienne d'Oxford en Grande-Bretagne. Recopié entre 1140 et 1170 dans un français anglo-normand (la classe dirigeante d'Angleterre étant, depuis la conquête normande de 1066, francophone), ce texte offre l'état le plus authentique de l'épopée française dont nous ayons conservé la trace. Des indications textuelles permettent d'en situer la composition dans l'espace et dans le temps : peu après 1086, quelque part dans le nord de la France. On s'accorde, depuis une cinquantaine d'années et aujourd'hui encore – quoique avec certaines réserves –, à lui attribuer un statut de « précellence », comme disait Joseph Bédier, par rapport à toutes les autres versions conservées.

Qu'elle soit, comme le prétendent certains, la mise en écrit plus ou moins accidentelle d'une des innombrables interprétations orales – d'une des « performances », disent les médiévistes en donnant à ce mot le sens qu'il a en anglais – qui constituaient son seul moyen de transmission, ou qu'elle s'intègre au contraire, et de façon plus conventionnelle, au sein d'une tradition textuelle écrite, cette *Chanson de Roland*, dite « d'Oxford », reste indubitablement un chef-d'œuvre de la littérature médiévale.

La question de la préhistoire de *La Chanson de Roland* a fait couler beaucoup d'encre savante à l'instar du sang répandu inutilement sur le champ de bataille pyrénéen au VIIIᵉ siècle. À plusieurs siècles d'intervalle, deux camps opposés se sont acharnés l'un contre l'autre dans la défense d'une cause que chacun croyait, à tort, menacée. La querelle n'était pas dénuée d'arrière-pensées d'ordre politique et national : si les chansons de geste françaises dérivaient de poèmes datant de l'époque carolingienne, leur origine était largement « germanique », compte tenu de ce qu'était l'empire de Charlemagne. Si au contraire elles apparaissaient de toutes pièces à la fin du XIᵉ siècle, c'était un genre purement « français ». À l'époque où ce débat a pris forme, après la guerre de 1870, la question semblait d'importance. Mais c'est surtout la primauté de l'oral, c'est-à-dire du populaire, sur l'écrit qui constituait l'enjeu de ce débat savant. Il a fallu tout un siècle de polémiques pour que les spécialistes parviennent au compromis, pourtant si facile à prévoir rétrospectivement : un remanieur de génie, héritier d'une longue tradition orale dont il maîtrise parfaitement l'art de la composition, fait subir à l'évolution de la légende une brusque mutation. En imposant à la forme mouvante du poème – cette forme mouvante caractéristique des œuvres médiévales – une fixité artistique, une structure et une expression uniques par rapport à celles d'autres épopées, un individu anonyme se fait à la fois le continuateur d'une ancienne tradition héroïque et le créateur d'une nouvelle manière littéraire.

Il est superflu d'ajouter que cette façon de voir les choses, si élégante soit-elle dans sa formulation, contourne la problématique plus qu'elle ne la résout. On se heurte en réalité à trois problèmes interdépendants : celui de la production, celui de la transmission, et celui, enfin, de la réception. En ce qui concerne les deux premières, Gaston Paris, s'inspirant d'un romantisme quelque peu lyrique, effectua un premier pas en avant en 1865 en émettant la théorie des « cantilènes ». Ces chants lyrico-épiques en langue vulgaire seraient nés, selon lui, au lendemain même de l'événement historique qui les inspira. Transmis oralement et de façon ininterrompue de génération en génération, ils s'amplifient, se perfectionnent progressivement pour devenir, vers la fin du XIᵉ siècle, les épopées que nous connaissons aujourd'hui.

Une cinquantaine d'années plus tard, Joseph Bédier opposait à la théorie « traditionaliste » de Gaston Paris celle des origines cléricales et tardives de l'épopée française. Pour lui, celle-ci était née d'une collaboration entre jongleurs et moines dans les sanctuaires qui jalonnaient les routes de pèlerinages : il n'avait fallu que la minute sacrée de l'inspiration poétique et un seul auteur de génie pour que l'épopée française se créât de toutes pièces au XIᵉ siècle.

La thèse « individualiste » de Bédier n'a plus guère de partisans de nos jours. Dans les années 1950 elle s'est trouvée dépassée par une théorie qui se définit elle-même comme un « néo-traditionalisme ». Pour Ramón Menéndez-Pidal, qui suivit le sentier battu par Gaston Paris, le genre épique, d'origine lointaine, était en perpétuel devenir, ne vivant que de variantes, ne se transmettant qu'oralement, ne se fixant par écrit que tardivement et par pur accident, au fur et à mesure que se multiplient les innombrables versions des différents poèmes chantés.

Vinrent également s'ajouter à l'appui de cette thèse, qui privilégiait l'oral, l'étude de Jean Rychner sur l'art épique des jongleurs (1955) et les travaux de Millman Parry et de son disciple Albert Lord (1954, 1960) sur le corpus homérique. S'inspirant de leur étude des épopées orales populaires toujours vivantes en Yougoslavie, ceux-ci en viennent à assimiler densité formulaire (la répétition d'épithètes et d'hémistiches étant plus ou moins commune à toutes les épopées de *L'Iliade* à *La Chanson de Roland*) et composition orale. Bien que cette théorie n'ait pas été saluée unanimement par les critiques, ne serait-ce qu'en raison de la méthodologie quelque peu douteuse qui l'étaie, elle a eu l'avantage de remettre en question certains de nos préjugés littéraires les plus chers.

Mais encore faut-il savoir faire le départ entre diverses sortes d'oralité. Il se trouve, par exemple, que le même discours poétique formulaire qui caractérise les plus anciennes épopées françaises réapparaît, vers la même époque que le *Roland* d'Oxford, dans l'hagiographie vernaculaire, directement tributaire de sources latines, telle qu'elle est représentée par la *Vie de saint Alexis*. Qui plus est, un témoignage plus ou moins contemporain parle explicitement d'une certaine catégorie de jongleurs qui chantaient à la fois les épopées et les vies de saints. Il est donc évident que cette oralité concerne les modalités de la présentation devant le public, et que la communication et la diffusion de l'œuvre n'ont pas forcément de rapport direct ni avec le mode de composition des épopées, ni même avec leur transmission.

Point n'est besoin de rappeler que les destinataires des épopées françaises, le grand public laïc des XIᵉ, XIIᵉ et XIIIᵉ siècles, étaient analphabètes, qu'ils n'avaient pas d'autre moyen d'accéder aux textes poétiques que par voie orale, la voix étant (selon l'expression de Paul Zumthor) le seul *mass medium* alors existant. Et ce n'est pas sans raison que, dès le XIIᵉ siècle, les poèmes épiques se sont appelés «chansons de geste» (entendons : chansons d'exploits héroïques situés dans un passé lignager). Véhiculés par des chanteurs spécialistes de la récitation (il s'agit des jongleurs), les poèmes épiques se déclamaient en fait, avec accompagnement musical et devant un auditoire, à raison de quelque 1 000 à 1 300 vers par séance. Épopées jongleresques, donc, à écouter, plutôt que textes épiques à lire.

Et pourtant, la conservation dans quelque trois cents manuscrits médiévaux de plus de cent chansons de geste différentes montre bien que, parallèlement à la présentation orale, il s'était aussi établi toute une industrie de mise en écrit du poème épique. Celle-ci s'échelonne de la fin du XIIᵉ au XVᵉ siècle, avec une densité toute particulière au XIIIᵉ siècle. Le résultat est que plusieurs copies, qui datent souvent d'époques différentes, peuvent transmettre la même chanson de geste, donnant ainsi le reflet des métamorphoses et des remaniements divers qu'a subis le texte au gré des «performances» ou des réécritures (ou des deux). Tel est le cas de *La Chanson de Roland* : tandis que des traductions en gallois, norrois, moyen anglais, moyen haut allemand et néerlandais témoignent de son rayonnement à l'étranger, deux textes assonancés et sept versions rimées nous permettent d'en reconstituer l'histoire textuelle en territoire francophone.

Tout autant que la question des origines lointaines, au sujet desquelles on ne peut que spéculer en vain (en fin de compte toutes les conjectures se valent), celle de la transmission textuelle de *La Chanson de Roland* est matière à controverse. Les avis restent partagés : d'un côté on rencontre ceux qui renoncent à faire des classements stemmatiques (sous forme d'arbres généalogiques) de textes qu'ils considèrent comme autant d'échos écrits de « performances » différentes ; de l'autre, ceux qui, au contraire, voient dans la tradition textuelle actuelle la preuve irréfutable que la transmission s'est effectuée d'un écrit à l'autre.

Cependant, le statut du manuscrit d'Oxford fait l'unanimité puisque aussi bien les « textuels » que les « oralistes » lui réservent une place à part. Un principe en découle qui revêt une importance pratique : corriger le texte d'Oxford (qui n'est certainement pas exempt d'erreurs, peut-être de lacunes) à l'aide de variantes prises dans les manuscrits collatéraux serait déjà prendre parti. Une telle démarche présupposerait par ailleurs (c'est la logique de la théorie des erreurs communes) que les copies actuellement existantes représentent toutes des contaminations ou des états de texte décadents qui remontent à un seul archétype, parfait mais à jamais perdu et irrécupérable. Or il est vraisemblable que, au moins en ce qui concerne l'épopée, la notion même d'archétype est sinon irrecevable, du moins anachronique, surtout dans le contexte d'une culture laïque où la voix primait toujours l'écrit, où chaque « performance » permettait des modifications, des re-créations infinies, où l'instabilité, en somme, prédominait.

Vers 1140, pourtant, ce caractère mouvant se fige, ne serait-ce que momentanément, lorsque la tradition rolandienne est recueillie par les clercs. Les moines, ceux de Saint-Denis peut-être, l'intègrent à une compilation latine qui prétend être les mémoires de guerre d'un témoin oculaire, entièrement digne de foi, de la bataille de Roncevaux. Cet auteur n'est autre, nous dit-on, que le prêtre-guerrier Turpin, mort en Espagne selon les poètes mais ressuscité par les clercs pour apporter son sceau archiépiscopal à l'authenticité de leur supercherie littéraire. C'est ainsi que Roland fait son entrée dans l'historiographie, et c'est la *Chronique du Pseudo-Turpin* qui, au début du XIIIᵉ siècle, lui vaudra une place d'honneur d'abord sur les vitraux de la cathédrale de Chartres, puis dans les archives historiques nationales que sont les *Grandes Chroniques de France*.

Entre-temps, *La Chanson de Roland* poursuivait son chemin séculier en compagnie d'autres chansons de geste que des jongleurs colportaient de château en château, de foire en foire. Ces derniers remplissaient le rôle d'intermédiaires professionnels entre œuvre, texte et « performance ». On ne saura sans doute jamais quels étaient exactement les rapports qu'entretenaient ces trois éléments, mais on ne se trompera sans doute pas en supposant qu'aucune cloison étanche ne les séparait.

Nous savons, par exemple, qu'il existe dans le corpus épique français des textes qui conservent des traces d'interventions jongleresques au cœur même du récit. Ainsi des observations du genre : «Nobles seigneurs, vous voyez bien que je suis fatigué à force de chanter... Revenez demain après dîner, et je vous prie de m'apporter chacun un demi-denier.» Du fait qu'elles ont été recueillies dans la transmission textuelle écrite, ces interventions sont révélatrices : elles laissent supposer tout au moins que certaines copies d'épopées auraient pu être rédigées sur le vif, ou encore sous la dictée.

Quant à la récitation, rien ne s'opposait en principe à ce qu'un jongleur utilisât un texte écrit – objet pourtant très coûteux, on le sait –, mais le plus souvent il devait certainement chanter par cœur une des nombreuses chansons qu'il avait fixées dans sa mémoire. Il semble certain aussi qu'il arrivait souvent au jongleur d'intervenir activement dans la création artistique du poème qu'il interprétait, à savoir d'improviser à partir d'un répertoire d'hémistiches formulaires, de vers, ou même de scènes de remplissage dont il se servait pour étayer une mémoire qui, tout en étant prodigieuse, lui faisait parfois inévitablement défaut. Composition et «performance» semblent donc difficiles à distinguer, et le problème de la création épique médiévale reste ainsi à peu près entier.

Ces considérations matérielles sur la production et la réception de la littérature médiévale, si différentes de celles qui président actuellement à notre lecture solitaire et silencieuse du texte imprimé, sont propres à éveiller en nous le sentiment de nous retrouver dans un monde foncièrement autre que celui que nous connaissons. C'est là l'altérité du Moyen Age, et toute sa richesse pour un esprit contemporain, puisque c'est justement dans cette différence que réside tout l'intérêt esthétique et intellectuel qu'il y a à explorer cette région méconnue de notre patrimoine littéraire. Cette altérité constitue une gageure véritable pour qui tente de faire revivre le passé. Néanmoins, avant de pouvoir la tenir, nous aurons à nous défaire de certains préjugés, à réévaluer certaines priorités et à réorienter quelque peu l'horizon de nos attentes.

Si, à défaut de savoir lire, nous étions obligés d'écouter réciter un roman de Balzac, par séances et devant un public hétéroclite, si nous n'avions pas la possibilité de régler nous-mêmes le rythme de notre réception, de nous arrêter pour nous concentrer sur un passage difficile ou important, de revenir en arrière pour reprendre le fil de l'histoire, pour distinguer le rôle des divers personnages, pour synthétiser tout le détail de leur biographie psychologique, et pour élaborer notre interprétation globale de l'œuvre, nous nous sentirions vite dépaysés.

Imaginons, à leur tour, nos homologues médiévaux devenus tout d'un coup lettrés et placés devant un texte qui ne leur fournirait pas l'intrigue linéaire dont ils avaient besoin pour retenir leur attention, les répétitions rythmées et les nombreuses redites auxquelles ils s'attendaient, un texte qui les priverait d'un récit rapide et riche en rebondissements, qui s'interromprait pour entamer des descriptions détaillées (figurons-nous une Pension Vauquer médiévale !) et de longues analyses psychologiques, un texte qui ne leur présenterait pas un nombre restreint de personnages types, dotés chacun de traits immédiatement reconnaissables, qui les mettrait devant un protagoniste d'origine humble à qui l'héroïque est inconnu... : toutes leurs attentes seraient déçues, toutes leurs habitudes littéraires bouleversées.

De même que Balzac ne destinait pas ses romans à des analphabètes médiévaux (ni même aux inconditionnels de l'écran, grand ou petit), de même l'auteur (ou les auteurs) de *La Chanson de Roland* n'écrivait pas pour nous, lecteurs sophistiqués, solidement encadrés, neuf cents ans plus tard, dans une culture de l'imprimé, et formés, quant à nos goûts littéraires, soit aux écoles néo-classique et romantique, soit aux fines et anarchisantes leçons particulières du Nouveau Roman. Il importe, pour tout dire, d'accorder à la littérature médiévale le droit de se faire évaluer selon des critères qui lui soient propres et appropriés. Lui enlever son historicité, ce serait jeter le bébé avec l'eau du bain.

Le souci de la répétition et de la symétrie, du parallélisme et de l'antithèse préside à la mise en pratique du discours épique, tant au niveau du micro-texte (répétition d'épithètes, de formules) qu'à celui du macro-texte (épisodes qui renvoient l'un à l'autre, structure d'ensemble phasée et équilibrée). Ce qui confère au texte non seulement des rythmes poétiques immédiats mais également de larges modulations incantatoires, voire presque liturgiques parfois.

S'agissant de la narration, le lecteur moderne de *La Chanson de Roland* s'habituera sans trop de difficulté à voir revenir maintes et maintes fois les mêmes scènes stéréotypées de conseils, d'ambassades, d'affrontements singuliers, de batailles ; il ne s'étonnera bientôt plus devant l'emploi réitéré des mêmes procédés stylistiques : d'innombrables scènes dialoguées, des descriptions réduites au minimum et privilégiant

le concret et le visuel, une gamme restreinte d'images et de
métaphores, l'absence d'interventions du narrateur, l'absence
d'explications des comportements, même les plus lourds de
conséquences.

L'unité de la narration, c'est la laisse, groupement – de longueur variable – de décasyllabes, dont chacun comporte un premier hémistiche de quatre syllabes, suivi d'une forte césure et
puis d'un deuxième hémistiche de six syllabes. Chaque vers est
comme un moule d'où ne déborde presque jamais l'articulation
syntactique de la phrase. À l'intérieur de la même laisse,
l'assonance (identité de la voyelle tonique finale) lie les décasyllabes entre eux.

Les laisses, de même que les phrases, sont souvent juxta-
posées sans lien explicite (selon le principe de la parataxe);
cependant, l'enchaînement des laisses peut se faire parfois
selon une technique très élaborée de reprise. À certains
moments critiques, la narration décélère : une même action est
décrite, avec de légères variations, dans plusieurs laisses dites
similaires qui forment comme des barrages lyriques avant que
l'histoire ne reprenne à nouveau son cours (J. Rychner). Ainsi,
aux vv. 1049 et ss., Roland ne refuse pas à trois reprises, mais
une seule fois, de sonner du cor, cette décision-charnière étant
isolée et mise en lumière par le poète au moyen de la répétition.

C'est peut-être à propos des personnages que le lecteur
moderne aura le plus de difficulté à se faire aux habitudes et
aux procédés du texte épique médiéval. La notion même de
personnage doit être remise en question : mieux vaudrait parler
de figures types. Effectivement l'action prime si bien l'actant
dans l'épopée que celui-ci n'a guère la possibilité de revêtir
l'épaisseur et la cohérence psychologiques que l'on reconnaît
encore aujourd'hui comme indispensables à la caractérisation
littéraire. Non que Roland, par exemple, soit entièrement
dépourvu de traits dits «de caractère». À l'idéalisation du
héros par le poème répond l'aspiration du public à s'identifier
avec lui (M. Rossi). Il a beau signifier, il lui faut vivre aussi.

À la différence du roman médiéval courtois, qui est interro-
gation, investigation et intégration au regard de l'individu,
l'épopée est essentiellement constatation, confirmation et célébration à l'échelle de la collectivité. Le héros épique, homme
d'action et de décision, reste subordonné à la destinée de la
communauté nationale et chrétienne dont il est le représentant.
Roland, tout en étant strictement conditionné par les actions
que le poète lui assigne et confie, incarne toute une gamme de
qualités héroïco-féodales. Figure de proue de la noblesse che-

valeresque, il met son sens farouche de l'honneur, ses qualités de fidélité vassalique inconditionnelle, son dévouement sans bornes à la cause religieuse, son dynamisme féroce et sa vaillance physique à toute épreuve (Olivier ajoutera à cela le dosage de sagesse classique traditionnelle) au service d'une cause qui dépasse sa personne. Ce qui aux yeux de certains modernes passe pour de l'extrémisme représentait sans doute pour les contemporains un engagement total. L'essentiel, dans le contexte de l'idéalisation littéraire, c'est que le typique l'emporte sur l'humain, sans toutefois l'étouffer. Ceux qui tiennent à « humaniser » la figure type de Roland y parviendront sans doute ; qu'ils n'oublient pas pourtant, comme lui, sa fiancée Aude...

Les figures héroïques, donc, sont tout entières dans leurs actes. Quant à leurs paroles, elles ne sont peut-être que l'extension de leurs actes. Par les propos qu'il leur prête, le poète cherche sans doute à fournir une réponse immédiate des interlocuteurs à la situation dans laquelle ils se trouvent, et non une observation de portée morale générale que l'on pourra impunément dissocier de son contexte. Ainsi l'archevêque Turpin injurie dédaigneusement les moines (vv. 1880-1882), Olivier critique son compagnon d'armes et frère de lait Roland (vv. 256, 1101, 1710, 1723-1734) ; la voix impersonnelle du narrateur se conforme au même procédé quand elle chante les louanges du traître Ganelon (vv. 281-286 ; *cf.* 467), sans oublier le célèbre vers 1093 (« Roland est preux et Olivier est sage »), tant de fois arraché à son contexte, trop sollicité et trop souvent mal compris.

Certaines inconséquences apparentes dans la fonction de la parole, tel le silence passif de l'impérieux Charlemagne à des moments cruciaux du récit, ou les mauvais conseils prodigués au début de l'histoire par Naimes, à l'encontre de son rôle de sage conseiller, pourraient s'expliquer par les exigences de la narration. D'autres encore, tels les portraits excessivement laudatifs de certains païens (vv. 957-960, 3157-3164), par le poids que la diction formulaire exerce constamment sur la composition.

Il reste vrai que la chanson de geste est peu prodigue en réflexions et explications. Devant des actants qui n'expriment pas volontiers leurs intentions et n'analysent que rarement les conséquences des événements qu'ils subissent ou qu'ils créent, devant un narrateur dont la voix reste tout aussi peu communicative, le lecteur sera tenté, à l'exemple de l'auditeur médiéval, de concentrer son attention sur l'action.

Or il découvrira que, parmi les nombreuses actions successives qui constituent la narration, il n'y en a pas une qui ne soit mise en branle, directement ou indirectement, par Roland. Sa volonté d'agir et le don qu'il a d'entraîner les autres dans l'action animent la dynamique de l'intrigue. On verra Roland, jamais vaincu par les païens, aller jusqu'à mourir de ses propres efforts. Et même après sa mort, les effets de son énergie héroïque vitale continuent à se faire sentir, avant tout chez Charlemagne. Comme galvanisé par l'exemple de son neveu et désireux de venger sa mort, l'empereur reprend la lutte. Il s'assure ainsi la victoire, non seulement celle de la mission sacrée qu'il incarne, mais également celle, posthume, de Roland.

Cette mission, il faut le dire, ne peut s'accomplir sans vio-lence. Certains lecteurs seront sans doute choqués de constater qu'une morale et une esthétique de la cruauté guerrière sous-tendent cette épopée. Le poète, à travers la célébration d'une « liturgie de génocide » (J.-C. Payen), semble effectivement faire l'apologie d'une brutalité qui engendre la mort. Ce qui nous conduit à rappeler que nous avons affaire ici à une société (exclusivement masculine, d'ailleurs) où la justice se déclarait toujours à travers la force, et où la victoire était considérée comme un jugement de Dieu : la fin, du moment qu'elle était poursuivie au nom de la religion, justifiait tous les moyens. La commémoration de l'héroïsme de cette époque ne peut que brasser les eaux boueuses de l'intolérance, de la xénophobie et du racisme – attitudes qui ne sont hélas pas mortes avec la fin du Moyen Age.

Le terrain ainsi partiellement déblayé, le lecteur s'appro-chera du poème dans l'espoir, sinon la certitude, de pouvoir se livrer au plaisir du texte médiéval sans le confondre avec ses équivalents modernes. Outre le sentiment agréable de dépayse-ment que la lecture lui procurera, il ne manquera pas d'appré-cier les nombreuses possibilités d'interprétation que lui offre le texte. Si certaines sont culturellement et historiquement plus vraisemblables que d'autres, toutes sont licites à condition d'être cohérentes.

Celles et ceux qui allient le souci de la méthodologie à la soif d'interprétation s'amuseront peut-être à emboîter le pas aux exégètes médiévaux eux-mêmes, et à suivre leur système her-méneutique à trois niveaux : *per litteram* (sens littéral), *per sensum* (sens abstrait), *per sententiam* (sens allégorico-moral). Alternativement, on pourra se servir de la dialectique (jeu logique des oppositions) si chère aux scolastiques médiévaux en établissant tout un réseau de bipolarités : Roland/Ganelon, guerre/paix, fidélité/trahison, Charlemagne/Marsile, bien/

mal..., autour desquelles on groupera ses analyses thématiques. Les formalistes, les sémiologues et les narratologues y trouveront leur compte aussi, sans parler des adeptes de la déconstruction qui s'entortilleront avec délectation dans les complexités multiples de l'inarticulé épique.

Ceux dont les goûts sont plus modestes, ou plus classiques, préféreront peut-être postuler l'existence d'un modèle de tragédie dont la trame est nouée bien avant la trahison de Ganelon, dès le moment où, malgré Roland, la décision est prise collectivement d'abandonner la guerre sainte inachevée. On comprendra ainsi la fatale querelle qui éclate entre Roland et Ganelon, et on ressentira le caractère inéluctable du désastre de Roncevaux, que Roland eût sonné du cor ou non.

D'autres interprétations par le biais des idéologies ou par celui de la sociologie s'avéreront également fructueuses. La clé exégétique n'est-elle pas à chercher dans le concept même de croisade qui sous-tend le poème d'un bout à l'autre ? En même temps, le culte féroce de l'honneur personnel et familial (Roland ne peut supporter l'idée de devenir l'objet d'une « male chanson ») n'est-il pas à la racine des conflits interpersonnels qui seuls empêchent que l'idéal impérial et chrétien ne se réalise ? En tant que célébration de valeurs féodales, l'épopée est-elle le reflet d'une société qui s'interroge, ou bien l'image de marque d'une élite violente qui se valorise ?

Le débat peut s'orienter tout aussi bien sur la question de savoir si l'éthique de la chanson est vraiment religieuse, ou si l'inspiration fondamentale ne reste pas plutôt d'ordre féodoséculier. Il n'est évidemment pas exclu de voir les deux aspects associés en filigrane, par couches de réécritures successives, ou bien encore en confrontation.

On évitera, par contre, de s'en tenir à l'analyse des caractères, et en particulier de rabâcher le débat stérile sur la prétendue « démesure » de Roland. Pour autant qu'il soit permis de l'envisager comme un personnage plutôt que comme une figure type, Roland est certes un jusqu'au-boutiste, mais Dieu lui réserve une mort de martyr tout à fait exceptionnelle et exemplaire, l'envoi des anges laisse même prévoir la sainteté par assomption – et tout cela sans que Roland éprouve le besoin d'évoquer son prétendu péché lors de sa confession, celle-ci restant des plus banales et des plus générales. Enfin et surtout, grâce au sacrifice de son neveu, Charlemagne aura la possibilité de se racheter et de mener à bien, jusqu'au triomphe, la guerre sainte contre l'infidèle. On n'oubliera pas non plus que le héros meurt bien avant la fin du poème, et que l'épisode de Baligant (qu'il soit un ajout tardif ou non) nous oblige à élargir

l'horizon de notre interprétation au-delà du seul héros épo-
nyme.

Quant aux évocations de la «douce France» auxquelles
s'attacheront certains, comment les concilier avec les preuves
réunies par les historiens selon lesquels il n'existait pas de sentiment national en France avant le règne de Philippe
Auguste...? *La Chanson de Roland* n'a certes pas fini de nous
livrer tous ses secrets. À nous tous, donc, de relever le défi
qu'elle nous lance à travers les siècles, de chercher à en cerner
les enjeux, littéraires et autres, à comprendre les idéalismes et
les mentalités complexes de cet univers héroïque «autre», tel
que nous le révèle la plus belle et la plus riche des épopées
françaises.

Ian SHORT
Vazerac (Tarn-et-Garonne).

L'édition du texte médiéval que nous avons établie est entièrement nouvelle, et elle a été soigneusement revue à partir du
manuscrit original. Elle est d'ailleurs destinée à faire partie, en
temps utile, d'une édition intégrale en plusieurs volumes du
corpus rolandien, qui sera publiée par les Presses Universi-
taires de Californie. Dans le cadre de cette publication future,
j'aurai le devoir d'exposer les principes d'édition que j'ai
adoptés et de justifier, avec notes détaillées à l'appui, les chan-
gements que j'ai cru bon d'apporter au texte. En attendant,
qu'il suffise de dire que j'ai suivi la lettre du manuscrit
d'Oxford de très près ; avec moins de fidélité (de servilité ?),
certes, que Bédier, dont l'édition (parue en 1921, revue en
1937) est devenue à juste titre un classique, mais avec beaucoup moins de corrections aussi que n'aurait pu en introduire
un éditeur interventionniste prêt à scruter les manuscrits collatéraux afin d'« améliorer » le texte d'Oxford et d'en procurer
une édition à l'instar, par exemple, de celle qu'a publiée Cesare
Segre en 1971. Je me suis permis, néanmoins, dans le but de
rendre le texte plus lisible et plus accessible aux lecteurs non
spécialistes, de rétablir la mesure de certains décasyllabes
déformés par l'incurie des copistes, d'écarter certaines petites
irrégularités graphiques dans la prosodie, et de réduire, autant
que possible, le nombre d'assonances anormales. C'est ainsi
que le texte que nous présentons se fonde non sur une simple
transcription du manuscrit d'Oxford, mais sur une édition critique de ce même manuscrit.

Les traductions françaises de *La Chanson de Roland* étant
sans doute plus nombreuses encore que les éditions, il y a tout
lieu d'hésiter avant de s'aventurer à en allonger la liste. Une
nouvelle version, me semble-t-il, ne saurait se justifier que si
elle se veut novatrice et sensiblement différente de toutes celles
qui l'ont précédée. Je dis bien « différente » et non « meilleure », car la belle traduction qu'a imprimée Bédier en regard

de son texte reste sans doute le *nec plus ultra* dans le domaine
du mot à mot. Cependant, il est peut-être permis de jouer sur
les possibilités d'adapter la structure de la phrase moderne pour
la rendre plus conforme au rythme de l'original. Étant donné
l'importance de l'hémistiche comme unité d'énonciation, et de
la formule comme unité récurrente d'expression, il m'a semblé
intéressant de chercher à introduire dans ma version – dans la
mesure du possible, bien sûr – certaines des cadences sylla-
biques de l'ancien français, ainsi que les répétitions et reprises
littérales qui confèrent au texte sa dimension incantatoire de
commémoration. C'est ainsi que la traduction cherchera, en
début de vers, à se faire l'écho de l'original en imitant la structure rythmique de l'hémistiche initial de quatre syllabes. De
plus, notre version moderne conservera, là où la syntaxe le
permet, les nombreuses répétitions – lexicales et formulaires –
qui constituent l'un des traits les plus distinctifs et les plus
essentiels du discours épique. Seul le lecteur pourra juger du
succès de cette entreprise difficile et peut-être trop ambitieuse.

   Il faut signaler, enfin, l'existence d'une gamme de lexèmes
qui, dans la langue d'origine, revêtaient une importance toute
particulière à l'intérieur d'un système de valeurs « féodo-
morales », mais dont les équivalents en français moderne se
sont neutralisés au point de perdre leur signification première.
Il convient donc de les redéfinir dans le contexte de notre traduction. Loin de désigner de simples grades hiérarchiques, des
termes tels que « baron », « chevalier », « homme », « seigneur », « vassal » sont autant de mots clés d'une éthique guerrière noble où sont mises en valeur des qualités masculines de
bravoure, voire d'agressivité féroce, de solidarité féodale, de
sens de l'honneur personnel et familial, de dévouement incon-
ditionnel à la cause embrassée, de fierté militaire et d'amour-
propre chevaleresque. C'est dans un monde ainsi conçu que
sont valorisés les guerriers types, et qu'ils acquièrent, grâce à
des hauts faits et des actions de valeur, l'appellation de
« preux » – épithète intraduisible qui à elle seule recouvre
toutes les qualités nécessaires au héros, et qu'incarne si bien le
plus brillant de ses prototypes littéraires, Roland.

   À moins d'en être réduit à tergiverser sans cesse et inutilement face aux exigences irréconciliables de la stricte fidélité
d'un côté, et du souci de rendre l'original accessible au lecteur
moderne de l'autre, le traducteur se doit – me semble-t-il –
d'opter résolument pour une démarche qui lui permette de sau-
vegarder l'essence poétique du texte dont il se fait l'interprète.
C'est à ce titre surtout que nous avons délibérément évité de
trop moderniser le poème, nous attachant avant tout à ne pas

dénaturer son vocabulaire assez restreint, et à ne pas en gommer systématiquement tous les archaïsmes. Il nous arrive par conséquent non seulement de reproduire certains aspects de la langue médiévale (y compris l'usage assez particulier de certains temps verbaux), mais d'employer également des vocables un peu désuets et des termes techniques. Il nous a paru important d'en offrir une définition et d'y apporter quelques éclaircissements ; un petit glossaire est donc placé en appendice. Enfin, une sélection de notes, destinées en premier lieu à faciliter la lecture du texte, vient compléter notre édition.

Arrivé au terme de mes peines, je tiens tout particulièrement à remercier Emmanuèle Baumgartner du concours qu'elle a si généreusement prêté à mon travail. À l'égard des traducteurs et des éditeurs de *La Chanson de Roland* qui m'ont devancé, j'ai contracté de nombreuses dettes qu'il me serait impossible d'énumérer ; qu'ils trouvent ici collectivement l'expression de ma profonde reconnaissance. Au directeur de la présente collection, Michel Zink, je renouvelle l'expression de mon estime et de ma gratitude : je lui sais gré de la bienveillance avec laquelle il a guidé chaque étape de mon travail.

Je profite de cette deuxième édition pour rectifier quelques fautes d'impression, pour revoir certains détails du texte ainsi que de la traduction, pour ajouter un certain nombre de notes explicatives, et pour annexer une liste des noms propres afin de fournir un outil de référence à celles et à ceux qui étudieront le texte de près.

I.S.

La numérotation des notes renvoie à celle des vers.

INDICATIONS BIBLIOGRAPHIQUES

Principales éditions

Bédier J., *La Chanson de Roland...*, 6ᵉ éd. (définitive), Paris, Piazza, 1937 ; réimp. Paris, 10/18, 1973.

Moignet G., *La Chanson de Roland...*, 3ᵉ éd., Paris, Bordas, 1972.

Segre C., *La Chanson de Roland...*, Milan-Naples, Ricciardi, 1971.

Segre C., *La Chanson de Roland...*, 2ᵉ éd. trad. par M. Tyssens, Textes Littéraires Français 368, 2 vol., Genève, Droz, 1989.

Études critiques

Rychner J., *La Chanson de geste : essai sur l'art épique des jongleurs*, Publ. romanes et françaises 53, Genève, Droz, 1955.

De Riquer M., *Les Chansons de geste françaises*, 2ᵉ éd. trad. par I.-M. Cluzel, Paris, Nizet, 1957.

Menéndez-Pidal R., *La Chanson de Roland et la tradition épique des Francs*, 2ᵉ éd. trad. par I.-M. Cluzel, Paris, Picard, 1960.

Le Gentil P., *La Chanson de Roland*, 2ᵉ éd., Paris, Hatier-Boivin, 1967.

Vance E., «Roland et la poétique de la mémoire», dans *Cahiers d'Études Médiévales*, 1 (1973), 103-115.

Burger A., *Turold, poète de la fidélité...*, Publ. romanes et françaises 145, Genève, Droz, 1977.

Répertoires bibliographiques

Duggan J., *A Guide to Studies on the Chanson de Roland*, Londres, Grant & Cutler, 1976.

Bossuat R., *Manuel bibliographique de la littérature française au Moyen Age...*, 3ᵉ supplément (1960-1980) par F. Vielliard et J. Monfrin, Paris, CNRS, 1986.

Bulletin bibliographique de la Société Rencesvals, publ. annuelle, Paris, Nizet, 1958 et ss.

La Chanson de Roland

1

Carles li reis, nostre emperere magnes,
Set anz tuz pleins ad estét en Espaigne :
Tresqu'en la mer cunquist la tere altaigne.
N'i ad castel ki devant lui remaigne ;
5 Mur ne citét n'i est remés a fraindre
Fors Sarraguce, k'est en une muntaigne.
Li reis Marsilie la tient, ki Deu nen aimet ;
Mahumet sert e Apollin recleimet :
Ne s' poet guarder que mals ne l'i ateignet.   AOI

2

10 Li reis Marsilie esteit en Sarraguce :
Alez en est en un verger suz l'umbre ;
Sur un perrun de marbre bloi se culched,
Envirun lui plus de vint milië humes.
Il en apelet e ses dux e ses cuntes :
15 'Oëz, seignurs, quel pecchét nus encumbret :
Li empereres Carles de France dulce
En cest païs nos est venuz cunfundre.
Jo nen ai ost qui bataille li dunne,
Nen ai tel gent ki la süe derumpet.
20 Cunseilez mei cume mi saivë hume,
Si m' guarisez e de mort e de hunte !'
N'i ad paien ki un sul mot respundet
Fors Blancandrins de Castel de Valfunde.

---

1. A défaut d'un prologue traditionnel, le poème débute plus ou moins *in medias res* à la suite d'une première laisse qui sert de mise en contexte. Cette laisse situe le récit dans un espace-temps dont les différents composants privilégient le poétique aux dépens de la «réalité historique» telle que nous la reconnaissons aujourd'hui. Ainsi Charlemagne est-il désigné comme «empereur», dignité qu'il ne reçut en réalité qu'en 800, soit vingt-trois ans après Roncevaux ; son séjour en Espagne fut de quelques mois seulement, et non de sept ans – durée à résonances symboliques évidentes ; également symbolique, et en flagrante contradiction avec la géographie, est l'emplacement poétique de

1

Charles le roi, le Grand, notre empereur,
sept ans entiers est resté en Espagne.
Jusqu'à la mer il a conquis les terres hautes :
aucun château devant lui ne résiste,
5 il n'est ni mur ni cité qui reste à forcer
sauf Saragosse, qui est sur une montagne.
Le roi Marsile la tient, qui n'aime pas Dieu ;
c'est Mahomet qu'il sert, Apollyon qu'il invoque ;
il n'en peut mais : le malheur le frappera.

2

10 Le roi Marsile se tient à Saragosse.
Dans un jardin, à l'ombre, il est allé ;
là il s'allonge sur un bloc de marbre gris,
autour de lui plus de vingt mille hommes.
Lors il s'adresse à ses ducs et à ses comtes :
15 « Apprenez donc, seigneurs, quel malheur nous accable !
Charles, l'empereur de France la douce,
cherche notre ruine en venant dans ce pays.
À lui livrer bataille, mon armée n'est pas de taille,
et je n'ai pas de gens pour écraser la sienne.
20 Conseillez-moi, hommes sages que vous êtes,
préservez-moi ainsi de la mort et de la honte. »
Aucun païen qui réponde un seul mot
sauf Blancandrin du Château de Val-Fonde.

Saragosse sur une hauteur imprenable ; l'étendue des victoires impériales est
aussi de l'ordre de l'imaginaire.

8. Les Arabes d'Espagne sont présentés d'emblée comme des païens, et
l'Islam, qui interdit formellement toute représentation figurale de la divinité,
travesti en religion idolâtre. De même que le poète prête au monde dit « sarrasin »
une hiérarchie féodale et une organisation sociale qui ne diffèrent guère de celles
des chrétiens, de même il se plaît à évoquer l'existence chez les musulmans
d'une structure religieuse qui est visiblement calquée sur la Trinité chrétienne :
le prophète Mahomet lui-même, Tervagan (que nous rencontrerons plus loin au

3

Blancandrins fut des plus saives paiens,
25 De vasselage fut asez chevaler :
Prodom' i out pur sun seignur aider,
E dist al rei : 'Or ne vus esmaiez !
Mandez Carlun, a l'orguillus, al fier,
Fedeilz servises e mult granz amistez :
30 Vos li durrez urs e lëons e chens,
Set cenz camelz e mil hosturs müers,
D'or e d'argent quatre cenz muls cargez,
Cinquante carre qu'en ferat carïer ;
Ben en purrat lüer ses soldeiers.
35 En ceste tere ad asez osteïét :
En France, ad Ais, s'en deit ben repairer.
Vos le sivrez a feste seint Michel,
Si recevrez la lei de chrestïens :
Serez ses hom par honur e par ben.
40 S'en volt ostages, e vos l'en enveiez,
U dis u vint pur lui afïancer.
Enveiuns i les filz de noz muillers :
Par num d'ocire i enveierai le men.
Asez est melz qu'il i perdent lé chefs
45 Que nus perduns l'onur ne la deintét,
Ne nus seiuns cunduiz a mendeier.'   AOI

4

Dist Blancandrins : 'Par ceste meie destre
E par la barbe ki al piz me ventelet,
L'ost des Franceis verrez sempres desfere :
50 Francs s'en irunt en France, la lur tere.
Quant cascuns ert a sun meillor repaire,
Carles serat ad Ais, a sa capele ;
A seint Michel tendrat mult halte feste.
Vendrat li jurz, si passerat li termes,
55 N'orrat de nos paroles ne nuveles.

---

v. 611), et Apollyon. Ce dernier est sans doute à identifier à « l'Ange de l'Abîme qui s'appelle en hébreu Abaddon (Destruction) et en grec Apollyon (Destructeur) » (Apocalypse IX, 11), plutôt qu'au dieu antique Apollon.

   9. Pour AOI, voir au v. 77.

   16. Dans la bouche de l'ennemi, l'épithète laudative de la France reste la même en vertu de la pression qu'exerce la diction formulaire sur le discours

3

Ce Blancandrin était l'un des plus sages païens :
25 par sa vaillance un très bon chevalier
et de grand prix pour aider son seigneur.
Il dit au roi : « Ne vous effrayez pas !
Faites annoncer à Charles, orgueilleux et farouche,
votre service fidèle, votre grande amitié ;
30 envoyez-lui des ours, des lions, des chiens,
sept cents chameaux et mille éperviers mués,
quatre cents mulets chargés d'or et d'argent,
cinquante chariots dont il fera son charroi ;
il en pourra bien payer ses soldats.
35 Dans ce pays il a déjà mené longue guerre :
il devrait bien s'en retourner en France, à Aix.
Vous l'y suivrez à la Saint-Michel,
vous recevrez la religion chrétienne,
et vous serez son vassal en terres et en biens.
40 S'il en réclame, envoyez-lui des otages,
dix ou bien vingt, afin qu'il nous fasse confiance.
Envoyons-y les fils de nos femmes ;
dût-il périr, j'y enverrai le mien.
Il vaut bien mieux qu'ils y perdent leur tête
45 plutôt que nous, nous perdions terres et biens,
que nous soyons réduits à mendier. »

4

Blancandrin dit : « Par cette main droite
et par la barbe qui flotte sur ma poitrine,
l'armée des Francs, vous la verrez aussitôt se disperser,
50 en leur pays de France les Francs retourneront.
Quand ils seront chacun dans son domaine principal,
que Charles sera à Aix, à sa chapelle,
il y tiendra cour plénière à la Saint-Michel.
Le jour viendra, le terme passera,
55 il n'entendra de nous ni message ni nouvelles.

épique (*cf.* aussi le v. 3295.) Cette épithète est attachée au nom de la France de façon systématique dans notre poème ; on en compte jusqu'à vingt-trois exemples.

36. Pour Aix, voir au v. 135.

43. *Par num d'ocire* : littéralement « par convention de [le voir] tuer », en d'autres termes « au risque qu'il soit exécuté ». *Cf.* la même locution au v. 149 : « au péril de sa vie ».

Li reis est fiers e sis curages pesmes :
De noz ostages ferat trencher les testes.
Asez est mielz qu'il les testes i perdent
Que nus perduns clere Espaigne la bele,
60 Ne nus aiuns les mals ne les suffraites.'
Dïent paien : 'Issi poet il ben estre !'

5

Li reis Marsilie out sun cunseill finét,
Si'n apelat Clarin de Balaguét,
Estramariz e Eudropin sun per,
65 E Prïamun e Guarlan le barbét
E Machiner e sun uncle Maheu
E Joüner e Malbien d'Ultremer
E Blancandrins por la raisun cunter.
Des plus feluns dis en ad apelez :
70 'Seignurs baruns, a Carlemagne irez ;
Il est al siege a Cordres la citét.
Branches d'olive en voz mains porterez :
Ço senefïet pais e humilitét.
Par voz saveirs se m' püez acorder,
75 Jo vos durrai or e argent asez,
Teres e fiez tant cum vos en vuldrez.'
Dïent paien : 'Bien dit nostre avoëz !'   AOI

6

Li reis Marsilie out finét sun cunseill ;
Dist a ses humes : 'Seignurs, vos en ireiz ;
80 Branches d'olive en voz mains portereiz,
Si me direz Carlemagne le rei
Pur le soen Deu qu'il ait mercit de mei.
Ja ne verrat passer cest premer meis
Que je l' sivrai od mil de mes fedeilz,
85 Si recevrai la chrestïene lei :

---

56. La gamme sémantique que recouvre l'ancien français *fiers* va de la férocité guerrière jusqu'à la fierté. Il est toujours difficile, et arbitraire, de chercher à nuancer selon le contexte.

63. L'énumération est un effet de style rhétorique très répandu dans l'épopée ; voir aussi les vv. 170 et ss. et 2402 et ss.

77. Propre à la *Chanson de Roland* d'Oxford, AOI est l'énigme la plus débattue du poème. Les savants commentateurs ont donné libre cours à leur imagination en s'efforçant d'attribuer un sens à ces trois lettres : s'agirait-il d'un refrain musical, d'une indication destinée au jongleur qui récite ou bien au scribe qui transcrit, d'une abréviation d'*amen*, d'*allelulia*, d'*ainsi soit-il*, de *halt sunt li pui*, d'*alpha*, *oméga*, *Jesus*, d'un neume, d'une interjection d'encou-

Ce roi farouche a un caractère redoutable :
à nos otages il fera trancher la tête.
Il vaut bien mieux qu'ils y perdent leur tête
plutôt que nous, nous perdions Espagne, la radieuse, la
60 et en souffrions les maux et la détresse. »   [belle,
Les païens disent : « C'est peut-être bien vrai ! »

5

Le roi Marsile avait mis fin à son conseil ;
il convoqua ensuite Clarin de Balaguer,
Estramarit et Eudropin, son pair,
65 et Prïamon et Guarlan le Barbu
et Machiner et son oncle Maheu,
et Joüner et Malbien d'Outremer,
et Blancandrin, pour leur faire part des débats.
Des plus félons il en a choisi dix :
70 « Seigneurs barons, vous irez trouver Charlemagne ;
il est au siège de la cité de Cordres.
Vous porterez en vos mains des branches d'olivier ;
c'est là un signe de paix et d'humilité.
Si par votre adresse vous me trouvez un accord avec lui,
75 je vous donnerai or et argent en grande quantité,
terres et fiefs tant que vous en voudrez. »
Les païens disent : « Notre seigneur parle bien ! »

6

Le roi Marsile avait mis fin à son conseil.
Il dit à ses hommes : « Seigneurs, vous partirez ;
80 vous porterez en vos mains des branches d'olivier,
et vous direz de ma part au roi Charlemagne
qu'il ait pitié de moi au nom de son Dieu.
Le mois présent ne passera pas, il le verra,
que je ne le suive avec mille de mes fidèles ;
85 je recevrai la religion chrétienne,

---

ragement, d'un cri de ralliement, d'une invitation à écouter... ? Le sceptique
préférera sans doute s'en tenir aux faits, à savoir que AOI revient en tout 180 fois
dans le texte (et non 172 fois, comme le prétendent Bédier/Foulet), qu'il est
généralement placé en fin de laisse (mais qu'en 21 cas il apparaît ailleurs et
qu'il manque entièrement dans de nombreuses laisses), et qu'à y regarder de
près, les lettres donnent parfois l'impression d'avoir été ajoutées après coup,
soit par le copiste lui-même, soit par une autre main. La seule conclusion à tirer,
c'est que AOI reste pour le moment inexplicable quant à sa fonction et à sa
signification, et qu'il est donc intraduisible. (Voir également la note au v. 295.)

Serai ses hom par amur e par feid.
S'il voelt ostages, il en avrat par veir.'
Dist Blancandrins : 'Mult bon plait en avreiz.'   AOI

7

Dis blanches mules fist amener Marsilies
90 Que li tramist li reis de Süatilie ;
Li frein sunt d'or, les seles d'argent mises.
Cil sunt muntez ki le message firent ;
Enz en lur mains portent branches d'olive.
Vindrent a Charles ki France ad en baillie ;
95 Ne s' poet guarder qüe alques ne l'engignent.   AOI

8

Li empereres se fait e balz e liez :
Cordres ad prise e les murs peceiez,
Od ses cadables les turs en abatiéd.
Mult grant eschech en unt si chevaler
100 D'or e d'argent e de guarnemenz chers.
En la citét nen ad remés paien
Ne seit ocis u devient chrestïen.
Li empereres est en un grant verger,
Ensembl'od lui Rollant e Oliver,
105 Sansun li dux e Anseïs li fiers,
Gefreid d'Anjou, le rei gunfanuner,
E si i furent e Gerin e Gerers ;
La u cist furent, des altres i out bien :
De dulce France i ad quinze milliers.
110 Sur palies blancs siedent cil cevaler,
As tables jüent pur els esbaneier,
E as eschecs li plus saive e li veill,
E escremissent cil bacheler leger.
Desuz un pin, delez un eglenter,
115 Un faldestoed i unt fait tut d'or mer :
La siet li reis ki dulce France tient.
Blanche ad la barbe e tut flurit le chef,
Gent ad le cors e le cuntenant fier :
S'est ki l' demandet, ne l'estoet enseigner.
120 E li message descendirent a piéd,
Si l' salüerent par amur e par bien.

---

86. Sur la foi féodale, voir le Glossaire.
95. Notons la fatalité inexorable dans laquelle s'inscrit l'impuissance de
Charlemagne, et rappelons que la première laisse du poème se termine également

et deviendrai son vassal en tout amour et toute foi.
S'il en réclame, il aura certes des otages. »
Blancandrin dit : « Vous aurez là un très bon accord. »

7

Marsile fit amener dix mules blanches
90 que lui avait envoyées le roi de Süatile ;
les freins sont d'or, les selles ornées d'argent.
Ils sont montés, ceux qui eurent à faire le message ;
et dans leurs mains ils portent des branches d'olivier.
Ils viennent à Charles qui gouverne la France ;
95 il n'en peut mais : ils l'induiront quelque peu en erreur.

8

L'empereur se fait joyeux, il est dans la liesse :
il a pris Cordres, et mis les murs en pièces,
et abattu les tours avec ses perrières ;
ses chevaliers en ont un très grand butin
100 d'or et d'argent, d'équipements coûteux.
Il n'est resté nul païen dans la ville
qui ne soit tué ou devenu chrétien.
L'empereur se trouve dans un grand jardin,
avec lui sont Roland et Olivier,
105 le duc Samson et le féroce Anseïs,
Geoffroi d'Anjou, gonfalonier du roi,
présents aussi Gerin et Gerier,
et avec eux bien d'autres encore :
de France la douce il y en a quinze milliers.
110 Les chevaliers sont assis sur des couvertures blanches,
ils jouent aux tables pour se divertir ;
ceux qui sont vieux et plus sages font des parties d'échecs,
les jeunes sportifs, eux, de l'escrime.
C'est sous un pin, près d'un églantier,
115 qu'ils ont dressé un trône tout d'or pur :
là siège le roi qui gouverne France la douce.
Sa barbe est blanche et son chef tout fleuri ;
c'est un bel homme au visage imposant :
à qui le cherche, nul besoin de le montrer.
120 Les messagers descendirent de cheval
et le saluèrent en tout bien, tout amour.

avec un présage de malheur. Des deux côtés, donc, la tragédie se noue d'avance.
(Voir aussi les notes des vv. 178 et 719, et le v. 333.)

109. La surestimation numérique des foules est une constante tant dans la
littérature épique que dans les chroniques du Moyen Age.

9

Blancandrins ad tut premereins parléd,
E dist al rei : 'Salvét seiez de Deu
Le glorïus que devuns aürer !
125 Iço vus mandet reis Marsilies li bers :
Enquis ad mult la lei de salvetét ;
De sun aveir vos voelt asez duner :
Urs e leüns, veltres enchaïgnez,
Set cenz cameilz e mil hosturs müez,
130 D'or e d'argent quatre cenz muls trussez,
Cinquante care que carïer ferez ;
Tant i avrat de besanz esmerez
Dunt bien purrez voz soldeiers lüer.
En cest païs avez estét asez :
135 En France ad Ais repairer bien devez ;
La vos sivrat, ço dit, mis avoëz.'
Li empereres en tent ses mains vers Deu,
Baisset sun chef, si cumence a penser.   AOI

10

Li empereres en tint sun chef enclin ;
140 De sa parole ne fut mie hastifs :
Sa custume est qu'il parole a leisir.
Quant se redrecet, mult par out fier lu vis ;
Dist as messages : 'Vus avez mult ben dit :
Li reis Marsilies est mult mis enemis.
145 De cez paroles que vos avez ci dit
En quel mesure en purrai estre fiz ?'
'Voelt par hostages', ço dist li Sarrazins,
'Dunt vos avrez u dis u quinze u vint.
Par num d'ocire i metrai un mien filz,
150 E si'n avrez, ço quid, de plus gentilz.
Quant vus serez el palais seignurill
A la grant feste seint Michel del Peril,
Mis avoëz la vos sivrat, ço dit ;

---

128. Pour le terme *vautre*, voir le Glossaire.

135. La capitale de l'empire de Charlemagne est Aix-la-Chapelle. Les noms géographiques cités aux vv. 1428-1429 semblent marquer les limites de l'ancienne Neustrie, la *Francia* des derniers Carolingiens (R. Louis). Au v. 2910, Charlemagne parle de son domaine à Laon, ville qui servait de résidence aux rois de la *Francia* entre 936 et 987. Dans notre texte, la désignation « France » équivaut le plus souvent à l'empire carolingien ; parfois (par ex. aux vv. 808, 3703) il semble s'agir plus précisément de l'Ile-de-France. Dans la bouche des Sarrasins, Saint-Denis semble servir de capitale à la France (v. 973) ; il n'est

9

Tout le premier, Blancandrin prit la parole
et dit au roi : « Salut au nom de Dieu,
Dieu le glorieux que nous devons adorer !
125 Voici ce que vous mande le vaillant roi Marsile :
il s'est enquis avec zèle de la religion de salut.
Ses possessions, il vous les offre en quantité :
ours, lions, et vautres dressés à la laisse,
sept cents chameaux et mille éperviers mués,
130 quatre cents mulets chargés d'or et d'argent,
cinquante chariots dont vous ferez un charroi ;
il y aura tant de besants d'or pur
que vous pourrez bien payer vos soldats.
Dans ce pays vous avez déjà séjourné fort longtemps ;
135 en France, à Aix, vous devriez bien rentrer ;
mon maître s'y engage, il vous suivra là-bas. »
L'empereur élève alors ses mains vers Dieu,
il baisse la tête, se met à réfléchir.

10

L'empereur garda la tête inclinée ;
140 quand il parla, ce ne fut pas hâtivement :
sa coutume est de parler à loisir.
Se redressant, il montra un visage farouche ;
aux messagers il dit : « Vous avez bien parlé.
Le roi Marsile est mon grand ennemi ;
145 à ces paroles que vous venez de prononcer,
comment pourrai-je prêter foi ? »
« Par des otages », dit le Sarrasin,
« vous en aurez dix, ou quinze, ou vingt ;
j'y enverrai un de mes propres fils, au péril de sa vie ;
150 vous en aurez, je pense, d'encore plus nobles.
Quand vous serez dans votre palais seigneurial
à la grande fête de saint Michel du Péril,
mon maître dit qu'il viendra vous rejoindre ;

---

fait aucune mention de Paris dans notre poème. La *Tere Major* a le sens de
« patrie », « terre des Aïeux » ; aux vv. *1489* et *1616* les Sarrasins l'utilisent pour
désigner la France.

138. C'est autour de la laisse que s'organise le récit ou, plus exactement, le
chant épique. En général, chaque laisse introduit et développe un seul fait,
formant ainsi un tout homogène. Souvent, comme ici, il y a enchaînement entre
les laisses au moyen de la reprise, dans la seconde, des derniers mots de la
première : *baisset sun chef* du dernier vers de la laisse 9 est repris par *tint sun
chef enclin* du premier vers de la laisse 10. Parfois les reprises sont plus ou

Enz en voz bainz, que Deus pur vos i fist,
155 La vuldrat il chrestïens devenir.'
Charles respunt : 'Uncor purrat guarir.'   AOI

11

Bels fut li vespres e li soleilz fut cler.
Les dis mulez fait Charles establer.
El grant verger fait li reis tendre un tref,
160 Les dis messages ad fait enz hosteler ;
Duze serjanz les unt ben cunrëez ;
La noit demurent tresque vint al jur cler.
Li empereres est par matin levét,
Messe e matines ad li reis escultét.
165 Desuz un pin en est li reis alez,
Ses baruns mandet pur sun cunseill finer :
Par cels de France voelt il del tut errer.   AOI

12

Li empereres s'en vait desuz un pin,
Ses baruns mandet pur sun cunseill fenir :
170 Le duc Oger, l'arcevesque Turpin,
Richard li velz e sun nevuld Henri,
E de Gascuigne li proz quens Acelin,
Tedbald de Reins e Milun, sun cusin,
E si i furent e Gerers et Gerin ;
175 Ensembl'od els li quens Rollant i vint
E Oliver, li proz e li gentilz.
Des Francs de France en i ad plus de mil.
Guenes i vint, ki la traïsun fist.
Dés or cumencet le cunseill qu'en mal prist.   AOI

13

180 'Seignurs barons', dist l'empereere Carles,
'Li reis Marsilie m'ad tramis ses messages :
De sun aveir me voelt duner grant masse,

---

moins littérales, comme, par exemple, aux vv. 1988-1989 ; parfois elles sont
plus complexes (voir la note au v. 3695). Sur les laisses dites similaires et
parallèles, voir les notes aux vv. 520 et 1188.

154. L'idée que les émanations thermales à Aix auraient une origine divine
est mise dans la bouche d'un Sarrasin. (Notons que Bramimonde y sera baptisée,
v. 3984.) C'est également un Sarrasin qui, au vv. 524, 539, 552, évoquera l'âge
semi-mythique de Charlemagne : « deux cents ans et plus ».

165. Fréquent dans les scènes stylisées (de conseil, de descente de cheval,
de drame), le pin forme pour ainsi dire le point de mire du champ visuel du

et dans ces bains que Dieu y fit pour vous,
155 là il voudra devenir chrétien. »
Charles répond : « Il pourra encore être sauvé. »

11

Le soir était beau, le soleil brillait.
Charles fait conduire les dix mulets à l'étable.
Au grand jardin, le roi fait dresser une tente,
160 il y a fait loger les dix messagers :
douze serviteurs ont pris bien soin d'eux.
Jusqu'au jour clair, ils y passent la nuit.
De grand matin l'empereur s'est levé,
messe et matines le roi a écoutées,
165 puis sous un pin le roi s'en est allé.
Là en conseil il convoque ses barons :
de ceux de France il cherche l'accord en tout.

12

L'empereur s'en va sous un pin,
là en conseil il convoque ses barons :
170 le duc Ogier et l'archevêque Turpin,
Richard le Vieux et son neveu Henri,
et Acelin, le preux comte de Gascogne,
Thibaud de Reims et Milon, son cousin,
et il y eut aussi Gerier et Gerin,
175 et avec eux le comte Roland s'en vint,
et Olivier, le noble, le preux.
Des Francs de France, il y en a plus de mille.
Ganelon y vint, qui fit la trahison ;
alors commence ce conseil de malheur.

13

180 « Seigneurs barons », dit l'empereur Charles
« le roi Marsile m'a envoyé ses messagers.
De ses richesses, il veut me donner une grande quantité :

---

poète (*cf.* les vv. 114, 168, 407, 500, 2357, 2375, 2884). Il peut s'agir tout aussi
bien d'un olivier (366, 2571) ou d'un if (406) selon les exigences métriques.

170. Au moins cinq des barons de Charlemagne semblent être connus de
l'histoire : la figure d'Ogier le Danois, héros légendaire qui apparaît dans plusieurs chansons de geste, est supposée remonter à un certain Autcharius, défenseur de l'orphelin sous Carloman au VIIIe siècle ; Richard le Vieux serait Richard
Ier, duc de Normandie, mort deux siècles après Roncevaux en 996 ; un certain
Wenilo (Ganelon ?) était archevêque de Sens sous Charles le Chauve, qui
l'accusa de trahison en 859 ; le prototype historique de Turpin était Tylpinus,

Urs e leüns e veltres cäeignables,
Set cenz cameilz e mil hosturs müables,
185 Quatre cenz muls cargez de l'or d'Arabe ;
Avoec iço plus de cinquante care.
Mais il me mandet qu̇ë en France m'en alge :
Il me sivrat ad Ais, a mun estage,
Si recevrat la nostre lei plus salve ;
190 Chrestïens ert, de mei tendrat ses marches.
Mais jo ne sai quels en est sis curages.'
Dïent Franceis : 'Il nus i cuvent guarde !'   AOI

14

Li empereres out sa raisun fenie.
Li quens Rollant, ki ne l'otrïet mie,
195 En piez se drecet, si li vint cuntredire.
Il dist al rei : 'Ja mar crerez Marsilie !
Set anz ad pleins qu'en Espaigne venimes.
Jo vos cunquis e Noples e Commibles ;
Pris ai Valterne e la tere de Pine
200 E Balasgüéd e Tüele e Sebilie.
Li reis Marsilie i fist mult que traïtre :
De ses païens vos en enveiat quinze –
Chascuns portout une branche d'olive –
Nuncerent vos cez paroles meïsmes.
205 A voz Franceis un conseill en presistes,
Loërent vos alques de legerie.
Dous de voz cuntes al païen tramesistes :
L'un fut Basan e li altres Basilies ;
Les chefs en prist es puis desuz Haltilie.
210 Faites la guerre cum vos l'avez enprise,
En Sarraguce menez vostre ost banie,

---

archevêque de Reims entre 774 et 789-791. L'historicité de Roland est contro-
versée : son nom apparaît dans une recension tardive de *La Vie de Charlemagne*
d'Eginhard (vers 830), sur trois pièces de monnaie carolingienne (sous la forme
« Rodlan »), et dans une charte de 772 recopiée au XIIe siècle. Olivier semble
être une addition plus tardive à la légende. On a retrouvé dans les chartes, entre
999 et 1183, dix-sept frères portant les noms de Roland et d'Olivier ; chose
remarquable : dans les sept attestations antérieures à 1123, c'est invariablement,
semble-t-il, le nom d'Olivier qui est donné au frère aîné.
176. *Gentil* signifie toujours « noble » dans notre poème (comme dans *gen-
tilhomme*), et le sens affectif moderne n'entre pas en jeu.
178. Le prétérit, peu logique au niveau du récit, renvoie à la mémoire collective d'un acte « hors-temps » qui, consacré par l'histoire, n'est désormais
perçu que dans son antériorité à tout moment présent. Ainsi l'histoire refuse-
t-elle ici à Ganelon un passé personnel innocent antérieurement à sa trahison.

ours, lions et vautres dressés en laisse,
sept cents chameaux et mille éperviers mués,
185 quatre cents mulets chargés d'or d'Arabie,
et avec cela plus de cinquante chariots.
Mais il me somme de retourner en France ;
il me suivra à Aix, en ma demeure,
il recevra notre foi qui plus que tout nous sauve,
190 il deviendra chrétien, et tiendra de moi ses terres ;
mais je ne sais quel est son vrai dessein. »
Les Français disent : « Il nous faut prendre garde. »

14

L'empereur avait fini son propos.
Le comte Roland, qui ne l'approuve pas,
195 se met debout et vient le contredire.
Il dit au roi : « N'allez surtout pas croire Marsile !
Il y a sept ans entiers que nous vînmes en Espagne !
Je vous ai conquis Noples et Commibles,
j'ai pris Valterne et la terre de Pine,
200 et Balaguer et Tudèle et Séville.
Le roi Marsile s'est conduit en grand traître :
il envoya quinze de ses païens,
chacun portait une branche d'olivier,
et ils vous tinrent les mêmes propos.
205 De vos Français vous prîtes aussi conseil :
ils vous donnèrent un avis peu sérieux ;
vous envoyâtes deux de vos comtes au païen,
l'un était Basan et l'autre Basile ;
il prit leur tête, dans la montagne, sous Haltile.
210 Faites donc la guerre comme vous l'avez entreprise ;
à Saragosse menez l'armée que vous avez rassemblée,

On retrouve le même procédé dans la Bible, où il est parlé, bien avant sa trahison, de Judas « qui le trahit » (Luc VI, 16 ; en latin : *qui fuit proditor*).
194. Roland, le premier à prendre la parole, et cela au mépris de l'ordre
hiérarchique féodal, est le seul à s'inscrire en faux contre la politique de l'apai-
sement. La suite des événements lui donnera raison. Charlemagne, fatigué de
la guerre, sans doute, tout autant que son armée, se rallie sans objection à la
majorité. La tragédie se dessine fatalement dès cette décision collective de
pactiser avec l'infidèle. On n'oserait pas pour autant prétendre que la trahison
de Ganelon est artistiquement superflue, mais on pourrait légitimement se
demander si celui-ci ne remplit pas en quelque sorte le rôle de bouc émissaire.
196. « *Mar*, qui désigne une tension, accompagne les moments nodaux du
récit ; il est la parole de haine, d'angoisse qu'on y prononce, quasi rituellement »
(B. Cerquiglini).

Metez le sege a tute vostre vie,
Si vengez cels que li fels fist ocire !'   AOI

15

Li emperere en tint sun chef enbrunc,
215 Si duist sa barbe, afaitad sun gernun,
Ne ben ne mal sun nevuld ne respunt.
Franceis se taisent, ne mais que Guenelun :
En piez se drecet, si vint devant Carlun ;
Mult fierement cumencet sa raisun
220 E dist al rei : 'Ja mar crerez bricun,
Ne mei në altre, se de vostre prod nun !
Quant ço vos mandet li reis Marsilïun
Qu'il devendrat jointes ses mains vostre hom
E tute Espaigne tendrat par vostre dun,
225 Puis recevrat la lei que nus tenum,
Ki ço vos lodet que cest plait degetuns,
Ne li chalt, sire, de quel mort nus murjuns.
Cunseill d'orguill n'est dreiz quë a plus munt :
Laissun les fols, as sages nus tenuns !'   AOI

16

230 Aprés iço i est Neimes venud –
Meillor vassal n'aveit en la curt nul –
E dist al rei : 'Ben l'avez entendud,
Guenes li quens ço vus ad respondud.
Saveir i ad, mais qu'il seit entendud.
235 Li reis Marsilie est de guere vencud :
Vos li avez tuz ses castels toluz,
Od voz cäables avez fruisét ses murs,
Ses citez arses e ses humes vencuz.
Quant il vos mandet qu'aiez mercit de lui,
240 Pecchét fereit ki dunc li fesist plus.
240a [De voz baruns or li trametez un ;]
U par ostage vos voelt faire soürs,
Ceste grant guerre ne deit munter a plus.'
Dïent Franceis : 'Ben ad parlét li dux.'   AOI

240a. Aprés le v. 240 il y a une ligne laissée en blanc dans le manuscrit ;
nous restituons le texte à l'aide des autres versions de *La Chanson de Roland*.

243. C'est souvent en fin de laisse que la voix collective se fait entendre
ainsi pour approuver ou confirmer le sens général de la discussion (voir, par
exemple, vv. 192, 2487, 2685, 3761, 3779, 3837). Exceptionnellement, cette
vox populi est réduite au silence au v. 263. Chez les Sarrasins, elle sert également à exprimer le doute et la crainte (vv. 61, 450, 2114, 2131, 3303).

assiégez-la jusqu'à la fin de vos jours,
et vengez donc ceux que ce félon fit tuer. »

15

L'empereur garda la tête baissée,
215 se caressa la barbe et tordit sa moustache,
à son neveu il ne répond ni en bien ni en mal.
Tous les Français se taisent, excepté Ganelon.
Il se dresse sur ses pieds, s'avance devant Charles,
d'un ton fougueux il prend la parole,
220 et dit au roi : « Malheur si vous croyez un fou,
moi ou tout autre, si ce n'est dans votre intérêt !
Puisque le roi Marsile vous annonce
qu'il deviendra, mains jointes, votre vassal
et que de vous il tiendra toute l'Espagne,
225 puis recevra la religion qui est la nôtre,
qui vous conseille de rejeter cette offre
se soucie peu, sire, de quelle mort nous pourrions mourir.
Il n'est pas juste qu'un conseil d'orgueil l'emporte ;
laissons les fous, tenons-nous-en aux sages ! »

16

230 Après cela Naimes s'est avancé ;
il n'était pas à la cour de meilleur vassal que lui.
Il dit au roi : « Vous l'avez bien entendu :
le comte Ganelon vous a répondu ainsi,
c'est un conseil de sage, à condition qu'il soit bien compris.
235 Le roi Marsile est le vaincu de cette guerre :
tous ses châteaux, vous les lui avez enlevés,
ses murs brisés avec vos perrières,
ses villes brûlées et ses hommes vaincus.
Puisqu'il vous prie d'avoir pitié de lui,
240 on aurait tort d'aggraver ses souffrances.
240a Envoyez-lui donc un de vos barons ;
puisqu'il vous offre des otages en garantie,
une guerre si grande ne doit pas se prolonger. »
Les Français disent : « Le duc a bien parlé ! »

17

'Seignurs baruns, qui i enveieruns
245 En Sarraguce, al rei Marsilïun ?'
Respunt dux Neimes : 'J'irai par vostre dun.
Livrez m'en ore le guant e le bastun.'
Respunt li reis : 'Vos estes saives hom :
Par ceste barbe e par ceste men gernun,
250 Vos n'irez pas üan de mei si luign.
Alez sedeir quant nuls ne vos sumunt !'

18

'Seignurs baruns, qui purruns enveier
Al Sarrazin ki Sarraguce tient ?'
Respunt Rollant : 'J'i puis aler mult ben !'
255 'Nu ferez certes !' dist li quens Oliver,
'Vostre curages est mult pesmes e fiers :
Jo me crendreie que vos vos meslisez.
Se li reis voelt, jo i puis aler ben.'
Respunt li reis : 'Ambdui vos en taisez !
260 Ne vos në il n'i porterez les piez.
Par ceste barbe que vëez blancheier,
Li duze per mar i serunt jugez !'
Franceis se taisent : as les vus aquisez !

19

Turpins de Reins en est levét del renc
265 E dist al rei : 'Laisez ester voz Francs !
En cest païs avez estét set anz ;
Mult unt oüd e peines e ahans.
Dunez m'en, sire, le bastun e le guant,
E jo irai al Sarazin espan
270 Si li dirai alques de mun semblant.'
Li empereres respunt par maltalant :
'Alez sedeir desur cel palie blanc !
N'en parlez mais se jo ne l' vos cumant !'   AOI

---

245. Le silence de Ganelon est éloquent : le premier à plaider en faveur des pourparlers avec l'ennemi (v. 217), il aurait pu être le premier à se porter volontaire lors de la nomination d'ambassadeurs. Sans doute Roland ressent-il cette mauvaise foi de la part de son beau-père comme une atteinte portée publiquement à la réputation et à l'honneur de leur famille. Sa proposition d'envoyer Ganelon (v. 277) pourrait mieux s'expliquer dans cette perspective.

17

« Seigneurs barons, qui donc enverrons-nous
245 à Saragosse, au roi Marsile ? »
« Permettez-moi d'y aller, » répond le duc Naimes ;
« remettez-moi donc le gant et le bâton ! »
Le roi répond : « Vous êtes un homme sage ;
par la moustache et par la barbe que voici,
250 vous n'irez pas à présent si loin de moi.
Rasseyez-vous ! Nul ne vous demande rien ! »

18

« Seigneurs barons, qui donc pourrons-nous envoyer
au Sarrasin qui tient Saragosse ? »
Roland répond : « Moi, je puis très bien y aller ! »
255 « Vous, que nenni ! » dit le comte Olivier,
« votre ardeur est farouche et bien dangereuse ;
je craindrais fort que vous vous querelliez.
Si le roi veut, je puis bien y aller. »
Le roi répond : « Taisez-vous tous les deux !
260 Ni vous ni lui n'y mettrez les pieds !
Par cette barbe que vous voyez toute blanche,
malheur à qui me désignera l'un des douze Pairs ! »
Tous les Français se taisent : les voilà cois !

19

Turpin de Reims s'est levé de son rang,
265 et dit au roi : « Laissez vos Francs en paix !
Dans ce pays vous êtes restés sept ans ;
ils y ont eu bien des peines et des souffrances.
Donnez-moi, sire, le bâton et le gant,
et j'irai, moi, voir le Sarrasin d'Espagne ;
270 je lui dirai ce qu'il m'en semble. »
L'empereur répond d'un ton irrité :
« Rasseyez-vous sur cette couverture blanche ;
n'en parlez plus si je ne vous le commande ! »

---

261. On jure par sa barbe lorsqu'on s'exprime avec détermination et ne tolère
plus aucune contradiction (voir aussi les vv. 48, 249, 1719, 3954). Aux vv. 1843,
3122, 3318, 3520, la barbe est étalée sur la brogne en geste de défi. Chez
Charlemagne, caresser la barbe, c'est exprimer la réflexion, parfois la perplexité
(vv. 215, 772, 2982) ; il la tire pour manifester son chagrin ou son désespoir :
vv. 2414, 2930, 2943, 3712, 4001. On arrache sa barbe à Ganelon lors de son
arrestation (v. 1823).

20

'Francs chevalers', dist l'emperere Carles,
275 'Car m'eslisez un barun de ma marche
Qui a Marsilie me port cest men message.'
Ço dist Rollant : 'C'ert Guenes, mis parastre.'
Dïent Franceis : 'Car il le poet ben faire !
Se lui lessez, n'i trametrez plus saive.'
280 E li quens Guenes en fut mult anguisables :
De sun col getet ses grandes pels de martre
E est remés en sun blialt de palie.
Vairs out les oilz e mult fier lu visage,
Gent out le cors e les costez out larges ;
285 Tant par fut bels, tuit si per l'en esguardent.
Dist a Rollant : 'Tut fel, pur quei t'esrages ?
Ço set hom ben que jo sui tis parastres,
Si as jugét qu'a Marsilië en alge.
Se Deus ço dunet que jo de la repaire,
290 Jo t'en muvrai une si grant contraire
Ki durerat a trestut tun edage.'
Respunt Rollant : 'Orgoill oi e folage.
Ço set hom ben, n'ai cure de manace.
Mais saives hom, il deit faire message :
295 Se li reis voelt, prez sui por vus le face.'   AOI

21

Guenes respunt : 'Pur mei n'iras tu mie !
Tu n'ies mes hom ne jo ne sui tis sire.
Carles comandet que face sun servise :
En Sarraguce en irai a Marsilie ;
300 Einz i ferai un poi de legerie
Que jo n'esclair ceste meie grant ire.'
Quant l'ot Rollant, si cumençat a rire.   AOI

---

280. Dans les autres versions de notre poème, les éléments narratifs compris entre les vv. 280-330 s'enchaînent dans un ordre différent, et certains éditeurs réorganisent ainsi le texte du manuscrit d'Oxford : ... 279] 319-330 310-318 280-309 [331...

281. En général dans les textes médiévaux, on enlève son manteau quand on est sur le point de transmettre des nouvelles importantes (Foulet) ; *cf.* le v. 464.

286. Leçon du manuscrit : *Tut fol. Cf. fel* dans la version V4 et la locution *tut seit fel* aux vv. 1924, 2062, 3559, 3897.

20

« Chevaliers francs », dit l'empereur Charles,
275 « désignez-moi un baron de mon empire
qui puisse porter mon message à Marsile. »
Et Roland dit : « Ce sera Ganelon, mon beau-père. »
Les Français disent : « Il peut bien le faire.
Le refuser, c'est envoyer quelqu'un de moins avisé. »
280 Le comte Ganelon en fut tout oppressé,
de son cou il arracha ses grandes fourrures de martre ;
il est resté en son bliaut de soie.
Ses yeux étaient brillants et son visage farouche ;
un fort bel homme à la poitrine large,
285 il est si beau que tous ses pairs le regardent.
« Ah ! déloyal », dit-il à Roland, « pourquoi cette fureur folle ?
On le sait bien, je suis ton beau-père,
et toi, pourtant, tu m'as désigné pour aller à Marsile.
Si Dieu permet que je revienne de là-bas,
290 j'attirerai sur toi une telle hostilité
qu'elle durera le reste de ta vie. »
Roland répond : « Paroles d'orgueilleux et de fou !
On le sait bien, je n'ai cure des menaces.
C'est un homme sage, pourtant, qui doit porter le message.
295 Si le roi veut, je suis prêt, je prendrai votre place. »

21

Ganelon répond : « Tu n'iras pas à ma place,
car tu n'es pas mon vassal, ni moi ton seigneur.
Que Charles m'ordonne de le servir :
à Saragosse j'irai auprès de Marsile.
300 Mais j'y ferai quelque petite folie
avant que ne passe la grande colère que j'ai. »
Quand il l'entend, Roland se met à rire.

---

295. Dans le manuscrit, AOI se trouve en face du v. 296, légère anomalie
que nous corrigeons ici et, tacitement, ailleurs (14 cas en tout). AOI apparaît
sept fois au milieu d'une laisse, et dans ces cas-là nous suivons fidèlement le
copiste.

302. Le rire méprisant de Roland est certes provocateur, et « dans le choc de
ces deux orgueilleux, le parâtre et le fillâtre, le tort n'est pas que du côté de
Ganelon » (A. Burger).

22

Quant ço veit Guenes qu'ore s'en rit Rollant,
Dunc ad tel doel pur poi d'ire ne fent –
305 A ben petit quë il ne pert le sens –
E dit al cunte : 'Jo ne vus aim nïent :
Sur mei avez turnét fals jugement.
Dreiz emperere, vëez mei en present :
Ademplir voeill vostre comandement.'   AOI

23

310 'En Sarraguce sai ben qu'aler m'estoet ;
Hom ki la vait repairer ne s'en poet.
Ensurquetut si ai jo vostre soer,
Si'n ai un filz, ja plus bels n'en estoet :
C'est Baldewin, ço di, ki ert prozdoem ;
315 A lui lais jo mes honurs e mes fieus.
Guardez le ben ; ja ne l' verrai des oilz.'
Carles respunt : 'Trop avez tendre coer.
Puis que l' comant, aler vus en estoet.'   AOI

24

Ço dist li reis : 'Guenes, venez avant
320 Si recevez le bastun e lu guant !
Oït l'avez, sur vos le jugent Franc.'
'Sire', dist Guenes, 'ço ad tut fait Rollant :
Ne l'amerai a trestut mun vivant
Në Oliver, por ço qu'est si cumpainz ;
325 Li duze per, por ço qu'il l'aiment tant,
Desfi les ci, sire, vostre veiant.'
Ço dist li reis : 'Trop avez maltalant !
Or irez vos certes, quant jo l' cumant.'
'J'i puis aler, mais n'i avrai guarant ;
330 Nul n'out Basilies ne sis freres Basant.'   AOI

25

Li empereres li tent sun guant, le destre,
Mais li quens Guenes iloec ne volsist estre :
Quant le dut prendre, si li caït a tere.

---

317. *Trop*, en ancien français, a souvent le sens de « très » ; *assez*, au contraire,
signifie fréquemment « beaucoup ».

333. Il n'est pas dit que Ganelon laisse tomber le gant ; celui-ci tombe tout

22

Quand Ganelon voit que Roland se moque de lui,
il souffre tant que peu s'en faut qu'il n'éclate de colère ;
305 il est bien près d'en perdre la raison.
Il dit au comte : « Je n'ai aucun amour pour vous.
Vous avez fait porter sur moi un choix injuste.
Mon juste empereur, me voici devant vous,
prêt à remplir votre commandement. »

23

310 « À Saragosse, je le sais, il me faut aller.
Qui va là-bas ne peut en revenir.
Et qui plus est, j'ai votre sœur pour femme ;
j'en ai un fils ; impossible d'en trouver un plus beau,
c'est Baudoin, dis-je, qui sera bon chevalier ;
315 à lui je laisse mes terres et mes fiefs.
Gardez-le bien, car je ne le reverrai plus. »
Et Charles répond : « Vous avez le cœur bien tendre !
Tel est mon ordre : il vous faut partir. »

24

Le roi lui dit : « Ganelon, avancez
320 et recevez le bâton et le gant.
Le choix des Francs se porte sur vous ; vous l'avez entendu. »
« Sire », dit Ganelon, « tout cela, c'est Roland qui l'a fait :
de toute ma vie je ne l'aimerai,
ni Olivier, parce qu'il est son compagnon ;
325 les douze Pairs, parce qu'ils l'aiment tant,
je les défie, sire, ici en votre présence. »
Le roi lui dit : « Vous êtes bien dépité !
Vous partirez, certes, sur l'heure, puisque je l'ordonne. »
« J'irai sans doute, mais je n'aurai aucun protecteur ;
330 Basile n'en eut aucun, ni son frère Basan. »

25

L'empereur lui tend son gant, celui de droite ;
le comte Ganelon aurait voulu n'être pas là :
quand il alla pour le saisir, il lui tomba des mains.

---

seul (*cf.* aussi les vv. 764 et 769), et le présage est immédiatement compris par
la collectivité.

Dïent Franceis : 'Deus ! que purrat ço estre ?
335 De cest message nos avendrat grant perte.'
'Seignurs', dist Guenes, 'vos en orrez noveles !'

26

'Sire', dist Guenes, 'dunez mei le cungiéd :
Quant aler dei, n'i ai plus que targer.'
Ço dist li reis : 'Al Jhesu e al mien !'
340 De sa main destre l'ad asols e seignét,
Puis li livrat le bastun e le bref.

27

Guenes li quens s'en vait a sun ostel,
De guarnemenz se prent a cunrëer,
De ses meillors quë il pout recuvrer :
345 Esperuns d'or ad en ses piez fermez,
Ceinte Murgleis s'espee a sun costéd.
En Tachebrun sun destrer est muntéd :
L'estreu li tint sun uncle Guinemer.
La veïsez tant chevaler plorer,
350 Ki tuit li dïent : 'Tant mare fustes ber !
En cort al rei mult i avez estéd ;
Noble vassal vos i solt hom clamer.
Ki ço jugat que doüsez aler
Par Charlemagne n'ert guariz ne tensez.
355 Li quens Rollant ne l' se doüst penser,
Quë estrait estes de mult grant parentéd.'
Enprés li dïent : 'Sire, car nos menez !'
Ço respunt Guenes : 'Ne placet Damnedeu !
Mielz est sul moerge que tant bon chevaler.
360 En dulce France, seignurs, vos en irez :
De meie part ma muiller salüez,
E Pinabel mun ami e mun per,
E Baldewin mun filz, que vos savez ;
E lui aidez e pur seignur tenez.'
365 Entre en sa veie, si s'est achiminez.   AOI

28

Guenes chevalchet ; suz une olive halte
Asemblét s'est as sarrazins messages.
Mais Blancandrins ki envers lui s'atarget :

Les Français disent : « Dieu, que cela pourrait-il signifier ?
335 De ce message nous viendra une grande perte. »
Ganelon dit : « Seigneurs, vous en aurez des nouvelles ! »

26

« Sire », dit Ganelon, « donnez-moi congé :
puisqu'il me faut partir, rien ne sert de tarder. »
Le roi lui dit : « Allez au nom de Jésus et au mien ! »
340 De sa main droite, il l'a absous d'un signe de croix,
lui a remis le bâton et la lettre.

27

Le comte Ganelon s'en va à son logis,
et il se met à revêtir ses armes,
les meilleures armes qu'il puisse se procurer :
345 il a fixé des éperons d'or à ses pieds,
à son côté il a ceint son épée Murgleis ;
il est monté sur son destrier Tachebrun ;
c'est Guinemer son oncle qui lui tenait l'étrier.
Vous auriez vu là tant de chevaliers pleurer
350 qui tous lui disent : « Quel malheur pour un baron de votre
Depuis longtemps vous êtes à la cour du roi,   [valeur !
on vous y tient pour un noble vassal ;
celui qui vous a désigné pour aller là-bas
ne trouvera chez Charlemagne ni protecteur ni défenseur.
355 Le comte Roland n'eût jamais dû y songer,
car vous êtes né d'un très haut lignage. »
Puis ils disent : « Sire, emmenez-nous ! »
Ganelon répond : « À Dieu ne plaise !
Plutôt mourir seul que voir périr tant de bons chevaliers.
360 Vous rentrerez, seigneurs, en France la douce,
et de ma part vous saluerez ma femme
et Pinabel, mon ami et mon pair,
mon fils Baudoin aussi, que vous connaissez ;
vous l'aiderez, le tiendrez pour votre seigneur. »
365 Puis il se met en route ; il est parti.

28

Ganelon chevauche ; sous un haut olivier
il a rejoint les messagers sarrasins.
C'est Blancandrin qui s'attarde auprès de lui ;

Par grant saveir li uns parole a l'altre.
370 Dist Blancandrins : 'Merveilus hom est Charles,
Ki cunquist Puille e trestute Calabre.
Vers Engletere passat il la mer salse,
Ad oés seint Perre en cunquist le chevage.
Que nus requert ça en la nostre marche ?'
375 Guenes respunt : 'Itels est sis curages.
Jamais n'ert hume ki encuntre lui vaille.'   AOI

29

Dist Blancandrins : 'Francs sunt mult gentilz home.
Mult grant mal funt e cil duc e cil cunte
A lur seignur ki tel cunseill li dunent :
380 Lui e altrui travaillent e cunfundent.'
Guenes respunt : 'Jo ne sai veirs nul hume
Ne mes Rollant, k'uncore en avrat hunte.
Er main sedeit l'emperere suz l'umbre :
Vint i ses niés, out vestüe sa brunie
385 E out predét dejuste Carcasonie ;
En sa main tint une vermeille pume :
"Tenez, bel sire", dist Rollant a sun uncle,
"De trestuz reis vos present les curunes."
Li soens orgoilz le devreit ben cunfundre,
390 Kar chascun jur de mort sei abandunet.
Seit ki l'ocïet, tute pais puis avrumes.'   AOI

30

Dist Blancandrins : 'Mult est pesmes Rollant
Ki tute gent voelt faire recrëant
E tutes teres met en chalengement.
395 Par quele gent quie il espleiter tant ?'
Guenes respunt : 'Par la franceise gent :
Il l'aiment tant ne li faldrunt nïent ;
Or e argent lur met tant en present,
Muls e destrers, palies e guarnemenz.

---

369. Blancandrin cherche, en sondant la loyauté de son adversaire, à faire ressortir son point faible. Ganelon reste fidèle à Charlemagne mais vend la mèche dès que Blancandrin le conduit à parler de ses conseillers.

373. Il s'agit du chevage (ou du denier) de saint Pierre, rétabli par Guillaume le Conquérant.

l'un parle à l'autre avec beaucoup d'habileté.
370 Blancandrin dit : « Un homme extraordinaire, Charles,
lui qui conquit la Pouille et toute la Calabre.
Il traversa la mer salée jusqu'en Angleterre
et en gagna le tribut pour saint Pierre.
Que veut-il donc de nous dans notre terre ? »
375 Ganelon répond : « Telle est sa volonté.
Jamais personne ne l'égalera en valeur. »

29

Blancandrin dit : « De très nobles hommes, les Francs !
Ces ducs, pourtant, et ces comtes font très grand tort
à leur seigneur quand ils lui donnent un tel conseil :
380 ils l'accablent et le perdent, lui et d'autres aussi. »
Ganelon répond : « Je n'en connais certes pas qui soient
sinon Roland, qui un jour en sera déshonoré.   [ainsi,
L'autre matin encore, l'empereur était assis à l'ombre ;
vient son neveu, revêtu de sa brogne :
385 il avait fait du butin aux abords de Carcassoine,
et dans sa main tenait une pomme vermeille :
"Tenez, beau sire", dit Roland à son oncle,
"de tous les rois, je vous offre les couronnes."
Un tel orgueil devrait bien le perdre,
390 car tous les jours il s'expose à la mort.
Si on le tue, nous aurons une paix totale. »

30

Blancandrin dit : « Roland est bien dangereux,
lui qui désire soumettre tous les peuples,
qui revendique pour lui toutes les terres.
395 Pour accomplir de tels exploits, sur qui compte-t-il ? »
Ganelon répond : « Sur les Français :
ils l'aiment tant qu'ils ne lui failliront en rien,
tant il leur offre d'or et d'argent,
tant de mulets, de destriers, d'étoffes et d'équipements.

---

386. Si la pomme fonctionne comme symbole de l'orbe impérial, elle ne peut que rappeler en même temps la tentation, la révolte et, enfin, la chute.

392. Pour le sens de *pesmes*, que l'on pourrait aussi traduire ici par « dominateur », voir la note du v. 2919. Olivier emploie le terme pour décrire le côté agressif et violent du caractère de Roland au v. 256.

400 L'empereür tient tut a sun talent ;
    Cunduirat lui d'ici qu'en Orïent.'   AOI

31

    Tant chevalcherent Guenes e Blancandrins
    Que l'un a l'altre la süe feit plevit
    Quë il querreient que Rollant fust ocis.
405 Tant chevalcherent e veies e chemins
    Qu'en Sarraguce descendent suz un if.
    Un faldestoet out suz l'umbre d'un pin,
    Envolupét d'un palie alexandrin :
    La fut li reis ki tute Espaigne tint,
410 Tut entur lui vint milie Sarrazins ;
    N'i ad celoi ki mot sunt ne mot tint
    Pur les nuveles qu'il vuldreient oïr.
    Atant as vos Guenes e Blanchandrins !

32

    Blancandrins vint devant Marsilïun,
415 Par le puign tint le cunte Guenelun ;
    E dist al rei : 'Salfs seiez de Mahum
    E d'Apollin qui seintes leis tenuns !
    Vostre message fesimes a Charlun :
    Ambes ses mains en levat cuntremunt,
420 Loat sun Deu, ne fist altre respuns.
    Ci vos enveiet un sun noble barun
    Ki est de France, si est mult riches hom :
    Par lui orrez së avrez pais u nun.'
    Respunt Marsilie : 'Or dïet ! Nus l'orrum.'   AOI

33

425 Mais li quens Guenes se fut ben purpensét ;
    Par grant saver cumencet a parler
    Cume celui ki ben faire le set,
    E dist al rei : 'Salvez seiez de Deu,
    Li glorïus qui devum aürer !
430 Iço vus mandet Carlemagnes li ber
    Que recevez seinte chrestïentét ;
    Demi Espaigne vos voelt en fiu duner.
    Se cest' acorde otrïer ne vulez,
    Pris e lïez serez par poëstéd,
435 Al siege ad Ais en serez amenét,

---

400. Leçon du manuscrit : *L'emperere meismes ad tut a sun talent.*

400 Il mène l'empereur tellement à sa guise
qu'il l'entraînera d'ici jusqu'en Orient. »

31

Tant chevauchèrent Ganelon et Blancandrin
que l'un à l'autre ils engagèrent leur foi :
ils chercheront à faire tuer Roland.
405 Ils chevauchèrent tant par routes et par chemins
qu'à Saragosse, sous un if, ils descendirent.
À l'ombre d'un pin se dressait un trône,
tout recouvert de soie d'Alexandrie :
dessus siégeait le roi qui gouvernait toute l'Espagne,
410 autour de lui, vingt mille Sarrasins ;
il n'est personne qui parle, qui prononce un seul mot,
tant tous voudraient entendre des nouvelles.
Voici qu'arrivent Ganelon et Blancandrin !

32

Blancandrin vient devant Marsile,
415 il conduisait le comte Ganelon par le poing ;
il dit au roi : « Soyez sauvé par Mahomet
et Apollyon, dont nous gardons les saintes lois !
Auprès de Charles nous avons fait votre message :
il éleva ses deux mains vers le ciel,
420 il rendit grâces à son Dieu, et ne fit d'autre réponse.
Il vous envoie un de ses nobles barons,
un homme de France, et d'une très grande puissance :
vous apprendrez par lui si vous aurez la paix ou non. »
Marsile répond : « Qu'il parle ; nous l'écouterons ! »

33

425 Le comte Ganelon, lui, avait bien réfléchi.
Avec adresse il commence à parler
en homme qui sait très bien le faire,
et dit au roi : « Salut au nom de Dieu,
Dieu le glorieux que nous devons adorer !
430 Voici ce que vous mande le vaillant Charlemagne :
que vous preniez la sainte religion chrétienne,
et il veut bien vous donner en fief la moitié de l'Espagne.
Si vous voulez refuser cet accord,
vous serez pris de force et mis aux fers,
435 conduit à Aix, au siège de l'Empire,

Par jugement serez iloec finét :
La murrez vus a hunte e a viltét.'
Li reis Marsilies en fut mult esfreéd :
Un algier tint, ki d'or fut enpenét ;
440 Ferir l'en volt, se n'en fust desturnét.   AOI

34

Li reis Marsilies ad la culur müee,
De sun algeir ad la hanste crollee.
Quant le vit Guenes, mist la main a l'espee,
Cuntre dous deies l'ad del furrer getee,
445 Si li ad dit : 'Mult estes bele e clere !
Tant vus avrai en curt a rei portee !
Ja ne l' dirat de France l'emperere
Que suls i moerge, en l'estrange cuntree,
Einz vos avrunt li meillor cumperee.'
450 Dïent paien : 'Desfaimes la meslee !'

35

Tant li preierent li meillor Sarrazin
Qu'el faldestoed s'est Marsilies asis.
Dist l'algalifes : 'Mal nos avez baillit
Que le Franceis asmastes a ferir ;
455 Lui doüssez esculter e oïr.'
'Sire', dist Guenes, 'mei l'avent a suffrir.
Jo ne lerreie, por tut l'or que Deus fist
Ne tut l'aveir ki seit en cest païs,
Que ne li dïe, se tant ai de leisir,
460 Que Charlemagnes, li reis poësteïfs,
Par mei li mandet, sun mortel enemi.'
Afublez est d'un mantel sabelin
Ki fut cuvert d'un palie alexandrin ;
Getet l' a tere, si l' receit Blancandrin.
465 Mais de s'espee ne volt mie guerpir :
En sun puign destre par l'orié punt la tint.
Dïent paien : 'Noble baron ad ci !'   AOI

---

445. En exploitant la figure de l'apostrophe, le poète permet à son personnage de se valoriser, l'épée du guerrier étant l'extension de son héroïsme personnel. Roland, au moment de mourir, s'adressera à Durendal pour exprimer sa valeur (vv. 2304 et ss., 2316 et ss., 2344 et ss.).

par jugement vous y serez condamné ;
là vous mourrez déshonoré et avili. »
Le roi Marsile en fut tout effaré ;
il tenait un dard empenné d'or ;
440 il l'eût frappé si on ne l'en avait empêché.

34

Le roi Marsile a changé de couleur,
a empoigné le bois de son dard.
Ganelon le vit, mit la main à l'épée,
il l'a tirée du fourreau, la longueur de deux doigts.
445 Il lui a dit : « Vous êtes fort belle, étincelante !
Je vous aurai tant de fois portée en cour royale !
L'empereur de France ne dira jamais
que j'aie trouvé la mort seul en pays étranger ;
les plus vaillants vous auront d'abord payée cher. »
450 Les païens disent : « Désamorçons la querelle ! »

35

Les conseillers sarrasins le prièrent tant
que sur son trône Marsile se rassit.
Le calife dit : « Vous nous avez mis en mauvaise posture
en menaçant de frapper le Français.
455 Vous auriez dû l'écouter et l'entendre. »
« Sire », dit Ganelon, « ce sont des choses qu'il faut bien
Je ne pourrais, pour tout l'or que Dieu fit,　　[que j'endure.
toutes les richesses qui peuvent exister dans ce pays,
ne pas lui dire, si l'occasion s'en présente,
460 ce que lui mande le puissant roi Charles :
il le lui mande par moi, lui qui est son mortel ennemi. »
Il est vêtu d'un manteau fourré de zibeline,
tout recouvert de soie d'Alexandrie.
Il le rejette à terre ; Blancandrin le ramasse ;
465 de son épée, il ne voulait pas se séparer ;
il la tenait au poing droit par le pommeau doré.
Les païens disent : « Le noble baron que voici ! »

36

Envers le rei s'est Guenes aproismét
Si li ad dit : 'A tort vos curuciez,
470 Quar ço vos mandet Carles, ki France tient,
Que recevez la lei de chrestïens ;
Demi Espaigne vus durat il en fiét,
L'altre meitét avrat Rollant sis niés ;
Mult i avrez orguillos parçuner !
475 Se ceste acorde ne volez otrïer,
En Sarraguce vus vendrat aseger ;
Par poëstét serez pris e lïez,
Menét serez en France ad Ais le siét.
Vus n'i avrez palefreid ne destrer
480 Ne mul ne mule que puissez chevalcher ;
Getét serez sur un malvais sumer.
Par jugement iloec perdrez le chef.
Nostre emperere vus enveiet cest bref.'
El destre poign l'ad livrét al paien.

37

485 Marsilies fut tut desculurez d'ire,
Freint le sëel, getét en ad la cire ;
Guardet al bref, vit la raisun escrite.
...   .
'Carle me mandet, ki France ad en baillie,
Que me remembre de la dolur e l'ire,
490 C'est de Basan e sun frere Basilie
Dunt pris les chefs as puis desuz Haltilie.
Se de mun cors voeil aquiter la vie,
Dunc li envei mun uncle l'algalife,
U altrement ne m'amerat il mie.'
495 Aprés parlat ses filz envers Marsilie
E dist al rei : 'Guenes ad dit folie ;
Tant ad errét nen est dreiz que plus vivet.
Livrez le mei ; j'en ferai la justise.'
Quant l'oït Guenes, l'espee en ad branlie ;
500 Vait s'apuier suz le pin a la tige.

473-474. C'est ici que Ganelon, dans le but de rendre Roland encore plus dangereux aux yeux des Sarrasins, fausse le message dont l'a chargé Charlemagne.

485. Leçon du manuscrit : *esculurez de l'ire*. Le texte de la version C/V7

36

Le comte Ganelon s'est approché du roi
et lui a dit : « Vous vous fâchez à tort ;
470 voici ce que mande Charles, qui gouverne la France :
que vous preniez la religion chrétienne ;
il vous donnera en fief la moitié de l'Espagne.
L'autre moitié sera pour son neveu Roland :
vous aurez là un partenaire bien orgueilleux !
475 Si vous voulez refuser cet accord,
dans Saragosse il viendra vous assiéger ;
vous serez pris de force et mis aux fers,
conduit en France à Aix, notre siège ;
vous n'y aurez ni palefroi ni destrier,
480 ni même mulet ni mule à chevaucher ;
on vous jettera sur un ignoble cheval de somme,
par jugement vous y perdrez la tête.
Voici la lettre, notre empereur vous l'envoie. »
Dans son poing droit il l'a tendue au païen.

37

485 Sous la colère Marsile perdit ses couleurs ;
il brise le sceau, en jette la cire,
regarde la lettre, voit ce qui est écrit.
          ...   ...
« Voici ce que mande Charles, qui gouverne la France :
qu'il me souvienne de sa douleur, de sa colère,
490 celles qu'il a eues pour Basan et son frère Basile
dont je tranchai la tête aux monts sous Haltile.
Si je suis prêt à racheter ma vie,
que je lui livre mon oncle le calife,
ou bien alors il n'aura pas d'amour pour moi. »
495 Son fils ensuite s'adressa à Marsile
et dit au roi : « Ganelon a tenu des propos insensés ;
il est allé si loin qu'il n'a plus droit de vivre.
Livrez-le-moi, j'en ferai justice ! »
Quand il l'entend, Ganelon brandit son épée,
500 va sous le pin s'adosser au tronc.

(*Marsilles sot des ars bien la maistrie / Escoler fu en la loi paenie*) incite à
voir ici une déformation de *escolez de lire* (ou *de livre*), « instruit et sachant
lire », mais c'est là une conjecture bien hasardeuse.

487. Après ce vers, il manque une ouverture au discours de Marsile.

38

Enz el verger s'en est alez li reis,
Ses meillors humes en meine ensembl'od sei :
E Blancandrins i vint, al canud peil,
E Jurfarét, k'est ses filz e ses heirs,
505 E l'algalifes, sun uncle e sis fedeilz.
Dist Blancandrins : 'Apelez le Franceis !
De nostre prod m'ad plevie sa feid.'
Ço dist li reis : 'E vos l'i amenreiz.'
Guenelun prist par la main destre as deiz,
510 Enz el verger l'en meinet josqu'al rei.
La purparolent la traïsun seinz dreit.   AOI

39

'Bel sire Guenes', ço li ad dit Marsilie,
'Jo vos ai fait alques de legerie
Quant por ferir vus demustrai grant ire.
515 Guaz vos en dreit par cez pels sabelines ;
Melz en valt l'or que ne funt cinc cenz livres.
Einz demain noit bele en iert l'amendise.'
Guenes respunt : 'Jo ne l' desotrei mie.
Deus, se lui plaist, a bien le vos mercie !'   AOI

40

520 Ço dist Marsilies : 'Guenes, par veir crëez
En talant ai que mult vos voeill amer.
De Carlemagne vos voeill oïr parler.
Il est mult vielz, si ad sun tens usét :
Men escïent, dous cenz anz ad passét.
525 Par tantes teres ad sun cors demenéd,
Tanz colps ad pris sur sun escut bucler,
Tanz riches reis cunduit a mendistéd,
Quant ert il mais recrëanz d'osteier ?'
Guenes respunt : 'Carles n'est mie tels.
530 N'est hom ki l' veit e conuistre le set

---

520. Les laisses 40-42 forment un ensemble de trois laisses similaires. Le récit s'arrête au moment où naît la trahison de Ganelon. Si les questions de Marsile sont strictement similaires, « les réponses de Ganelon marquent à chaque fois quelque progrès ; ce n'est pas, à vrai dire, un progrès narratif, mais un progrès psychologique et dramatique, dévoilant peu à peu ses pensées secrètes, suggérant, insinuant la trahison... Il ne faut pas chercher à savoir, sur le plan de l'événement, si Marsile a réellement posé trois fois la même question, car les laisses similaires retiennent le récit dans une halte bien plus lyrique que narrative » (J. Rychner). On ne cherchera pas non plus à savoir, aux laisses

38

Dans le jardin le roi s'en est allé,
il y emmène ses principaux vassaux,
et Blancandrin au poil chenu y vient
et Jurfaret, son fils et héritier,
505 et le calife, son oncle et son intime.
Blancandrin dit : « Appelez le Français :
pour notre cause il m'a prêté serment. »
Le roi lui dit : « Amenez-le donc ici ! »
Il prend Ganelon par les doigts de la main droite,
510 et le conduit dans le jardin jusqu'au roi.
C'est là qu'ils trament l'injuste trahison.

39

« Beau sire Ganelon », lui dit le roi Marsile,
« à votre égard j'ai assez mal agi
quand par colère je faillis vous frapper.
515 Pour compenser, voici en gage ces zibelines ;
elles valent en or plus de cinq cents livres.
Dès demain soir amende honorable sera faite. »
Ganelon répond : « Je ne la refuse pas.
S'il plaît à Dieu, qu'il vous en récompense ! »

40

520 Et Marsile dit : « Ganelon, sachez-le en vérité,
j'ai très à cœur de bien vous aimer.
De Charlemagne je veux vous entendre parler.
Il est bien vieux, il a fini sa vie ;
il a, je pense, plus de deux cents ans.
525 Par tant de terres il s'est dépensé,
sur son bouclier il a pris tant de coups,
tant de rois forts il a réduit à mendier,
quand voudra-t-il enfin déposer les armes ? »
Ganelon répond : « Charles n'est pas ainsi.
530 Nul ne le voit, n'apprend à le connaître,

80-81, si Olivier gravit deux hauteurs différentes, ou s'il demande trois fois à
Roland de sonner du cor, aux laisses 83-85, et si Roland s'y refuse trois fois.
Il existe des ensembles que Rychner juge « plus majestueux encore », par
exemple, trois groupes de deux fois trois laisses similaires chacun : 133-138,
171-176 et 205-210. De telles laisses sont « un pur procédé de chant »
(P.-Y. Badel). Pour des laisses parallèles, voir la note au v. 1188.

524. Hyperbole épique qui sert à articuler le caractère surhumain, voire
mythique, de Charlemagne (voir la note v. 2416).

Que ço ne dïet que l'emperere est ber.
Tant ne l' vos sai ne preiser ne loër
Que plus n'i ad d'onur e de bontét.
Sa grant valor ki purreit acunter ?
535 De tel barnage l'ad Deus enluminét,
Meilz voelt murir que guerpir sun barnét.'

41

Dist li paiens : 'Mult me puis merveiller
De Carlemagne, ki est canuz e vielz :
Men escïentre, dous cenz anz ad e mielz.
540 Par tantes teres ad sun cors traveillét,
Tanz cols ad pris de lances e d'espiét,
Tanz riches reis cunduiz a mendistiét,
Quant ert il mais recrëanz d'osteier ?'
'Ço n'iert', dist Guenes, 'tant cum vivet sis niés ;
545 N'at tel vassal suz la cape del ciel.
Mult par est proz sis cumpainz Oliver.
Les duze pers, que Carles ad tant chers,
Funt les enguardes a vint mil chevalers.
Soürs est Carles, que nul home ne crent.'   AOI

42

550 Dist li paiens : 'Merveille en ai mult grant
De Carlemagne, ki est canuz e blancs :
Mien escïentre, plus ad de dous cenz anz.
Par tantes teres est alét cunquerant,
Tanz colps ad pris de bons espiez trenchanz,
555 Tanz riches reis morz e vencuz en champ,
Quant iert il mais d'osteier recrëant ?'
'Ço n'iert', dist Guenes, 'tant cum vivet Rollant ;
N'ad tel vassal d'ici qu'en Orïent.
Mult par est proz Oliver sis cumpainz.
560 Li duze per, que Carles aimet tant,
Funt les enguardes a vint milie de Francs.
Soürs est Carles : ne crent hume vivant.'   AOI

43

'Bel sire Guenes', dist Marsilies li reis,
'Jo ai tel gent, plus bele ne verreiz ;
565 Quatre cenz milie chevalers puis aveir.
Puis m'en cumbatre a Carle e a Franceis ?'
Guenes respunt : 'Ne vus a ceste feiz !
De voz paiens mult grant perte i avreiz.

sans déclarer que l'empereur est vaillant.
Je ne saurais si bien vous chanter ses louanges
qu'encore en lui il n'y ait plus d'honneur et de qualités.
Sa grande valeur, qui pourrait la détailler ?
535 Dieu l'a doté d'une noblesse si resplendissante
qu'il mourra plutôt qu'abandonner ses barons. »

41

Le païen dit : « J'ai bien sujet d'être étonné
par Charlemagne qui est chenu et vieux :
il a, je pense, plus de deux cents ans.
540 Par tant de terres il s'est dépensé,
il a tant pris de coups de lance et d'épieu,
tant de rois forts il a réduit à mendier,
quand voudra-t-il enfin déposer les armes ? »
« Pas », dit Ganelon, « tant que vivra son neveu ;
545 il n'est baron tel que lui sous la chape du ciel.
Son compagnon Olivier est un preux aussi ;
et les douze Pairs, que Charles aime tant,
font l'avant-garde avec vingt mille chevaliers.
Charles est tranquille, car il ne craint nul homme. »

42

550 Le païen dit : « Je suis vraiment étonné
par Charlemagne qui est chenu et blanc :
il a, je pense, plus de deux cents ans.
Sur tant de terres il a porté ses conquêtes,
il a tant pris de coups de bons épieux tranchants,
555 tant de rois forts il a tué et vaincu sur le champ de bataille,
quand voudra-t-il enfin déposer les armes ? »
« Pas », dit Ganelon, « tant que vivra Roland ;
jusqu'en Orient il n'est baron comme lui.
Son compagnon Olivier est un preux aussi ;
560 et les douze Pairs, que Charles aime tant,
font l'avant-garde avec vingt mille Francs.
Charles est tranquille, il ne craint homme qui vive. »

43

« Beau sire Ganelon », dit le roi Marsile,
« j'ai une armée, vous n'en verrez pas de plus belle ;
565 je peux avoir quatre cent mille chevaliers.
Puis-je avec eux combattre Charles et les Français ? »
Ganelon répond : « Non, pas cette fois-ci !
Vous y perdrez grand nombre de vos païens.

Lessez folie, tenez vos al saveir :
570 L'empereür tant li dunez aveir
N'i ait Franceis ki tot ne s'en merveilt.
Par vint hostages que li enveiereiz
En dulce France s'en repairrat li reis.
Sa rereguarde lerrat derere sei ;
575 Iert i sis niés, li quens Rollant, ço crei,
E Oliver li proz e li curteis.
Mort sunt li cunte, së est ki mei en creit ;
Carles verrat sun grant orguill cadeir,
N'avrat talent que jamais vus guerreit.'   AOI

44

580 'Bel sire Guenes', ço dist li reis Marsilies,
'Cumfaitement purrai Rollant ocire ?'
Guenes respont : 'Ço vos sai jo ben dire :
Li reis serat as meillors porz de Sizre,
Sa rereguarde avrat detrés sei mise ;
585 Iert i sis niés, li quens Rollant li riches,
E Oliver, en qui il tant se fïet ;
Vint milie Francs unt en lur cumpaignie.
De voz paiens lur enveiez cent milie ;
Une bataille lur i rendent cil primes.
590 La gent de France iert blecee e blesmie.
Ne l' di por ço, des voz iert la martirie.
Altre bataille lur livrez de meïsme ;
De quel que seit, Rollant n'estoertrat mie.
Dunc avrez faite gente chevalerie,
595 N'avrez mais guere en tute vostre vie.'   AOI

45

'Chi purreit faire que Rollant i fust mort,
Dunc perdreit Carles le destre braz del cors,
Si remeindreient les merveilluses oz ;
N'asemblereit jamais si grant esforz ;
600 Tere Major remeindreit en repos.'
Quant l'ot Marsilie, si l'ad baisét el col,
Puis si cumencet a venir ses tresors.   AOI

---

597. Au cours de son deuxième songe, Charlemagne se voit mordre au bras droit par un verrat (*cf.* la note du v. 719). Voir aussi le v. 1195 et la note du v. 1903.

C'est là folie ! Tenez-vous-en à la sagesse.
570 Donnez plutôt à l'empereur tant de richesses
qu'il n'y ait Franc qui n'en soit émerveillé.
Pour vingt otages que vous lui enverrez,
en France la douce le roi s'en retournera,
et derrière lui il laissera son arrière-garde : -
575 le comte Roland son neveu en sera, je crois,
et Olivier le preux et le courtois.
Les comtes sont morts, si l'on m'en veut croire.
Charles verra son grand orgueil tomber,
et plus jamais il n'aura envie de vous faire la guerre. »

44

580 « Beau sire Ganelon », dit le roi Marsile,
« par quel moyen pourrais-je tuer Roland ? »
Ganelon répond : « Je vous le dirai bien.
Le roi sera aux plus hauts cols de Cize
et derrière lui il aura placé son arrière-garde ;
585 le puissant comte Roland, son neveu, en sera,
et Olivier, en qui il a toute confiance.
Leur compagnie sera de vingt mille Francs ;
de vos païens envoyez-leur cent mille ;
et que d'abord ils leur livrent bataille.
590 L'armée de France sera blessée, saignée à blanc.
Je ne dis pas qu'il n'y aura pas massacre des vôtres.
Livrez-leur donc, de même façon, une seconde bataille :
de l'une des deux, Roland ne réchappera pas.
Vous aurez fait ainsi une prouesse éclatante ;
595 de votre vie vous n'aurez plus de guerre. »

45

« Si l'on pouvait y faire mourir Roland,
Charles perdrait ainsi le bras droit de son corps ;
c'en serait fait des formidables armées,
et jamais plus il ne commanderait d'aussi grandes forces ;
600 dorénavant la Terre des Aïeux serait en paix. »
Quand il l'entend, Marsile l'embrasse au cou,
puis il commence à faire apporter ses trésors.

---

600. Pour *Tere Major*, voir au v. 135.

46

Ço dist Marsilies : 'Qu'en parlereiens mais ?
Cunseill n'est proz dunt hum fïance n'ait.
605 La traïsun me jurrez e le plait !'
Ço respunt Guenes : 'Issi seit cum vos plaist !'
Sur les reliques de s'espee Murgleis
La traïsun jurat, si s'est forsfait.   AOI

47

Un faldestoed i out d'un olifant.
610 Marsilies fait porter un livre avant :
La lei i fut Mahum e Tervagan.
Ço ad jurét li Sarrazins espans :
S'en rereguarde troevet le cors Rollant,
Cumbatrat sei a trestute sa gent,
615 E, së il poet, murrat i veirement.
Guenes respunt : 'Ben seit vostre comant !'   AOI

48

Atant i vint uns paiens Valdabruns, –
Icil levat le rei Marsilïun –
Cler en riant l'ad dit a Guenelun :
620 'Tenez m'espee ! Meillur n'en at nuls hom :
Entre les helz ad plus de mil manguns.
Par amistiez, bel sire, la vos duins,
Que nos aidez de Rollant le barun,
Qu'en rereguarde trover le poüsum.'
625 'Ben serat fait', le quens Guenes respunt.
Puis se baiserent es vis e es mentuns.

49

Aprés i vint un paien Climborins ;
Cler en riant a Guenelun l'ad dit :
'Tenez mun helme ! – unches meillor ne vi –
630 Si nos aidez de Rollant li marchis,
Par quel mesure le poüssum hunir.'
'Ben serat fait', Guenes li respundit.
Puis se baiserent es buches e es vis.   AOI

50

Atant i vint reïne Bramimunde :
635 'Jo vos aim mult, sire', dist ele al cunte,

46

Marsile dit : « Pourquoi en parler plus avant ?
Sans foi jurée un accord reste sans suite.
605 Vous jurerez devant moi la trahison et le pacte. »
Ganelon répond : « Qu'il en soit comme il vous plaît ! »
Sur les reliques de son épée Murgleis,
il a commis la forfaiture et juré la trahison.

47

Il y avait là un trône d'ivoire massif.
610 Marsile y fait apporter un livre devant lui :
il contenait la loi de Mahomet et Tervagan.
Il a juré ainsi, le Sarrasin d'Espagne :
s'il trouve Roland à l'arrière-garde,
il se battra contre toute son armée,
615 et, s'il le peut, Roland y mourra à coup sûr.
Ganelon répond : « Que votre ordre s'avère bon ! »

48

Se présenta alors un païen, Valdabrun –
du roi Marsile il était parrain –,
le visage riant, il dit à Ganelon :
620 « Acceptez donc mon épée ; nul n'en a de meilleure.
La garde en vaut plus de mille mangons ;
par amitié, beau sire, je vous la donne,
à vous, notre allié contre Roland le preux,
que nous puissions le trouver à l'arrière-garde. »
625 « Ce sera fait », répond le comte Ganelon.
Ils s'embrassèrent alors au visage et au menton.

49

Se présenta ensuite un païen, Climborin.
Le visage riant, il dit à Ganelon :
« Acceptez donc mon heaume ; jamais je n'en vis de
630 vous, notre allié contre Roland le marquis,   [meilleur,
que nous trouvions moyen de le déshonorer. »
« Ce sera fait », répondit Ganelon.
Ils s'embrassèrent alors sur la bouche et au visage.

50

Se présenta alors la reine, Bramimonde.
635 « Sire, j'ai beaucoup d'amour pour vous », dit-elle au comte,

'Car mult vos priset mi sire e tuit si hume.
A vostre femme enveierai dous nusches :
Ben i ad or, matices e jacunces,
E valent mielz que tut l'aveir de Rume.
640 Vostre emperere si bones n'en out unches.'
Il les ad prises, en sa hoese les butet.   AOI

51

Li reis apelet Malduit sun tresorer :
'L'aveir Carlun est il apareilliez ?'
E cil respunt : 'Oïl, sire, asez bien :
645 Set cenz cameilz d'or et argent cargiez,
E vint hostages, des plus gentilz suz cel.'   AOI

52

Marsilies tint Guenelun par l'espalle,
Si li ad dit : 'Mult par ies ber e sage.
Par cele lei que vos tenez plus salve,
650 Guardez de nos ne turnez le curage.
De mun aveir vos voeill duner grant masse :
Dis muls cargez del plus fin or d'Arabe ;
Jamais n'iert an altretel ne vos face.
Tenez les clefs de ceste citét large ;
655 Le grant aveir en presentez a Carle,
Pois me jugez Rollant a rereguarde.
Se l' pois trover a port në a passage,
Liverrai lui une mortel bataille.'
Guenes respunt : 'Mei est vis que trop targe !'
660 Pois est muntéd, entret en sun veiage.   AOI

53

Li empereres aproismet sun repaire.
Venuz en est a la citét Valterne ;
Li quens Rollant, il l'ad e prise e fraite :
Puis icel jur en fut cent anz deserte.
665 De Guenelun atent li reis nuveles
E le treüd d'Espaigne la grant tere.
Par main en l'albe, si cum li jurz esclairet,
Guenes li quens est venuz as herberges.   AOI

---

651. *Cf.* le v. 3756 où Charlemagne accusera Ganelon d'avoir commis la trahison par l'amour du gain. Judas, de son côté, ne reçut que trente pièces d'argent.
657. *Port* : « col pyrénéen » (R. Lejeune).

« car mon mari et tous ses hommes vous estiment fort.
À votre femme je vais envoyer deux broches :
elles sont toutes d'or, d'améthystes et d'hyacinthes,
elles valent bien plus que tous les trésors de Rome ;
640 votre empereur, certes, n'en eut jamais de si précieuses. »
Il les a prises, les glisse dans sa jambière.

51

Le roi convoque Malduit son trésorier :
« Et les présents pour Charles, sont-ils préparés ? »
Il lui répond : « Oui, sire, ils sont nombreux :
645 sept cents chameaux chargés d'or et d'argent,
et vingt otages, des plus nobles qui soient au monde. »

52

Marsile saisit Ganelon par l'épaule,
et il lui dit : « Vous êtes fort vaillant et très sage.
Par votre foi, celle qui procure, croyez-vous, le salut,
650 faites attention à ne pas détourner de nous votre cœur.
Mes possessions, je vous les offre en quantité :
ces dix mulets chargés du plus pur or d'Arabie,
il ne passera d'année que je ne vous en donne autant.
Prenez les clés de cette ville considérable,
655 présentez-en à Charles les grandes richesses ;
faites-moi ensuite désigner Roland à l'arrière-garde.
Si je le trouve à un col ou à un défilé,
c'est une bataille à mort que je lui livrerai. »
Ganelon répond : « Je m'attarde trop, me semble-t-il ! »
660 Il s'est donc mis en selle et passe son chemin.

53

L'empereur approche de ses domaines :
il est venu à la ville de Valterne.
Le comte Roland l'avait prise et démolie ;
depuis ce jour elle fut cent ans déserte.
665 Le roi attend les nouvelles de Ganelon
et le tribut d'Espagne, le grand pays.
Tôt le matin, à l'aube, comme le jour se lève,
le comte Ganelon est arrivé au camp.

---

667. Burger reconstruit un scénario temporel dans notre poème, selon lequel
le poète aurait réparti son récit en six jours en marquant explicitement le passage
du jour à la nuit ou vice versa : 1 : vv. (1)-162 ; 2 : vv. 163-667 ; 3 : vv. 669-717 ;
4 : vv. 737-2481 ; 5 : vv. (2645)-3098 ; 6 : vv. 3658-3991.

54

Li empereres est par matin levét,
670 Messe e matines ad li reis escultét ;
Sur l'erbe verte estut devant sun tref.
Rollant i fut e Oliver li ber,
Neimes li dux e des altres asez.
Guenes i vint, li fels, li parjurez ;
675 Par grant veisdie cumencet a parler
E dist al rei : 'Salvez seiez de Deu !
De Sarraguce ci vos aport les clefs.
Mult grant aveir vos en faz amener
E vint hostages ; faites les ben guarder !
680 E si vos mandet reis Marsilies li ber :
De l'algalife ne l' devez pas blasmer ;
A mes oilz vi quatre cenz milie armez,
Halbers vestuz, alquanz healmes fermez,
Ceintes espees as punz d'or neielez,
685 Ki l'en cunduistrent entresquë en la mer :
Mar s'en fuïrent por la chrestïentét
Quë il ne voelent ne tenir ne guarder !
Einz qu'il oüssent quatre liues siglét,
Si's aquillit e tempeste e oréd :
690 La sunt neiez ; jamais ne's reverrez.
Së il fust vif, jo l'oüsse amenét.
Del rei paien, sire, par veir crëez :
Ja ne verrez cest premer meis passét
Qu'il vos sivrat en France le regnét
695 Si recevrat la lei que vos tenez,
Jointes ses mains iert vostre comandét ;
De vos tendrat Espaigne le regnét.'
Ço dist li reis : 'Graciët en seit Deus !
Ben l'avez fait ; mult grant prod i avrez.'
700 Parmi cel ost funt mil grailles suner :
Franc desherbergent, funt lur sumers trosser ;
Vers dulce France tuit sunt achiminez.   AOI

55

Carles li magnes ad Espaigne guastede,
Les castels pris, les citez vïolees.
705 Ço dit li reis que sa guere out finee.

---

671. La formule épique *sur l'erbe verte* est l'une des plus fréquentes dans notre poème ; on en compte jusqu'à seize exemples. *Dïent Franceis* et *si va/vunt ferir* comptent également seize exemples chacun. *Sun/le cheval brochet* et *que mort l'abat* reviennent quatorze fois chacun. (Voir la note au v. *1530.*)

54

De grand matin l'empereur s'est levé,
670 messe et matines le roi a écouté.
Sur l'herbe verte il s'installa devant sa tente.
Roland y fut et le vaillant Olivier,
et le duc Naimes et bien d'autres encore :
Ganelon y vint, le félon, le parjure.
675 Très astucieux, il prend la parole
et dit au roi : « Que Dieu vous sauve !
Je vous apporte ici les clés de Saragosse,
et de là-bas je vous fais amener de grands trésors
et vingt otages – faites-les bien garder.
680 Le vaillant roi Marsile vous fait dire
que vous ne devez pas le blâmer au sujet du calife,
car, de mes yeux, j'ai vu quatre cent mille hommes armés,
haubert au dos, certains à heaume lacé,
et épée ceinte, à pommeau d'or niellé,
685 qui avec lui s'embarquèrent sur la mer :
ils ont eu tort de fuir à cause de la religion chrétienne
qu'ils ne veulent pas accepter ou observer.
Avant qu'ils eussent navigué quatre lieues,
le mauvais temps et la tempête s'abattirent sur eux :
690 tous sont noyés ; vous ne les reverrez pas ;
si le calife avait été vivant, je l'aurais amené.
Et quant au roi païen, soyez-en sûr, sire,
le mois présent ne passera pas, vous le verrez,
sans qu'il vous suive au royaume de France.
695 Il recevra la religion que vous observez,
et, les mains jointes, deviendra votre vassal ;
c'est de vous-même qu'il tiendra le royaume d'Espagne. »
Le roi lui dit : « Que Dieu en soit remercié !
C'est très bien fait ; vous y trouverez bien votre compte. »
700 On fait sonner mille clairons à travers l'armée :
les Français lèvent le camp, chargent les bêtes de somme.
Vers France la douce tous se sont mis en route.

55

Charles le Grand a dévasté l'Espagne,
pris les châteaux, pénétré dans les cités.
705 Le roi annonce qu'il a mis fin à sa guerre.

---

703. Ce vers reprend les vers du début (vv. 1-5), lesquels seront repris à nouveau aux vv. 2609-2611 ; division, donc, du drame en trois actes ?

Vers dulce France chevalchet l'emperere.
Li quens Rollant ad l'enseigne fermee,
Ensum un tertre cuntre le ciel levee.
Franc se herbergent par tute la cuntree.
710 Paien chevalchent par cez greignurs valees,
Halbercs vestuz e lur brunies dublees,
Healmes lacez e ceintes lur espees,
Escuz as cols e lances adubees.
Enz en un bruill parsum les puis remestrent;
715 Quatre cenz milie atendent l'ajurnee.
Deus! quel dulur que li Franceis ne l' sevent!   AOI

56

Tresvait le jur, la noit est aserie.
Carles se dort, li empereres riches :
Sunjat qu'il eret as greignurs porz de Sizre,
720 Teneit sa lance a la hanste fraisnine.
Guenes li quens l'ad desur lui saisie ;
Par tel aïr l'at crollee e brandie
Cuntre le cel en volent les esclices.
Carles se dort qu'il ne s'esveillet mie.

57

725 Aprés iceste altre avisiun sunjat :
Qu'il ert en France a sa capele ad Ais ;
El destre braz li morst uns vers si mals.
Devers Ardene vit venir uns leuparz,
Sun cors demenie mult fierement asalt.
730 D'enz de la sale une veltres avalat
Que vint a Carles lé galops e les salz ;
La destre oreille al premer ver trenchat,
Irëement se cumbat al lepart.
Dïent Franceis que grant bataille i ad,
735 Mais il ne sevent liquels d'els la veintrat.
Carles se dort, mie ne s'esveillat.   AOI

---

719. Signes, présages et songes prémonitoires appartiennent au fonds
commun de l'écriture épique, et servent à manifester le caractère inévitable et
fatal des événements à venir. Le premier songe de Charlemagne prévoit la mort
de Roland, symbolisée par la lance brisée par Ganelon. Quant à l'interprétation
du deuxième songe (vv. 725 et ss.), les avis sont plus partagés : il pourrait s'agir
du châtiment de Ganelon symbolisé par le verrat qui mord le bras droit de
Charlemagne (c'est-à-dire Roland) ; le léopard serait Pinabel, le vautre Thierry
(voir les vv. 3783 et ss.). Selon une autre interprétation, le verrat serait Marsile,

Vers France la douce chevauche l'empereur.
Le comte Roland a attaché l'enseigne,
en haut d'une butte il l'a dressée sur le ciel.
Les Francs cantonnent par toute la région,
710 et les païens chevauchent dans les plus grandes vallées,
haubert au dos et brogne à double épaisseur
et épée ceinte et heaume lacé,
écu au col et lance apprêtée.
Ils ont fait halte dans un bois au sommet des montagnes ;
715 quatre cent mille y attendent l'aube.
Dieu ! quel malheur que les Français l'ignorent !

56

Le jour s'en va, la nuit est tombée ;
Charles, le puissant empereur, est endormi.
Il eut un songe : il était aux plus hauts cols de Cize,
720 tenait sa lance à la hampe de frêne ;
le comte Ganelon s'en est emparé :
il l'a brandie et brisée avec une telle violence
que les éclats en volent vers le ciel.
Et Charles dort, il ne s'éveille pas.

57

725 Après ce songe, il eut une autre vision :
il se voyait en France, à Aix, dans sa chapelle,
là un verrat étonnamment féroce le mordit au bras droit ;
il vit venir, du côté de l'Ardenne, un léopard,
à son corps même il s'attaque avec violence.
730 De la grande salle un vautre dévala,
courut vers Charles au galop et par bonds.
Le roi trancha l'oreille droite du verrat en premier,
puis il s'acharne sur le léopard.
Les Français disent qu'une grande bataille s'engage ;
735 ils ne savent pas lequel l'emportera.
Et Charles dort, il ne s'éveille pas.

---

le léopard le calife, et le vautre Roland, et le songe annoncerait la bataille de Roncevaux. L'interprétation des rêves étant ambiguë presque par définition, on peut se demander s'il est légitime de chercher à trancher (W. Van Emden). Certains commentateurs estiment que les quatre rêves de Charlemagne (il y a une deuxième série aux vv. 2529-2554 et 2555-2569) ont subi d'importantes altérations au cours de la transmission textuelle (D.D.R. Owen, T. Hunt).

727. Pour le terme *verrat*, voir le Glossaire.

58

Tresvait la noit e apert la clere albe.
Parmi cel host sunt les menees haltes ;
Li empereres mult fierement chevalchet.
740 'Seignurs barons', dist li empere Carles,
'Vëez les porz e les destreiz passages :
Kar me jugez ki ert en rereguarde !'
Guenes respunt : 'Rollant, cist miens fillastre :
N'avez baron de si grant vasselage.'
745 Quant l'ot li reis, fierement le reguardet,
Si li ad dit : 'Vos estes vifs dïables :
El cors vos est entree mortel rage !
E ki serat devant mei en l'ansguarde ?'
Guenes respunt : 'Oger de Denemarche :
750 N'avez barun ki mielz de lui la facet.'   AOI

59

Li quens Rollant, quant il s'oït juger,
Dunc ad parléd a lei de chevaler :
'Sire parastre, mult vos dei aveir cher :
La rereguarde avez sur mei jugiét.
755 N'i perdrat Carles, li reis ki France tient,
Men escïentre, palefreid ne destrer,
Ne mul ne mule que deiet chevalcher ;
Nen i perdrat ne runcin ne sumer
Quë as espees ne seit einz eslegiét.'
760 Guenes respunt : 'Veir dites, jo l' sai bien.'   AOI

60

Quant ot Rollant qu'il ert en rereguarde,
Irëement parlat a sun parastre :
'Ahi ! culvert, malvais hom de put aire,
Quïas le guant me caïst en la place,
765 Cum fist a tei le bastun devant Carle ?'   AOI

---

743. Il y a reprise évidente ici du v. 277.

752. Si Roland répond en bonne et due forme, comme il sied, c'est d'abord (au v. 753) avec une ironie qu'on ne peut pas ne pas reconnaître.

765. Le lecteur n'aura pas oublié que c'est le gant de Charlemagne, et non son bâton, que Ganelon laisse tomber au v. 333. Cette inadvertance, si c'en est

58

La nuit s'en va et l'aube apparaît claire.
Dans toute l'armée les sonneries retentissent.
L'empereur chevauche terrible et fier :
740 « Seigneurs barons », dit l'empereur Charles,
« voici les cols et les étroits défilés ;
désignez-moi qui sera à l'arrière-garde. »
Ganelon répond : «Ce sera Roland, mon beau-fils ;
vous n'avez pas de baron si vaillant. »
745 Le roi l'entend, lui jette un regard farouche,
et il lui dit : «Vous êtes le diable incarné !
Une rage mortelle habite votre corps.
Et qui sera donc devant moi à l'avant-garde ? »
Ganelon répond : «Ce sera Ogier de Danemark ;
750 vous n'avez pas de baron qui la fasse mieux que lui. »

59

Le comte Roland, quand il s'entendit désigner,
prit la parole en vrai chevalier :
« Seigneur beau-père, je vous dois beaucoup d'affection :
vous m'avez fait désigner pour l'arrière-garde !
755 Charles, le roi qui gouverne la France, n'y perdra,
je crois, palefroi ni destrier,
mulet ni mule à chevaucher,
il ne perdra cheval de charge ni bête de somme
qui n'ait été d'abord payé à coups d'épée. »
760 Ganelon répond : «Vous dites la vérité, je le sais bien. »

60

Lorsque Roland entend qu'il sera à l'arrière-garde,
il s'emporte contre son beau-père :
« Ah ! vil truand, sale individu de basse race,
as-tu donc cru que le gant me tomberait par terre
765 comme le bâton à toi devant Charles ? »

---

une (il pourrait s'agir d'un accident banal de copiste), aurait sans doute passé
inaperçue dans des conditions de récitation orale. Les symboles de l'investiture
sont, de toute façon, interchangeables ; il peut être question tout aussi bien d'une
paille que d'un bâton ou d'un gant.

61

'Dreiz emperere', dist Rollant le barun,
'Dunez mei l'arc que vos tenez el poign !
Men escïentre, ne l' me reproverunt
Quë il me chedet cum fist a Guenelun
770　De sa main destre, quant reçut le bastun.'
Li empereres en tint sun chef enbrunc,
Si duist sa barbe e detoerst sun gernun ;
Ne poet müer qu'ore des oilz ne plurt.

62

Anprés iço i est Neimes venud –
775　Meillor vassal n'out en la curt de lui –
E dist al rei : 'Ben l'avez entendut :
Li quens Rollant, il est mult irascut.
La rereguarde est jugee sur lui ;
N'avez baron ki jamais la remut.
780　Dunez li l'arc que vos avez tendut,
Si li truvez ki tresbien li aiüt !'
Li reis li dunet, e Rollant l'a reçut.

63

Li empereres en apelet Rollant :
'Bel sire niés, or savez veirement,
785　Demi mun host vos lerrai en present.
Retenez les ; c'est vostre salvement !'
Ço dit li quens : 'Jo n'en ferai nïent ;
Deus me cunfunde, se la geste en desment !
Vint milie Francs retendrai ben vaillanz.
790　Passez les porz trestut soürement :
Ja mar crendrez nul hume a mun vivant !'　　　　　　AOI

64

Li quens Rollant est muntét el destrer.
Cuntre lui vient sis cumpainz Oliver,
Vint i Gerins e li proz quens Gerers
795　E vint i Otes, si i vint Berengers
E vint Sansun e Anseïs li fiers,
Vint i Gerart de Rossillon li veillz,

---

787. Sûr de lui-même et de la qualité de ses troupes, et ne se doutant pas de la trahison de Ganelon, Roland n'a pas lieu d'accepter les renforts que lui offre Charlemagne.

61

« Mon juste empereur », dit Roland le vaillant,
« donnez-moi l'arc que vous tenez au poing.
Nul, que je sache, ne me reprochera
qu'il tombe par terre comme il arriva à Ganelon
770 quand il reçut le bâton de sa main droite. »
Là-dessus, l'empereur tint la tête baissée,
lissa sa barbe et tortilla sa moustache ;
il ne peut faire qu'il ne pleure des yeux.

62

Après cela, Naimes s'est présenté –
775 nul à la cour ne fut meilleur vassal que lui –
et dit au roi : « Vous l'avez bien entendu :
le comte Roland est très en colère.
Votre arrière-garde lui a été adjugée ;
nul de vos hommes n'y peut rien changer.
780 Donnez-lui l'arc que vous avez tendu,
et trouvez-lui quelqu'un qui puisse bien l'aider ! »
Le roi donne l'arc, et Roland l'a reçu.

63

L'empereur s'adresse à Roland :
« Beau sire neveu, vous le savez à coup sûr,
785 je mettrai bien la moitié de mon armée à votre disposition.
Gardez ces troupes avec vous ; c'est votre salut. »
Le comte lui dit : « Non, je n'en ferai rien.
Dieu me confonde si jamais je démens la tradition de ma
                                          [famille !
Je garderai avec moi vingt mille Francs bien vaillants.
790 Passez les cols en toute assurance :
de mon vivant, vous aurez tort de craindre qui que ce soit. »

64

Le comte Roland est monté sur son destrier.
À sa rencontre vient Olivier, son compagnon.
Gerin y vint, et le preux comte Gerier,
795 Oton y vint, et Berengier aussi,
Samson y vint, et Anseïs le féroce,
y vint aussi le vieux Gérard de Roussillon,

---

788. Pour le terme *geste*, voir le Glossaire.

Venuz i est li riches dux Gaifiers.
Dist l'arcevesque : 'Jo irai, par mun chef !'
800 'E jo od vos', ço dist li quens Gualters,
'Hom sui Rollant ; jo ne li faillid ier !'
Entr'els eslisent vint milie chevalers.   AOI

65

Li quens Rollant Gualter de l'Hum apelet :
'Pernez mil Francs de France nostre tere,
805 Si purpernez les destreiz e les tertres,
Que l'emperere nisun des soens n'i perdet.'   AOI
Respunt Gualter : 'Pur vos le dei ben faire.'
Od mil Franceis de France, la lur tere,
Gualter desrenget les destreiz e les tertres ;
810 N'en descendrat pur malvaises nuveles
Enceis qu'en seient set cenz espees traites.
Reis Almaris del regne de Belferne
Une bataille lur livrat, le jur, pesme.

66

Halt sunt li pui e li val tenebrus,
815 Les roches bises, les destreiz merveillus.
Le jur passerent Franceis a grant dulur :
De quinze liues en ot hom la rimur.
Puis quë il venent a la Tere Majur,
Virent Guascuigne, la tere lur seignur.
820 Dunc lur remembret des fius e des honurs
E des pulceles e des gentilz oixurs :
Cel nen i ad ki de pitét ne plurt.
Sur tuz les altres est Carles anguissus :
As porz d'Espaigne ad lessét sun nevold ;
825 Pitét l'en prent ; ne poet müer n'en plurt.   AOI

67

Li duze per sunt remés en Espaigne,
Vint milie Francs unt en la lur cumpaigne ;
Nen unt poür ne de murir dutance.
Li emperere s'en repairet en France ;
830 Suz sun mantel en fait la cuntenance.
Dejuste lui chevalchet li dux Neimes

---

810. Littéralement : « si mauvaises que soient les nouvelles ».

815. *Bis* : « dur » plutôt que « gris » ; *cf. Aucassin et Nicolette*, éd. M. Roques (C.F.M.A.), p. 58.

le duc Gaifier, le puissant, y est venu.
L'archevêque dit : « Par mon chef, j'irai, moi aussi ! »
800 « Et moi aussi », dit le comte Gautier ;
« homme de Roland, je ne lui ferai pas défaut. »
Ils choisissent entre eux vingt mille chevaliers.

65

Le comte Roland convoque Gautier de l'Hum :
« Prenez mille Francs de notre terre de France,
805 investissez défilés et hauteurs,
que notre empereur n'y perde pas un seul des siens. »
Gautier répond : « Pour vous je dois bien le faire. »
Accompagné de mille Français de France, leur terre,
Gautier s'en va parcourir les défilés et les hauteurs ;
810 en aucun cas, il n'en redescendra
avant de voir dégainer sept cents épées.
Et ce jour même, le roi Almari du royaume de Belferne
leur livra une bataille acharnée.

66

Hauts sont les monts et les vals ténébreux,
815 les rochers durs, les défilés sinistres.
Ce jour-là, les Français les franchirent à grand-peine ;
on les entend passer de quinze lieues.
Dès qu'ils arrivent à la Terre des Aïeux,
ils aperçoivent la Gascogne, le pays de leur seigneur.
820 Ils se souviennent alors de leurs fiefs et de leurs domaines,
et des jeunes filles et de leurs nobles épouses ;
il n'en est pas qui ne pleure d'émotion.
Plus que tout autre, Charles est oppressé d'angoisse :
il a laissé son neveu aux cols d'Espagne.
825 Il s'attendrit, ne peut se retenir de pleurer.

67

Les douze Pairs sont restés en Espagne
accompagnés de vingt mille Francs ;
ils n'ont pas peur, ne craignent pas la mort.
L'empereur revient en France ;
830 sous son manteau il perd contenance.
À son côté chevauche le duc Naimes,

---

830. Charlemagne a beau se cacher le visage pour ne pas laisser voir son angoisse ; Naimes la lit dans ses yeux.

E dit al rei : 'De quei avez pesance ?'
Carles respunt : 'Tort fait ki l' me demandet !
Si grant doel ai, ne puis müer n'en pleigne :
835 Par Guenelun serat deserte France !
Enoit m'avint par avisiun dë angle
Qu'entre mes puinz me depeçout ma hanste
Chi ad jugét mis nés a rereguarde.
Jo l'ai lessét en une marche estrange ;
840 Deus ! se jo l' pert, ja n'en avrai escange !'   AOI

68

Carles li magnes ne poet müer n'en plurt.
Cent milie Francs pur lui unt grant tendrur
E de Rollant merveilluse poür.
Guenes li fels en ad fait traïsun ;
845 Del rei paien en ad oüd granz duns :
Or e argent, palies e ciclatuns,
Muls e chevals e cameilz e leüns.
Marsilies mandet d'Espaigne les baruns,
Cuntes, vezcuntes e dux e almaçurs,
850 Les amirafles e les filz as cunturs :
Quatre cenz milie en ajuste en treis jurz.
En Sarraguce fait suner ses taburs ;
Mahumet levent en la plus halte tur :
N'i ad paien ne l' prit e ne l'aort.
855 Puis si chevalchent par mult grant cuntençun
Tere certeine e les vals e les munz ;
De cels de France virent les gunfanuns.
La rereguarde des duze cumpaignuns
Ne lesserat bataille ne lur dunt.

69

860 Li niés Marsilie, il est venuz avant
Sur un mulet od un bastun tuchant ;
Dist a sun uncle belement en riant :
'Bel sire reis, jo vos ai servit tant,
Si'n ai oüt e peines e ahans,
865 Faites batailles e vencues en champ :
Dunez m'un feu, c'est le colp de Rollant !
Jo l'ocirai a mun espiét trenchant,

---

856. La terre sûre ou bien la Cerdagne ? La correction *La tere cercent*, « ils parcourent la région » (Segre), est peut-être préférable après tout.

860. Le défilé, et les vantardises rituelles, de douze guerriers sarrasins sont

il dit au roi : « Pourquoi cette tristesse ? »
Charles lui répond : « Qui le demande m'offense !
J'ai tant de peine qu'il me faut la montrer :
835 la France sera par Ganelon démunie !
J'ai eu cette nuit, d'un ange, une vision :
Ganelon brisait ma lance entre mes poings,
ce même Ganelon qui a désigné mon neveu à l'arrière-
Je l'ai laissé dans un pays étranger ;   [garde.
840 Si je le perds, Dieu ! jamais je ne pourrai le remplacer. »

68

Charles le Grand ne peut se retenir de pleurer.
Cent mille Français s'attendrissent pour lui,
et pour Roland ils éprouvent une sinistre peur.
C'est le félon Ganelon qui l'a trahi ;
845 il a reçu du roi païen de riches présents :
or et argent, étoffes de soie et brocarts,
mulets, chevaux, chameaux et lions.
Marsile convoque les barons d'Espagne,
comtes et vicomtes, ducs et almaçours,
850 et les émirs et les fils des comtors.
Il en rassemble quatre cent mille en trois jours ;
à Saragosse il fait battre ses tambours.
Et on érige Mahomet sur la plus haute tour ;
il n'est païen qui ne le prie et ne l'adore.
855 Puis ils chevauchent, à qui mieux mieux,
par la terre sûre, par vaux et par monts.
De ceux de France ils virent les gonfanons.
À l'arrière-garde, les douze compagnons
ne manqueront pas d'engager le combat.

69

860 Sur un mulet, qu'il touchait d'un bâton,
s'est avancé le neveu de Marsile.
Riant tout haut, il dit à son oncle :
« Beau sire, mon roi, je vous ai tant servi,
je n'en ai eu que peines et souffrances,
865 tant de batailles livrées et gagnées sur le champ de bataille.
En récompense, laissez-moi porter le premier coup à
je le tuerai de mon épieu tranchant,   [Roland ;

---

la réplique des douze Pairs chrétiens ; l'énumération s'achève avec Chernuble
à la laisse 78 (mais l'arithmétique du v. 877 n'est pas respectée).

Se Mahumet me voelt estre guarant.
De tute Espaigne aquiterai les pans
870 Dés les porz d'Aspre entresqu'a Durestant.
Las serat Carles, si recrerrunt si Franc ;
N'avrez mais guere en tut vostre vivant.'
Li reis Marsilie l'en ad dunét le guant.   AOI

70

Li niés Marsilie tient le guant en sun poign,
875 Sun uncle apelet de mult fiere raisun :
'Bel sire reis, fait m'avez un grant dun.
Eslisez mei duze de voz baruns,
Si m' cumbatrai as duze cumpaignuns.'
Tut premerein l'en respunt Falsaron : –
880 Icil ert frere al rei Marsilïun –
'Bel sire niés, e jo e vos irum,
Ceste bataille, veirement la ferum.
La rereguarde de la grant host Carlun,
Il est jugét que nus les ocirum.'   AOI

71

885 Reis Corsablis, il est de l'altre part :
Barbarins est e mult de males arz.
Cil ad parlét a lei de bon vassal :
'Pur tut l'or Deu ne voill estre cuard :
...   .,
...   .
As vos poignant Malprimis de Brigal :
890 Plus curt a piét que ne fait un cheval.
Devant Marsilie cil s'escrïet mult halt :
'Jo cunduirai mun cors en Rencesvals ;
Se truis Rollant, ne lerrai que ne l' mat !'

72

Uns amurafles i ad de Balaguez :
895 Cors ad mult gent e le vis fier e cler ;

---

888. Lacune évidente que l'on pourrait peut-être combler, en suivant les autres versions, par :

> *Se truis Rollant, ne lerrai ne l'asaill.*
> *Jo sui li tierz ; or eslisez le quart !*

890. Comme figure de rhétorique, la comparaison est peu employée dans

si Mahomet me veut protéger.
J'affranchirai tout le territoire d'Espagne
870 depuis les cols d'Aspe jusqu'à Durestant.
Charles sera las, ses Francs renonceront ;
la vie durant, vous n'aurez plus de guerre. »
Le roi Marsile lui a remis le gant.

70

Le gant au poing, le neveu de Marsile
875 lance à son oncle une réponse fougueuse :
« Beau sire, mon roi, vous m'avez fait un grand don.
Désignez-moi douze de vos barons,
je combattrai les douze Pairs. »
Tout le premier, Falsaron lui répond –
880 il était frère du roi Marsile – :
« Beau sire neveu, nous irons, vous et moi,
nous livrerons à coup sûr cette bataille.
Cette arrière-garde de la grande armée de Charles,
il est jugé que nous l'écraserons. »

71

885 Arrive d'en face le roi Corsablis
de Barbarie, expert en maléfices.
Il a parlé en bon vassal :
« Je ne veux être, pour tout l'or de Dieu, couard
...   .
...   . »
Voici venir à toute allure Malprimis de Brigal ;
890 il court plus vite à pied qu'un cheval.
Devant Marsile il s'écrie à haute voix :
« Je me rendrai à Roncevaux ;
si je le trouve, impossible que je n'abatte Roland ! »

72

Il y a là un émir, de Balaguer :
895 c'est un bel homme au visage hardi et clair ;

---

notre poème, et les exemples en sont assez banals : *cf.* les vv. 1111, 1492, 1573, 1874, 1888, 3173, 3319, 3503, 3521.

893. On notera la reprise verbale du premier hémistiche aux vv. 902, 914, 935.

Puis quë il est sur sun cheval muntét,
Mult se fait fiers de ses armes porter.
De vasselage est il ben alosez :
Fust chrestïens, asez oüst barnét.
900 Devant Marsilie cil s'en est escrïét :
'En Rencesvals irai mun cors guïer' ;
Se truis Rollant, de mort serat finét,
E Oliver e tuz les duze pers :
Franceis murrunt a doel e a viltét.
905 Carles li magnes velz est e redotez ;
Recrëanz ert de sa guerre mener,
Si remeindrat Espaigne en quitedét.'
Li reis Marsilie mult l'en ad mercïét.   AOI

73

Uns almaçurs i ad de Morïane :
910 N'ad plus felun en la tere d'Espaigne.
Devant Marsilie ad faite sa vantance :
'En Rencesvals guïerai ma cumpaigne ;
Vint milie sunt ad escuz e a lances.
Se trois Rollant, de mort li duins fïance.
915 Jamais n'ert jor que Carles ne s'en pleignet.'   AOI

74

D'altre part est Turgis de Turteluse ;
Cil est uns quens, si est la citét süe ;
De chrestïens voelt faire male vode.
Devant Marsilie as altres si s'ajustet ;
920 Ço dist al rei : 'Ne vos esmaiez unches !
Plus valt Mahum que seint Perre de Rume :
Se lui servez, l'onur del camp ert nostre.
En Rencesvals a Rollant irai juindre ;
De mort n'avrat guarantisun pur hume.
925 Vëez m'espee ki est e bone e lunge :
A Durendal jo la metrai encuntre ;
Asez orrez laquele irat desure !
Franceis murrunt, së a nus s'abandunent.
Carles li velz avrat e doel e hunte :
930 Jamais en chef ne porterat curone.'

75

D'altre part est Escremiz de Valterne :
Sarrazins est, si est süe la tere.
Devant Marsilie s'escrïet en la presse :

une fois qu'il est en selle sur son destrier,
il se rengorge de porter ses armes.
Pour sa bravoure il est fort réputé ;
s'il était chrétien, ce serait un vrai baron.
900 Devant Marsile, il s'est écrié :
« Je me risquerai à aller à Roncevaux !
Si je le trouve, c'en est fait de Roland,
et d'Olivier et de tous les douze Pairs :
les Francs mourront dans la douleur et la honte.
905 Charles le Grand est vieux et radoteur ;
la guerre qu'il mène, il y renoncera,
et toute l'Espagne restera affranchie. »
Le roi Marsile l'a bien remercié.

73

Un almaçour est là, de Moriane :
910 pas un plus grand félon en la terre d'Espagne.
Devant Marsile il fait sa vantardise :
« Je conduirai mes hommes à Roncevaux ;
ils sont vingt mille avec écus et lances.
Si je le trouve, Roland est mort, j'en suis garant.
915 Sa vie durant, Charles ne cessera de s'en lamenter. »

74

Arrive d'en face Turgis de Tortelose,
le comte à qui la cité appartient.
Il veut vouer les chrétiens à la ruine.
Devant Marsile il s'aligne avec les autres.
920 Il dit au roi : « N'ayez aucune crainte !
Mahomet vaut plus que saint Pierre de Rome :
l'honneur du champ est à nous si vous le servez.
J'irai me battre avec Roland à Roncevaux,
personne ne pourra le préserver de la mort.
925 Voyez un peu mon épée qui est bonne et longue :
à Durendal je vais la mesurer ;
vous saurez certes laquelle aura le dessus !
Les Francs mourront s'ils se risquent contre nous.
Charles le vieux aura et douleur et honte,
930 il ne portera plus jamais sa couronne en tête. »

75

Arrive d'en face Escremis de Valterne :
ce Sarrasin est maître de ce pays.
Devant Marsile dans la foule il s'écrie :

'En Rencesvals irai l'orgoill desfaire.
935 Se trois Rollant, n'en porterat la teste,
Në Oliver ki les altres cadelet ;
Li duze per tuit sunt jugez a perdre.
Franceis murrunt e France en ert deserte ;
De bons vassals avrat Carles suffraite.'   AOI

76

940 D'altre part est uns paiens Esturganz,
Estramariz i est, un soens cumpainz :
Cil sunt felun, traïtur suduiant.
Ço dist Marsilie : 'Seignurs, venez avant !
En Rencesvals irez as porz passant
945 Si aiderez a cunduire ma gent.'
E cil respundent : 'Sire, a vostre comant !
Nus asaldrum Oliver e Rollant ;
Li duze per n'avrunt de mort guarant,
Car noz espees sunt bones e trenchant ;
950 Nus les feruns vermeilles de chald sanc.
Franceis murrunt, Carles en ert dolent ;
Tere Majur vos metrum en present.
Venez i, reis, si l' verrez veirement :
L'emperëor vos rendrum recrëant.'

77

955 Curant i vint Margariz de Sibilie :
Cil tient la tere entresqu'as Cazmarines.
Pur sa beltét dames li sunt amies :
Cele ne l' veit, vers lui ne s'esclargisset,
Quant ele l' veit ne poet müer ne rïet ;
960 N'i ad paien de tel chevalerie.
Vint en la presse, sur les altres s'escrïet
E dist al rei : 'Ne vos esmaiez mie !
En Rencesvals irai Rollant ocire,
Në Oliver n'en porterat la vie ;
965 Li duze per sunt remés en martirie.
Vëez m'espee ki d'or est enheldie : –
Si la tramist li amiralz de Primes –
Jo vos plevis qu'en vermeill sanc ert mise.
Franceis murrunt e France en ert hunie.
970 Carles li velz a la barbe flurie,
Jamais n'ert jurn qu'il n'en ait doel e ire.
Jusqu'a un an avrum France saisie ;

« J'irai défaire la nation orgueilleuse à Ronceveaux.
935 Si je le trouve, Roland n'en remportera pas sa tête,
ni Olivier, qui dirige les autres ;
tous les douze Pairs sont condamnés à mort.
Les Francs mourront, la France sera démunie,
et Charles sera privé de ses meilleurs vassaux. »

76

940 Arrive d'en face un païen, Esturgant,
Estramarit, un de ses compagnons, y vient aussi :
tous deux félons, traîtres déloyaux.
Et Marsile dit : « Seigneurs, avancez !
Vous franchirez les cols jusqu'à Roncevaux
945 et m'aiderez à conduire mon armée. »
Et ils répondent : « Sire, à votre commandement !
Nous combattrons Olivier et Roland ;
contre la mort, les douze Pairs n'auront pas de protecteur.
Bonnes et tranchantes sont nos épées :
950 nous les rendrons vermeilles de sang chaud.
Les Francs mourront, et Charles en souffrira.
Nous mettrons à vos pieds la Terre des Aïeux.
Venez là-bas, roi, vous le verrez vous-même :
nous réduirons l'empereur à l'impuissance. »

77

955 À toute allure y vint Margarit de Séville :
il tient la terre jusqu'aux Cazmarines.
Par sa beauté il plaît beaucoup aux femmes :
nulle à sa vue qui ne s'épanouisse de joie,
aucune ne sait, en le voyant, réprimer son rire ;
960 pas un païen qui soit un chevalier aussi accompli.
Il s'avança dans la foule, s'écria par-dessus les autres
et dit au roi : « N'ayez aucune crainte !
Moi, j'irai tuer Roland à Roncevaux,
et Olivier non plus ne sauvera pas sa vie.
965 Les douze Pairs sont restés pour leur martyre.
Voyez un peu mon épée dont la garde est en or –
l'émir de Primes la fit envoyer :
je vous promets qu'elle sera plongée dans le sang vermeil.
Les Francs mourront, la France en sera honnie.
970 Charles le vieux, à la barbe fleurie,
tant qu'il vivra ne cessera de souffrir et d'enrager.
D'ici un an, nous aurons pris possession de la France,

Gesir porrum el burc de seint Denise.'
Li reis paiens parfundement l'enclinet.   AOI

78

975 D'altre part est Chernubles de Muneigre :
Josqu'a la tere si chevoel li baleient ;
Greignor fais portet, par giu quant il s'enveiset,
Que set mulez ne funt, quant il sumeient.
Icele tere, ço dit, dunt il est seindre,
980 Soleill n'i luist ne blét n'i poet pas creistre,
Pluie n'i chet, rusee n'i adeiset ;
Piere n'i ad que tute ne seit neire.
Dïent alquanz que dïables i meignent.
Ce dist Chernubles : 'Ma bone espee ai ceinte ;
985 En Rencesvals jo la teindrai vermeille.
Se trois Rollant li proz enmi ma veie,
Se ne l'asaill, dunc ne faz jo que creire ;
Si cunquerrai Durendal od la meie.
Franceis murrunt e France en ert destreite.'
990 A icez moz li duze per s'aleient,
Itels cent milie Sarrazins od els meinent
Ki de bataille s'argüent e hasteient.
Vunt s'aduber desuz une sapeide.

79

Paien s'adubent d'osbercs sarazineis,
995 Tuit li plusur en sunt dublez en treis ;
Lacent lor elmes mult bons sarraguzeis,
Ceignent espees de l'acer vïaneis ;
Escuz unt genz, espiez valentineis,
E gunfanuns blancs e blois e vermeilz.
1000 Laissent les muls e tuz les palefreiz,
Es destrers muntent, si chevalchent estreiz.
Clers fut li jurz e bels fut li soleilz :
N'unt guarnement que tut ne reflambeit.
Sunent mil grailles por ço que plus bel seit :
1005 Granz est la noise, si l'oïrent Franceis.
Dist Oliver : 'Sire cumpainz, ce crei,
De Sarrazins purum bataille aveir.'
Respont Rollant : 'E Deus la nus otreit !
Ben devuns ci estre pur nostre rei :
1010 Pur sun seignor deit hom susfrir destreiz
E endurer e granz chalz e granz freiz,
Si'n deit hom perdre e del quir e del peil.

et nous pourrons coucher au bourg de Saint-Denis. »
Le roi païen s'incline profondément.

78

975 Arrive d'en face Chernuble de Muneigre :
ses cheveux flottent, tombent jusqu'à terre ;
pour s'amuser, il se plaît à porter un poids plus lourd
que ne supportent sept mulets bien bâtés.
Dans le pays, dit-on, dont il est seigneur,
980 on ne voit pas le soleil, le blé ne peut pas croître,
jamais la pluie ne tombe, la rosée ne se dépose pas ;
il n'y a pierre qui ne soit toute noire.
Certains déclarent que les diables y habitent.
Chernuble dit : « J'ai ceint ma bonne épée ;
985 je la teindrai en vermeil à Roncevaux.
Si, sur ma voie, je trouve le preux Roland,
sans l'attaquer, je ne suis pas digne d'être cru ;
et je vaincrai Durendal avec mon épée.
Les Francs mourront, la France sera démunie. »
990 Sur ce les douze pairs païens s'assemblent,
et ils emmènent avec eux cent mille Sarrasins
qui s'impatientent et brûlent de combattre.
Ils vont s'armer dans un bois de sapins.

79

Les païens s'arment de hauberts sarrasins,
995 pour la plupart à triple épaisseur ;
lacent leurs bons heaumes de Saragosse,
ceignent leurs épées d'acier viennois ;
de beaux écus au bras, des épieux de Valence,
des gonfanons blancs, bleus et vermeils.
1000 Ils abandonnent tous les palefrois et les mulets,
montent sur les destriers, chevauchent en rangs serrés.
Clair est le jour, et beau le soleil ;
pas une armure qui toute ne resplendisse ;
mille clairons sonnent pour que ce soit plus beau.
1005 Le bruit est grand, les Français l'entendirent.
Olivier dit : « Sire compagnon, je crois
que nous pourrons avoir bataille avec les Sarrasins. »
Roland répond : « Eh bien, que Dieu nous l'accorde !
Notre devoir est de nous tenir ici pour notre roi ;
1010 pour son seigneur on doit subir des souffrances
et endurer de grandes chaleurs et de grands froids,
on doit aussi perdre du cuir et du poil.

Or guart chascuns que granz colps i empleit,
Male cançun de nus chantét ne seit !
1015 Paien unt tort e chrestïens unt dreit.
Malvaise essample n'en serat ja de mei.'   AOI

80

Oliver muntet desur un pui halçur ;
Guardet sur destre parmi un val herbus,
Si veit venir cele gent paienur,
1020 Si'n apelat Rollant sun cumpaignun :
'Devers Espaigne vei venir tel brunur,
Tanz blancs osbercs, tanz elmes flambïus ;
Icist ferunt nos Franceis grant irur.
Guenes le sout, li fel, li traïtur
1025 Ki nus jugat devant l'empereür.'
'Tais, Oliver !' li quens Rollant respunt,
'Mis parrastre est ; ne voeill que mot en suns.'

81

Oliver est desur un pui muntét ;
Or veit il ben d'Espaigne le regnét
1030 E Sarrazins, ki tant sunt asemblez.
Luisent cil elme ki ad or sunt gemmez,
E cil escuz e cil osbercs safrez,
E cil espiez, cil gunfanun fermez.
Sul les escheles ne poet il acunter :
1035 Tant en i ad que mesure n'en set.
E lui meïsme en est mult esguarét ;
Cum il einz pout, del pui est avalét,
Vint as Franceis, tut lur ad acuntét.

82

Dist Oliver : 'Jo ai paiens veüz ;
1040 Unc mais nuls hom en tere n'en vit plus.
Cil devant sunt cent milïe ad escuz,
Helmes laciez e blancs osbercs vestuz ;
Dreites cez hanstes, luisent cil espiét brun.
Bataille avrez, unches mais tel ne fut.

1014. Roland a la hantise de la honte, et ne peut supporter l'idée d'être
sanctionné par la mémoire collective aristocratique. L'obsession revient aux vv.
1466 et 1472 (voir également la note du v. 1053).

Que chacun veille à assener de grands coups
pour que sur nous on ne chante pas de chanson déshono-
1015 Les païens ont le tort, et les chrétiens le droit.   [rante !
Mauvais exemple ne viendra jamais de moi. »

80

Sur une hauteur Olivier est monté,
d'où il regarde à droite, le long d'une vallée herbeuse ;
il voit venir la troupe des païens,
1020 et il appelle Roland son compagnon :
« Je vois venir d'Espagne tant de reflets de métal bruni,
hauberts qui brillent, heaumes qui flamboient !
Ces gens vont mettre nos Français en grande fureur.
Il le savait, Ganelon, le félon, le traître :
1025 ce fut bien lui qui nous désigna devant l'empereur. »
Le comte Roland répond : « Tais-toi, Olivier.
C'est mon beau-père ; je ne veux pas t'entendre parler de
[lui ! »

81

Sur une hauteur Olivier est monté.
Il voit très bien maintenant le royaume d'Espagne,
1030 les Sarrasins assemblés en grand nombre :
leurs heaumes brillent aux gemmes serties dans l'or,
et leurs écus, leurs hauberts laqués or,
et leurs épieux, leurs gonfanons dressés.
Il ne peut même compter les bataillons :
1035 il n'en sait pas le nombre ; il y en a tant et plus.
Il est lui-même tout bouleversé :
de la hauteur il est redescendu le plus vite qu'il pouvait,
il vient aux Francs, leur a tout détaillé.

82

Olivier dit : « J'ai vu les païens ;
1040 nul être humain n'en vit jamais davantage.
Ceux de devant sont cent mille avec leurs écus,
leurs heaumes lacés, leurs hauberts brillants sur le dos,
droites sont les lances, les épieux brunis luisent.
Et vous aurez bataille telle qu'il n'y en eut jamais.

1021. Leçon du manuscrit : *bruur.* Moignet rattache le mot au verbe *bruire*,
sans trop se soucier du *vei*, « je vois », qui le précède.

1045 Seignurs Franceis, de Deu aiez vertut !
      El camp estez, que ne seium vencuz !'
      Dïent Franceis : 'Dehét ait ki s'en fuit !
      Ja pur murir ne vus en faldrat uns.'   AOI

                              83

      Dist Oliver : 'Paien unt grant esforz ;
1050 De noz Franceis m'i semble aveir mult poi.
      Cumpaign Rollant, kar sunez vostre corn,
      Si l'orrat Carles, si returnerat l'ost.'
      Respunt Rollant : 'Jo fereie que fols !
      En dulce France en perdreie mun los.
1055 Sempres ferrai de Durendal granz colps ;
      Sanglant en ert li branz entresqu'a l'or.
      Felun paien mar i vindrent as porz :
      Jo vos plevis, tuz sunt jugez a mort.'   AOI

                              84

      'Cumpainz Rollant, l'olifan car sunez,
1060 Si l'orrat Carles, ferat l'ost returner,
      Succurrat nos li reis od sun barnét.'
      Respunt Rollant : 'Ne placet Damnedeu
      Que mi parent pur mei seient blasmét
      Ne France dulce ja chëet en viltét !
1065 Einz i ferrai de Durendal asez,
      Ma bone espee quë ai ceint al costét ;
      Tut en verrez le brant ensanglentét.
      Felun paien mar i sunt asemblez :
      Jo vos plevis, tuz sunt a mort livrez.'   AOI

                              85

1070 'Cumpainz Rollant, sunez vostre olifan,
      Si l'orrat Carles, ki est as porz passant ;
      Je vos plevis, ja returnerunt Franc.'
      'Ne placet Deu', ço li respunt Rollant,
      'Que ço seit dit pur nul hume vivant

1053. Le refus de Roland : « La justification qu'il donne de ses refus contient
la clé du système de valeurs auquel va l'adhésion profonde de Roland. Cet
impétueux jeune homme n'est pas irréfléchi. Ce preux est doué de raison. Son
amour du risque n'est pas l'effet d'une arrogance aveugle et impulsive. Au

1045 Français, seigneurs, que vous ayez la force de Dieu !
     Dans le combat tenez bon, que nous ne soyons pas
                                          [vaincus ! »
     Les Français disent : « Maudit soit qui s'enfuit !
     Dût-il mourir, aucun de nous ne vous fera défaut. »

83

     Olivier dit : « Les païens sont en force,
1050 et nos Français, ce me semble, sont bien peu.
     Mon compagnon, Roland, sonnez donc votre cor,
     Charles l'entendra et l'armée reviendra. »
     Roland répond : « Ce serait une folie de ma part !
     En France la douce j'en perdrais mon renom.
1055 De Durendal je frapperai aussitôt à grands coups :
     sa lame aura du sang jusqu'à l'or de la garde.
     Ils eurent bien tort, les félons païens, de venir aux cols ;
     ils sont voués tous à la mort, je vous le garantis. »

84

     « Mon compagnon, Roland, l'olifant, sonnez-le !
1060 Charles l'entendra, il fera revenir l'armée,
     nous secourra avec tous ses chevaliers. »
     Roland répond : « Ne plaise à Dieu, notre Seigneur,
     qu'à cause de moi mes parents soient blâmés,
     que France la douce sombre dans le déshonneur !
1065 De Durendal je frapperai fort, plutôt,
     ma bonne épée que j'ai ceinte au côté ;
     vous en verrez la lame tout ensanglantée.
     Ils ont eu tort, les félons païens, de s'assembler ici :
     tous sont livrés à la mort, je vous le garantis. »

85

1070 « Mon compagnon, Roland, sonnez votre olifant !
     Charles l'entendra, qui passe les cols,
     et les Français reviendront aussitôt, je vous le garantis. »
     Roland répond : « À Dieu ne plaise
     qu'on dise de moi que je sonne du cor

---

contraire, chacune de ses réponses négatives est assortie de mobiles qui se réfèrent implicitement à une éthique cohérente... Le devoir suprême est d'éviter la honte... et d'acquérir cette forme d'honneur que les héros cornéliens appelleront plus tard la gloire » (A. Gérard).

1075 Ne pur paien que ja seie cornant !
      Ja n'en avrunt reproece mi parent.
      Quant jo serai en la bataille grant
      E jo ferrai e mil colps e set cenz,
      De Durendal verrez l'acer sanglent.
1080 Franceis sunt bon, si ferrunt vassalment ;
      Ja cil d'Espaigne n'avrunt de mort guarant.'

86

      Dist Oliver : 'D'iço ne sai jo blasme.
      Jo ai veüt les Sarrazins d'Espaigne :
      Cuverz en sunt li val e les muntaignes
1085 E li lariz e trestutes les plaignes.
      Granz sunt les oz de cele gent estrange ;
      Nus i avum mult petite cumpaigne.'
      Respunt Rollant : 'Mis talenz en engraigne !
      Ne placet Deu ne ses seinz ne ses angles
1090 Que ja pur mei perdet sa valur France !
      Melz voeill murir qu'a huntage remaigne.
      Pur ben ferir l'empereür nos aimet.'

87

      Rollant est proz e Oliver est sage ;
      Ambedui unt merveillus vasselage :
1095 Puis quë il sunt as chevals e as armes,
      Ja pur murir n'eschiverunt bataille.
      Bon sunt li cunte e lur paroles haltes.
      Felun paien par grant irur chevalchent.
      Dist Oliver : 'Rollant, vëez en alques !
1100 Cist nus sunt prés, mais trop nus est loinz Carles.
      Vostre olifan, suner vos ne l' deignastes ;
      Fust i li reis, n'i oüssum damage.
      Guardez amunt ça devers les porz d'Aspre :
      Vëeir poëz dolente rereguarde ;
1105 Ki ceste fait, jamais n'en ferat altre.'
      Respunt Rollant : 'Ne dites tel ultrage !
      Mal seit del coer ki el piz se cuardet !
      Nus remeindrum en estal en la place ;
      Par nos i ert e li colps e li caples.'   AOI

1093. « Quelle que soit l'interprétation que l'on donne du v. 1093, des
nuances subsistent qui permettent de distinguer le comportement de ces deux
héros : ils apprécient diversement leur devoir et, ce faisant, s'opposent l'un à
l'autre. Mais entre ces nuances, le poète, lui, ne choisit pas, se plaisant plutôt
à nous montrer qu'Olivier peut devenir Roland et Roland Olivier, tellement

1075 pour qui que ce soit, surtout pour des païens !
Un tel reproche, jamais mes parents ne l'encourront.
Quand je serai au plus fort de la bataille,
je frapperai mille coups et sept cents,
de Durendal vous verrez l'acier sanglant.
1080 Les Francs sont braves, ils frapperont vaillamment ;
contre la mort, les gens d'Espagne n'auront pas de
[protecteur. »

86

Olivier dit : « Je ne vois rien à redire à cela.
Je viens de voir les Sarrasins d'Espagne ;
les vals, les monts en sont couverts,
1085 et toutes les plaines et les coteaux.
Grande est l'armée de cette race étrangère,
et bien petite est notre troupe à nous. »
Roland répond : « Mon ardeur en redouble !
Ne plaise à Dieu, ni à ses saints, ni à ses anges,
1090 qu'à cause de moi la France perde sa valeur !
J'aime mieux mourir que rester vivant dans la honte.
C'est pour nos coups que l'empereur nous aime. »

87

Roland est preux et Olivier est sage ;
ils sont tous deux d'un extraordinaire courage :
1095 une fois montés à cheval et en armes,
dussent-ils mourir, ils ne se déroberont pas à la bataille.
Les comtes sont braves, leurs paroles élevées.
Pleins de fureur, les païens félons chevauchent.
Olivier dit : « Roland, voyez leur nombre ;
1100 ils sont très près, mais Charles est bien loin.
Votre olifant, vous n'avez pas daigné le sonner.
Nous n'aurions pas eu de pertes si le roi avait été ici.
Regardez, là, vers les cols d'Aspe :
vous pouvez voir une bien triste arrière-garde ;
1105 ceux qui y servent ne serviront jamais dans une autre. »
Roland répond : « Plus de propos outranciers !
Maudit le cœur qui flanche dans la poitrine !
Nous tiendrons bon ici à notre poste ;
à nous les coups et les combats ! »

---

riche et complexe est l'idéal vassalique » (F. Suard). « Des deux héros, c'est peut-être Olivier qui joue le rôle le plus ingrat, non seulement parce que tel est le lot de ceux qui réfléchissent et n'acceptent qu'à regret les prestiges de la folie héroïque, mais aussi parce que son ironie, lors de la seconde scène du cor, est cruelle et déplacée » (J.-C. Payen).

88

1110 Quant Rollant veit que bataille serat,
Plus se fait fiers que lëon ne leupart.
Franceis escrïet, Oliver apelat :
'Sire cumpainz, amis, ne l' dire ja !
Li emperere, ki Franceis nos laisat,
1115 Itels vint milie en mist a une part :
Sun escïentre, n'en i out un cuard.
Pur sun seignur deit hom susfrir granz mals
E endurer e forz freiz e granz chalz,
Si'n deit hom perdre del sanc e de la char.
1120 Fier de la lance e jo de Durendal,
Ma bone espee que li reis me dunat.
Se jo i moerc, dire poet ki l'avrat
Que ceste espee fut a noble vassal.'

89

D'altre part est l'arcevesques Turpin :
1125 Sun cheval broche e muntet un lariz,
Franceis apelet, un sermun lur ad dit :
'Seignurs baruns, Carles nus laissat ci ;
Pur nostre rei devum nus ben murir.
Chrestïentét aidez a sustenir !
1130 Bataille avrez, vos en estes tuz fiz,
Kar a voz oilz vëez les Sarrazins.
Clamez voz culpes, si preiez Deu mercit !
Asoldrai vos pur voz anmes guarir ;
Se vos murez, esterez seinz martirs :
1135 Sieges avrez el greignor pareïs.'
Franceis descendent, a tere se sunt mis,
E l'arcevesque de Deu les beneïst :
Par penitence les cumande a ferir.

90

Franceis se drecent, si se metent sur piez ;
1140 Ben sunt asols e quites de pecchez,

1129. Le Turpin des légendes épiques représente le type, bien attesté dans l'histoire médiévale, de l'évêque-guerrier ; l'exemple le plus notoire, peut-être, était celui du belliqueux évêque de Beauvais, Philippe de Dreux, au temps de Philippe Auguste. Les « Mémoires de guerre » de Turpin, réinventés et rédigés en latin vers 1140 (peut-être par les moines de Saint-Denis), ont perpétué son

88

1110 Quand Roland voit qu'il y aura bataille,
     il se fait plus farouche que lion ou léopard.
     Il réconforte les Français, s'adresse à Olivier :
     « Sire compagnon, ami, ne parle surtout pas ainsi !
     C'est que l'empereur nous confia des Français ;
1115 il en choisit parmi d'autres vingt mille,
     il savait bien qu'aucun d'eux n'était un lâche.
     Pour son seigneur on doit souffrir de grands maux,
     et endurer de grands froids et de grandes chaleurs ;
     on doit aussi perdre du sang et de la chair.
1120 Frappe de ta lance ; je frapperai de Durendal,
     ma bonne épée que le roi me donna,
     et si je meurs, celui qui l'aura pourra dire
     que cette épée appartint à un bien noble vassal. »

89

     Arrive d'en face l'archevêque Turpin.
1125 Il pique des deux, gravit un coteau,
     s'adresse aux Francs et les a sermonnés :
     « Seigneurs barons, Charles nous a laissés ici ;
     pour notre roi notre devoir est de bien mourir.
     La chrétienté, aidez à la soutenir !
1130 Il y aura bataille, vous en êtes bien certains,
     car de vos yeux vous voyez les Sarrasins.
     Confessez-vous, demandez pardon à Dieu !
     Je vous absous pour sauver vos âmes.
     Si vous mourez, vous serez de saints martyrs,
1135 et vous aurez un siège en haut du Paradis. »
     Les Francs descendent de cheval, ils se sont prosternés ;
     au nom de Dieu l'archevêque les bénit.
     Pour pénitence, il leur ordonne de bien frapper.

90

     Ils se relèvent, ils se remettent debout,
1140 quittes de péchés et bien absous ;

---

nom comme l'auteur d'une des plus célèbres et des plus influentes supercheries de la littérature médiévale, la *Chronique du Pseudo-Turpin*.

1134. En lançant son appel à la Iʳᵉ croisade en 1095, le pape Urbain II laisse entendre que tous ceux qui mourront comme « soldats du Christ » pourront gagner la gloire du martyre.

Et l'arcevesque de Deu les ad seignez.
Puis sunt muntez sur lur curanz destrers ;
Adobez sunt a lei de chevalers
E de bataille sunt tuit apareillez.
1145 Li quens Rollant apelet Oliver :
'Sire cumpainz, mult ben le savïez
Que Guenelun nos ad tuz espïez :
Pris en ad or e aveir e deners.
Li emperere nos devreit ben venger.
1150 Li reis Marsilie de nos ad fait marchét,
Mais as espees l'estuvrat esleger.'   AOI

91

As porz d'Espaigne en est passét Rollant
Sur Veillantif, sun bon cheval curant.
Portet ses armes ; mult li sunt avenanz.
1155 Mais sun espiét vait li bers palmeiant,
Cuntre le ciel vait la mure turnant,
Lacïét ensum un gunfanun tut blanc ;
Les frenges d'or li batent josqu'as mains.
Cors ad mult gent, le vis cler e riant –
1160 Sun cumpaignun aprés le vait sivant –
E cil de France le cleiment a guarant.
Vers Sarrazins reguardet fierement
E vers Franceis humles e dulcement,
Si lur ad dit un mot curteisement :
1165 'Seignurs barons, süef le pas tenant !
Cist paien vont grant martirie querant.
Encoi avrum un eschec bel e gent :
Nuls reis de France n'out unkes si vaillant.'
A cez paroles vunt les oz ajustant.   AOI

92

1170 Dist Oliver : 'N'ai cure de parler.
Vostre olifan ne deignastes suner,
Ne de Carlun mie vos nen avez ;
Il n'en set mot, n'i ad culpes li bers ;
Cil ki la sunt ne funt mie a blasmer.
1175 Kar chevalchez a quanque vos püez !
Seignors baruns, el camp vos retenez !

1161. La responsabilité la plus importante du *guarant* est de protéger et de
secourir ses hommes (W. Van Emden).

au nom de Dieu, l'archevêque les a bénis.
Puis ils remontent sur leurs rapides destriers :
ils sont armés comme doivent l'être les chevaliers,
et tous sont prêts pour le combat.
1145 Le comte Roland s'adresse à Olivier :
« Compagnon, sire, vous le saviez déjà,
c'est bien Ganelon qui nous a trahis ;
il a reçu de l'or, des richesses, des pièces de monnaie.
L'empereur devrait bien nous venger.
1150 Le roi Marsile a fait bon marché de nous,
mais il aura à le payer à coups d'épée. »

91

Aux cols d'Espagne Roland est passé
sur Veillantif, son bon destrier rapide.
Il porte ses armes ; elles lui siéent fort bien.
1155 Et voici que le vaillant brandit son épieu,
fait tournoyer la pointe en l'air ;
un gonfanon tout blanc est attaché au fer ;
les franges dorées viennent lui battre les mains.
C'est un bel homme, au visage clair et riant —
1160 son compagnon vient à sa suite —
et ceux de France se réclament de lui en protecteur.
D'un œil farouche il regarde vers les Sarrasins,
vers les Français avec affection et tendresse.
Il leur a dit ces mots de circonstance :
1165 « Seigneurs barons, avancez toujours au petit pas !
Ces païens viennent au-devant d'un grand massacre.
Avant ce soir nous aurons un butin bel et splendide ;
nul roi de France n'en eut jamais de si riche. »
Et à ces mots, les armées en viennent aux prises.

92

1170 Olivier dit : « Je ne perds pas mon temps à parler.
Votre olifant, vous n'avez pas daigné le sonner,
et Charles vous manque par conséquent.
Le vaillant roi, il ignore tout et n'est pas en faute,
ceux qui sont là avec lui ne méritent aucun reproche.
1175 Chevauchez donc le mieux que vous pouvez !
Seigneurs barons, tenez ferme dans la bataille !

1166. *Martirie* : « massacre » (Foulet) plutôt que « martyre » (Moignet) ; *cf.*
le v. 1922.

Pur Deu vos pri, ben seiez purpensez
De colps ferir, de receivre e duner !
L'enseigne Carle n'i devum ublïer.'
1180 A icest mot sunt Franceis escrïét.
Ki dunc oïst Munjoie demander,
De vasselage li poüst remembrer.
Puis si chevalchent, Deus ! par si grant fiertét :
Brochent ad ait pur le plus tost aler,
1185 Si vunt ferir ; que fereient il el ?
E Sarrazins ne's unt mie dutez :
Francs e paiens, as les vus ajustez !

93

Li niés Marsilie, il ad num Aëlroth,
Tut premereins chevalchet devant l'ost.
1190 De noz Franceis vait disant si mals moz :
'Feluns Franceis, hoi justerez as noz.
Traït vos ad ki a guarder vos out :
Fols est li reis ki vos laissat as porz !
Enquoi perdrat France dulce sun los,
1195 Charles li magnes le destre braz del cors.'
Quant l'ot Rollant, Deus ! si grant doel en out :
Sun cheval brochet, laiset curre a esforz,
Vait le ferir li quens quanquë il pout :
L'escut li freint e l'osberc li desclot,
1200 Trenchet le piz, si li briset les os,
Tute l'eschine li desevret del dos ;
Od sun espiét l'anme li getet fors ;
Enpeint le ben, fait li brandir le cors,
Pleine sa hanste del cheval l'abat mort :
1205 En dous meitiez li ad brisét le col.
Ne leserat, ço dit, que n'i parolt :
'Ultre culvert ! Carles n'est mie fol,
Ne traïsun unkes amer ne volt.
Il fist que proz qu'il nus laisad as porz :

1181. *Monjoie* (ou *Montjoie*) est le cri de ralliement de l'armée chrétienne. Les recherches toutes récentes (de A. Lombard-Jourdan) permettent d'en retrouver l'origine dans le toponyme germanique *mundgawi* (« protège-pays »), donné à un tumulus dans la plaine du Lendit située entre Paris et Saint-Denis où saint Denis fut martyrisé. D'après Mortier, la forme allongée « Montjoie et saint Denis » est attestée dès 1119 (voir aussi les notes aux vv. 2504 et 3093).

1188. Les laisses 93-95 et 96-104 forment des ensembles de laisses parallèles ; celles-ci font le récit d'actions semblables, mais distinctes et accomplies par des agents différents. Quand les laisses parallèles n'ajoutent que fort peu au récit linéaire, elles sont dites similaires (voir la note au v. 520).

Au nom de Dieu, je vous prie de faire attention
à bien frapper et à rendre coup pour coup !
Qu'on n'oublie pas le cri de guerre de Charles ! »
1180 Et à ces mots, les Français ont poussé le cri.
Qui les eût alors entendus crier « Monjoie ! »
aurait souvenance de ce qu'est le courage.
Puis ils chevauchent, Dieu ! terribles et fiers,
piquent fort des deux pour avancer d'autant plus vite ;
1185 ils vont frapper ; que feraient-ils d'autre ?
Les Sarrasins n'ont pas eu peur ;
Francs et païens, voici qu'ils sont aux prises !

93

C'est Aëlroth, le neveu de Marsile,
qui le premier chevauche devant l'armée.
1190 À nos Français il lance de grandes injures :
« Français, félons, vous aurez à lutter avec nous aujour-
                                              [d'hui.
Il vous trahit, celui qui avait le devoir de vous protéger.
Dément le roi qui vous laissa aux cols !
Avant le soir, France la douce va perdre son renom,
1195 et Charlemagne, son propre bras droit ! »
Quand il l'entend, Dieu ! Roland est accablé de peine.
Il pique des deux, laisse bondir son destrier,
de toutes ses forces le comte va frapper Aëlroth,
lui brise l'écu, lui entaille le haubert,
1200 fend sa poitrine et fracasse ses os,
et lui sépare toute l'échine du dos ;
il lui arrache l'âme du corps avec son épieu,
l'enfonce à fond, fait chanceler son corps,
il l'abat mort du cheval, de toute la longueur de sa lance,
1205 en deux morceaux il lui a brisé le cou.
Il aura bien, se dit-il, le dernier mot :
« Truand fini ! Charles n'est pas dément ;
la trahison, il n'a jamais été prêt à la tolérer.
Il eut raison, le preux, de nous laisser aux cols,

1204. L'expression formulaire *pleine sa hanste* a fait couler beaucoup
d'encre, mais sa signification reste obscure. Dans la Tapisserie de Bayeux, la
plupart des chevaliers jettent leur lance comme un javelot ; certains, pourtant,
la tiennent horizontale et en frappent leur adversaire sans la lâcher. Cette dernière technique, sans doute nouvelle à l'époque de la bataille de Hastings (1066),
est la seule que connaît notre poème.

1210 Oi n'en perdrat France dulce sun los.
     Ferez i, Francs ; nostre est li premers colps !
     Nos avum dreit, mais cist glutun unt tort.'   AOI

94

     Un duc i est, si ad num Falsaron –
     Icil ert frere al rei Marsilïun,
1215 Il tint la tere Dathan e Abirun ;
     Suz cel n'en at plus encrisme felun.
     Entre dous oilz mult out large le front :
     Grant demi piéd mesurer i pout hom.
     Asez ad doel quant vit mort sun nevold ;
1220 Ist de la presse, si se met en bandun
     E si escrïet l'enseigne paienor.
     Envers Franceis est mult cuntrarïus :
     'Enquoi perdrat France dulce s'onur !'
     Ot l' Oliver, si'n ad mult grant irur.
1225 Le cheval brochet des oriez esperuns,
     Vait le ferir en guise de baron :
     L'escut li freint e l'osberc li derumpt,
     El cors li met les pans del gunfanun,
     Pleine sa hanste l'abat mort des arçuns.
1230 Guardet a tere, veit gesir le glutun,
     Si li ad dit par mult fiere raison :
     'De voz manaces, culvert, jo nen ai soign.
     Ferez i, Francs, kar tresben les veintrum !'
     Munjoie escrïet, c'est l'enseigne Carlun.   AOI

95

1235 Uns reis i est, si ad num Corsablix –
     Barbarins est d'un estrange païs –
     Si apelad lé altres Sarrazins :
     'Ceste bataille, ben la püum tenir,
     Kar de Franceis i ad asez petit.
1240 Cels ki ci sunt devum aveir mult vil ;
     Ja pur Charlun n'i ert un sul guarit.
     Or est le jur qu'els estuvrat murir.'

1215. Le manuscrit porte *Datliun e Balbiun*, et la correction est de Bédier.
Dathan et Abiron sont des personnages bibliques ; ils se révoltèrent contre Moïse
et furent engloutis (Nombres XVI, 1-33).

1210 et France la douce ne perdra pas son renom aujourd'hui.
      Frappez, Français, à nous le premier coup !
      Nous avons, nous, le droit ; ces truands ont le tort. »

94

      Un duc est là, du nom de Falsaron —
      c'était le frère du roi Marsile,
1215 et il tenait la terre de Dathan et d'Abiron ;
      de par le monde, il n'y a pire félon.
      D'un œil à l'autre il avait le front très large :
      on y pouvait mesurer un bon demi-pied.
      Il souffre fort de voir son neveu mort,
1220 sort de la foule, s'offre à tout venant,
      fait résonner le cri de guerre des païens,
      lance aux Français des propos provocants :
      « Avant ce soir, France la douce va perdre son honneur ! »
      Quand il l'entend, Olivier est saisi de fureur.
1225 Il pique des deux, de ses éperons dorés,
      va le frapper en vrai vaillant :
      lui brise l'écu, lui entaille le haubert,
      et lui enfonce dans le corps les pans de son gonfanon,
      il l'abat mort des arçons de toute la longueur de sa lance.
1230 Il baisse les yeux, voit le truand étendu,
      lui a lancé ces paroles fougueuses :
      « De vos menaces, vil truand, je n'ai cure !
      Frappez, Français, nous les vaincrons très bien ! »
      Il crie « Monjoie ! », le cri de guerre de Charles.

95

1235 Un roi est là, du nom de Corsablis
      de Barbarie, un pays lointain,
      et il appela à lui les autres Sarrasins :
      « Nous pouvons bien poursuivre ce combat,
      car des Français, il y en a bien peu.
1240 Nous devons bien mépriser ceux qui sont là :
      quoi que fasse Charles, aucun n'en réchappera.
      Voici le jour qu'il leur faudra mourir. »

1232. Parmi les composants traditionnels du combat singulier stylisé, les insultes proférées à sa victime suivies de l'injonction aux siens de poursuivre le combat sont plus ou moins constantes ; *cf.* les vv. 1207-1211, 1253-1259, 1499-1500, 1542-1543.

Ben l'entendit l'arcevesques Turpin ;
Suz ciel n'at hume que voeillet plus haïr.
1245 Sun cheval brochet des esperuns d'or fin,
Par grant vertut si l'est alét ferir :
L'escut li freinst, l'osberc li descumfist,
Sun grant espiét parmi le cors li mist,
Empeint le ben, que tut le fait brandir,
1250 Pleine sa hanste l'abat mort el chemin.
Guardet a tere, veit le glutun gesir,
Ne laisserat que n'i parolt, ço dit :
'Culvert paien, vos i avez mentit :
Carles, mi sire, nus est guarant tuz dis ;
1255 Nostre Franceis n'unt talent de fuïr.
Voz cumpaignuns feruns trestuz restifs ;
Nuvele mort vos estuvrat susfrir.
Ferez, Franceis, nul de vus ne s'ublit !
Cist premer colp est nostre, Deu mercit !'
1260 Munjoie escriet por le camp retenir.

96

E Gerins fiert Malprimis de Brigal :
Sis bons escuz un dener ne li valt ;
Tute li freint la bucle de cristal,
L'une meitiét li turnet cuntreval ;
1265 L'osberc li rumpt entresquë a la charn,
Sun bon espiét enz el cors li enbat.
Li paiens chet cuntreval a un quat ;
L'anme de lui en portet Sathanas.   AOI

97

E sis cumpainz Gerers fiert l'amurafle :
1270 L'escut li freint e l'osberc li desmailet,
Sun bon espiét li met en la curaille,
Empeint le bien, parmi le cors li passet,
Pleine sa hanste mort l'abat en la place.
Dist Oliver : 'Gente est nostre bataille !'

98

1275 Sansun li dux vait ferir l'almaçur :
L'escut li freinst k'est ad or e a flurs ;

1257. Pour la seconde mort, voir l'Apocalypse XX, 6 et 14 : « La seconde mort n'a pas de pouvoir sur eux... ; et la mort et le sépulcre furent jetés dans

Bien l'entendit l'archevêque Turpin ;
personne au monde ne peut lui inspirer plus de haine.
1245 Il pique des deux, de ses éperons d'or pur,
de toutes ses forces il est allé le frapper :
lui brise l'écu, lui défait le haubert,
et lui transperce le corps de son grand épieu,
l'enfonce à fond, le fait tout chanceler,
1250 sur le chemin il l'abat mort de toute la longueur de sa
Il baisse les yeux, voit le truand étendu ;   [lance.
il n'a de cesse, se dit-il, qu'il n'ait le dernier mot :
« Ah ! vil païen, vous en avez menti !
Mon seigneur Charles est notre protecteur toujours,
1255 et nos Français n'ont pas envie de fuir.
Vos compagnons, nous les arrêterons net, tous,
et quant à vous, il vous faudra subir une deuxième mort.
Frappez, Français ; qu'aucun de vous ne manque à son
Dieu ! par pitié, à nous le premier coup ! »   [devoir !
1260 Il crie « Monjoie ! » pour se maintenir sur ses positions ».

96

Et Gerin frappe Malprimis de Brigal :
son bon écu ne lui vaut pas un denier ;
Gerin en brise toute la boucle de cristal,
en fait tomber une partie à terre.
1265 Jusqu'à la chair, il lui déchire le haubert,
son bon épieu, il le lui plonge dans le corps.
Le païen tombe, s'écroule tout terrassé.
Quant à son âme, c'est Satan qui l'emporte.

97

Son compagnon Gerier frappe l'émir :
1270 lui brise l'écu, lui entaille le haubert,
son bon épieu, il le lui plonge dans le cœur,
l'enfonce à fond, le lui passe à travers le corps,
il l'abat mort sur place de toute la longueur de sa lance.
Olivier dit : « Elle est belle, notre bataille ! »

98

1275 Le duc Samson va frapper l'almaçour :
lui brise l'écu à fleurons et à or,

---

l'étang de feu : c'est la seconde mort. » Par *nuvele*, on peut également
comprendre « imminente ».

Li bons osbercs ne li est guarant prod :
Le coer li trenchet, le firie e le pulmun,
Que mort l'abat, qui qu'en peist u qui nun.
1280 Dist l'arcevesque : 'Cist colp est de baron !'

99

E Anseïs laiset le cheval curre,
Si vait ferir Turgis de Turteluse :
L'escut li freint desuz l'oree bucle,
De sun osberc li derumpit les dubles,
1285 Del bon espiét el cors li met la mure,
Empeinst le ben, tut le fer li mist ultre,
Pleine sa hanste el camp mort le tresturnet.
Ço dist Rollant : 'Cist colp est de produme !'

100

Et Engelers, li Guascuinz de Burdele,
1290 Sun cheval brochet, si li laschet la resne,
Si vait ferir Escremiz de Valterne :
L'escut del col li freint e escantelet,
De sun osberc li rumpit la ventaille,
Si l' fiert el piz entre les dous furceles,
1295 Pleine sa hanste l'abat mort de la sele.
Aprés li dist : 'Turnét estes a perdre !'   AOI

101

E Otes fiert un paien Estorgans
Sur sun escut en la pene devant,
Que tut li trenchet le vermeill e le blanc ;
1300 De sun osberc li ad rumput les pans,
El cors li met sun bon espiét trenchant,
Que mort l'abat de sun cheval curant.
Aprés li dist : 'Ja n'i avrez guarant !'

102

E Berenger, il fiert Estramariz :
1305 L'escut li freinst, l'osberc li descumfist,
Sun fort espiét parmi le cors li mist,
Que mort l'abat entre mil Sarrazins.
Des duze pers li dis en sunt ocis ;
Ne mes que dous n'en i ad remés vifs :
1310 Ço est Chernubles e li quens Margariz.

son bon haubert ne le protège guère,
il lui transperce le cœur, le foie et le poumon,
il l'abat mort, qu'on s'en afflige ou non.
1280 L'archevêque dit : « Un vrai coup de vaillant ! »

99

Et Anseïs lance son destrier,
et va frapper Turgis de Tortelose :
lui brise l'écu sous la boucle dorée,
de son haubert lui entaille les doubles mailles,
1285 du bon épieu lui plonge la pointe dans le corps,
l'enfonce à fond, le transperce d'outre en outre,
le renverse mort dans le champ de toute la longueur de sa
Et Roland dit : « Un vrai coup de preux ! »   [lance.

100

Et Engelier, le Gascon de Bordeaux,
1290 il pique des deux, lâche la bride,
et va frapper Escremis de Valterne :
lui brise l'écu qu'il porte au cou, le réduit en morceaux,
de son haubert il lui déchire la ventaille,
et il le frappe en plein milieu de la poitrine,
1295 il l'abat mort de sa selle de toute la longueur de sa lance.
Puis il lui dit : « Vous voilà voué à la perdition ! »

101

Et Oton frappe un païen, Esturgant,
sur son écu, en haut sur le rebord :
il en enlève les quartiers de vermeil et de blanc,
1300 de son haubert il lui entaille les pans,
et dans le corps lui plonge son bon épieu tranchant,
il l'abat mort de son destrier rapide.
Puis il lui dit : « Personne ne vous protégera plus ! »

102

Et Berengier, il frappe Estramarit :
1305 lui brise l'écu, lui défait le haubert,
son fort épieu, il le lui plonge à travers le corps,
il l'abat mort au milieu de mille Sarrasins.
Sur les douze pairs, dix sont déjà tués ;
n'en restent vivants que deux, sans plus :
1310 ce sont Chernuble et le comte Margarit.

103

Margariz est mult vaillant chevalers,
E bels e forz e isnels e legers ;
Le cheval brochet, vait ferir Oliver :
L'escut li freint suz la bucle d'or mer,
1315　Lez le costét li conduist sun espiét.
Deus le guarit, qu'el cors ne l'ad tuchét.
La hanste fruisset, mie n'en abatiét.
Ultre s'en vait, qu'il n'i ad desturber,
Sunet sun gresle pur les soens ralïer.

104

1320　La bataille est merveilluse e cumune.
Li quens Rollant mie ne s'asoüret :
Fiert de l'espiét tant cum hanste li duret,
A quinze cols l'ad fraitë e rumpue ;
Trait Durendal, sa bone espee, nue,
1325　Sun cheval brochet, si vait ferir Chernuble :
L'elme li freint u li carbuncle luisent,
Trenchet le chef e la cheveleüre,
Si li trenchat les oilz e la faiture,
Le blanc osberc dunt la maile est menue,
1330　Et tut le cors tresqu'en la furcheüre.
Enz en la sele, ki est a or batue,
El cheval est l'espee aresteüe ;
Trenchet l'eschine, unc n'i out quis jointure,
Tut abat mort el préd sur l'erbe drue.
1335　Aprés li dist : 'Culvert, mar i moüstes !
De Mahumet ja n'i avrez aiüde.
Par tel glutun n'ert bataille oi vencue.'

105

Li quens Rollant parmi le champ chevalchet,
Tient Durendal, ki ben trenchet e taillet ;
1340　Des Sarrazins lur fait mult grant damage.
Ki lui veïst l'un geter mort sur l'altre,

1317. Vu le complément déterminatif *en* et la valeur substantivale de *mie* en ancien français (*cf.* v. 2697), *la hanste* semblerait être le sujet grammatical de *abatiét*.

103

Margarit est un chevalier très vaillant,
beau, fort, rapide et agile.
Il pique des deux, va frapper Olivier :
lui brise l'écu sous la boucle d'or pur,
1315 le long des côtes il dirige son épieu.
Dieu le protège ; le coup ne l'a pas touché au corps ;
la hampe se brise, elle n'abattit rien.
Sans empêchement, Margarit passe à côté,
sonne son clairon pour rallier les siens.

104

1320 Redoutable est la bataille, elle se fait générale.
Le comte Roland ne se met pas à l'abri du danger,
frappe de l'épieu tant que la hampe reste entière,
au quinzième coup, il l'a brisé et rompu ;
il met à nu Durendal, sa bonne épée,
1325 il pique des deux, va frapper Chernuble :
lui brise le heaume où brillent des escarboucles,
lui fend le crâne et la chevelure,
lui fend les yeux et le visage,
et le haubert qui brille, aux fines mailles,
1330 et tout le corps jusqu'à l'enfourchure.
Et son épée traverse la selle incrustée d'or,
et elle s'arrête dans le corps du cheval,
lui tranche l'échine sans avoir à chercher la jointure,
les abat morts tous deux dans le pré sur l'herbe drue.
1335 Puis il lui dit : « Vil truand, vous avez eu tort de venir ici.
De Mahomet vous n'aurez jamais d'aide.
Un lâche comme vous ne gagnera pas la bataille aujour-
[d'hui. »

105

Le comte Roland chevauche à travers le champ,
tient Durendal, qui tranche et frappe de taille,
1340 des Sarrasins il fait un grand massacre.
Vous l'auriez vu là jeter les morts les uns sur les autres,

1326-1334. Ce coup prodigieux, qui sera répété par Roland aux
vv. 1602-1607, rappelle la vantardise que fait l'empereur dans le *Voyage de
Charlemagne* : « ... que je ne tranche les haubers et les heaumes ornés de
pierreries, et la couverture avec la selle du destrier dispos ; la lame se plantera
en terre... » (vv. 460-462). *Cf.* le coup semblable d'Olivier au v. 1374.

Li sanc tuz clers glacer par cele place !
Sanglant en ad e l'osberc e la brace,
Sun bon cheval le col e les espalles.
1345 E Oliver de ferir ne se target ;
Li duze per n'en deivent aveir blasme.
E li Franceis i fierent e si caplent :
Moerent paien e alquanz en i pasment.
Dist l'arcevesque : 'Ben ait nostre barnage !'
1350 Munjoie escrïet, ço est l'enseigne Carle.   AOI

106

E Oliver chevalchet par l'estor –
Sa hanste est frait', n'en ad quë un trunçun –
E vait ferir un paien Malsarun :
L'escut li freint, k'est ad or e a flur,
1355 Fors de la teste li met les oilz ansdous,
E la cervele li chet as piez desuz ;
Mort le tresturnet od tut set cenz des lur.
Pois ad ocis Turgis e Esturguz ;
La hanste briset, esclicet josqu'as poinz.
1360 Ço dist Rollant : 'Cumpainz, que faites vos ?
En tel bataille n'ai cure de bastun ;
Fers e acers i deit aveir valor.
U 'st vostre espee ki Halteclere ad num ?
D'or est li helz e de cristal li punz.'
1365 'Ne la poi traire', Oliver li respunt,
'Kar de ferir oi jo si grant bosoign.'   AOI

107

Danz Oliver trait ad sa bone espee
Que ses cumpainz li ad tant demandee,
E il li ad cum cevaler mustree :
1370 Fiert un paien, Justin de Valferree,
Tute la teste li ad parmi sevree,
Trenchet le cors e la bronie safree,
La bone sele ki a or est gemmee,
E al ceval a l'eschine trenchee ;
1375 Tut abat mort devant loi en la pree.
Ço dist Rollant : 'Vos reconois jo, frere !
Por itels colps nos eimet l'emperere.'
De tutes parz est Munjoie escrïee.   AOI

et le sang clair qui jaillit sur le sol !
Ensanglantés sont ses deux bras, son haubert,
son bon cheval, au cou et aux épaules.
1345 Et Olivier n'est pas lent pour frapper,
ni les douze Pairs, qui n'ont rien à se reprocher,
ni les Français, qui frappent et refrappent.
Les païens meurent, d'autres s'évanouissent.
L'archevêque dit : « Aux nôtres la victoire ! »
1350 Il crie « Monjoie ! », le cri de guerre de Charles.

106

Et Olivier chevauche à travers la mêlée, –
il a la lance brisée ; il n'en reste qu'un tronçon –
il va frapper un païen, Malsaron :
lui brise l'écu à or et à fleurons,
1355 lui fait sauter de la tête les deux yeux,
et la cervelle se répand à ses pieds,
le renverse mort au milieu de sept cents des leurs.
Puis il a tué Turgis et Esturgot :
jusqu'à ses poings sa lance vole en éclats.
1360 Roland lui dit : « Compagnon, que faites-vous ?
Moi, le bâton, je ne m'en sers pas dans une telle bataille ;
il faut l'acier et le fer pour montrer sa valeur.
Mais où est donc votre épée Hauteclaire ?
Sa garde est d'or, de cristal son pommeau. »
1365 « Je n'ai pas pu la tirer », lui répond Olivier,
« car à frapper j'avais tant à faire. »

107

Sire Olivier a tiré sa bonne épée
que lui a tant réclamée son compagnon,
et il la lui fait voir en vrai chevalier :
1370 frappe un païen, Justin de Val-Ferrée,
lui coupe le crâne en deux par le milieu,
lui fend le corps et la brogne laquée or,
et la bonne selle aux gemmes serties dans l'or,
et tranche l'échine du destrier ;
1375 il les abat morts tous deux devant lui dans le pré.
Roland lui dit : « Là je vous reconnais, frère !
Pour de tels coups l'empereur nous aime. »
De toutes parts on crie « Monjoie ! »

108

Li quens Gerins set el ceval Sorel
1380 E sis cumpainz Gerers en Passecerf ;
1381 Ne l'oï dire ne jo mie ne l' sai   (1386)
Liquels d'els dous en fut li plus isnels.   (1387)
Lachent lor reisnes, brochent amdui a ait   (1381)
E vunt ferir un paien Timozel,
1385 L'un en l'escut e li altre en l'osberc ;
Lur dous espiez enz el cors li unt frait,
1387 Mort le tresturnent trés enmi un guarét.   (1385)
Espervaris i fut, li filz Burel,
[Celui ocist Engelers de Burdel.]
1390 E l'arcevesque lor ocist Siglorel,
L'encanteür ki ja fut en enfer :
Par artimal l'i cundoist Jupiter.
Ço dist Turpin : 'Icist nos ert forsfait.'
Respunt Rollant : 'Vencut est le culvert.
1395 Oliver, frere, itels colps me sunt bel !'

109

La bataille est aduree endementres :
Franc e paien merveilus colps i rendent,
Fierent li un, li altre se defendent.
Tant' i ad hanste e fraitë e sanglente,
1400 Tant gunfanun rumpu e tant' enseigne,
Tant bon Franceis i perdent lor juvente ;
Ne reverrunt lor meres ne lor femmes,
Ne cels de France ki as porz les atendent.   AOI
Karles li magnes en plure e se demente.
1405 De ço qui calt ? Nen avrunt sucurance.
Malvais servise le jur li rendit Guenes
Qu'en Sarraguce sa maisnee alat vendre.
Puis en perdit e sa vie e ses membres :
El plait ad Ais en fut jugét a pendre,
1410 De ses parenz ensembl'od lui tels trente
Ki de murir nen ourent esperance.   AOI

1381. Nous changeons l'ordre des vv. 1381-1387 tels qu'ils paraissent dans le manuscrit ; voir, pour la numérotation, la note au v. *1467*.
1389. Le copiste, en sautant de *Burel* à *Burdel*, a omis un vers que nous restituons d'après les autres versions.

108

Le comte Gerin est sur son destrier Sorel,
1380 son compagnon Gerier sur Passecerf;
1381 je ne sais pas, jamais je n'entendis dire,
lequel des deux était le plus rapide.
Ils lâchent les brides, piquent fort des deux,
et vont frapper un païen, Timozel,
1385 l'un sur l'écu, l'autre sur le haubert.
Leurs deux épieux, ils les ont brisés dans son corps,
1387 le renversent mort au beau milieu d'un guéret.
Espervaris y fut, fils de Burel,
et Engelier de Bordeaux le tua.
1390 Et l'archevêque leur tua Siglorel,
le magicien qui avait été, on le sait, en enfer;
par sortilège Jupiter l'y conduisit.
Et Turpin dit : « Celui-là nous portait préjudice. »
Roland répond : « Il est vaincu, le truand.
1395 Olivier, frère, ce sont là les coups qui me plaisent ! »

109

Pendant ce temps la bataille s'est faite plus acharnée :
Francs et païens échangent des coups redoutables,
les uns attaquent, les autres se défendent.
Autant de lances rompues et sanglantes,
1400 de gonfanons et d'enseignes coupés en pièces,
de bons Français tués à la fleur de l'âge ;
ils ne reverront plus ni mères ni femmes,
ni ceux de France qui les attendent aux cols.
Charles le Grand en pleure et se lamente.
1405 Mais à quoi bon ? Ils n'auront pas de secours de lui.
Et ce jour-là Ganelon le servit indignement
quand il alla à Saragosse vendre les proches vassaux du
Il en perdit ensuite et les membres et la vie :   [roi.
au procès d'Aix il fut condamné à être pendu
1410 et, avec lui, trente de ses parents
qui ne s'attendaient pas à une telle mort.

1391. *Ja* en phrase positive « signifie le moment précoce de toute époque »
(Moignet). Ménard traduit l'adverbe par « dès maintenant », « assurément »,
Foulet par « bel et bien ».

1408-1411. Anticipation du procès de Ganelon qui sera longuement raconté
aux vv. 3750-3974, à ceci près que ce sont ses parents et non Ganelon lui-même
qui seront condamnés à être pendus. Notons que le temps du récit ici est le
prétérit (voir la note du v. 178).

110

La bataille est merveilluse e pesant :
Mult ben i fiert Oliver e Rollant,
Li arcevesques plus de mil colps i rent,
1415 Li duze per ne s'en targent nïent,
E li Franceis fierent cumunement.
Moerent paien a millers e a cent :
Ki ne s'en fuit, de mort n'i ad guarent,
Voillet o nun, tut i laisset sun tens.
1420 Franceis i perdent lor meillors guarnemenz ;
Ne reverrunt lor peres ne parenz,
Ne Carlemagne, ki as porz les atent.
En France en ad mult merveillus turment :
Orez i ad de tuneire e de vent,
1425 Pluie e gresilz desmesurëement ;
Chiedent i fuildres e menut e suvent,
E terremoete ço i ad veirement :
De Seint Michel del Peril josqu'as Seinz,
Dés Besençun tresqu'al port de Guitsand,
1430 Nen ad recét dunt del mur ne cravent.
Cuntre midi tenebres i ad granz :
N'i ad clartét se li ciels nen i fent.
Hume ne l' veit ki mult ne s'espoënt ;
Dïent plusor : 'C'est li definement,
1435 La fin del secle ki nus est en present.'
Icil ne l' sevent, ne dïent veir nïent :
C'est li granz doels por la mort de Rollant.

111

Franceis i fierent de coer e de vigur ;
Paien sunt morz a millers e a fuls :
1440 De cent millers n'en poënt guarir dous.
Dist l'arcevesques : 'Nostre hume sunt mult proz ;
Suz ciel n'ad rei plus en ait de meillors.
Il est escrit en la Geste Francor
Que bons vassals out nostre empereür.'

1423. Les signes funestes qui présagent la mort de Roland et qui font croire
à la fin du monde rappellent certains passages de l'Apocalypse (VIII, 5 et XVI,
18) ainsi que la scène de la Passion (Matthieu XXVII, 45 ; Luc XXIII, 44).

1428. Voir au v. 135. *Seinz* : est-il question de Saintes, de Sens, ou de Xanten
sur le Rhin ?

110

Redoutable est la bataille et dure à supporter :
Roland frappe bien, et Olivier aussi,
et l'archevêque rend plus de mille coups,
1415 et les douze Pairs ne sont pas lents à attaquer,
et les Français frappent tous ensemble.
Les païens meurent par centaines et milliers :
qui ne s'enfuit n'a aucune protection contre la mort ;
bon gré mal gré, il y laisse sa vie.
1420 Les Francs y perdent leurs meilleurs guerriers ;
ils ne reverront plus ni leurs parents ni leurs pères,
ni Charlemagne qui les attend aux cols.
En France éclate une prodigieuse tourmente :
tempêtes de vent et de tonnerre,
1425 pluie et grêle exceptionnelles ;
la foudre tombe coup sur coup, maintes et maintes fois,
c'est, à vrai dire, un tremblement de terre :
de Saint-Michel-du-Péril jusqu'à Xanten,
de Besançon jusqu'au port de Wissant,
1430 aucune maison dont une partie des murs ne s'affaisse.
Et, dès midi, le jour s'obscurcit :
aucune lumière sinon quand le ciel se fend.
Nul ne le voit qui ne s'en épouvante,
et plusieurs disent : « C'est la fin du monde,
1435 et nous voici à la consommation des temps. »
Ils ne savent pas, ils ne disent pas la vérité :
c'est là le deuil universel pour la mort de Roland.

111

De tout leur cœur les Français frappent, et avec vigueur,
et les païens sont morts en foule, par milliers :
1440 sur les cent mille, il n'en est pas deux qui survivent.
L'archevêque dit : « Nos hommes sont bien preux ;
nul roi au monde qui n'en ait plus, et de meilleurs.
Il est écrit dans la Geste des Francs
que notre empereur eut de vaillants vassaux. »

1437. Leçon du manuscrit : *Ço est li granz dulors por la mort de Rollant.*
S'il est vrai que le poète entendait mêler à ses décasyllabes des alexandrins,
celui-ci pourrait revêtir un caractère particulièrement lyrique.
1443. Pour le terme *Geste*, voir le Glossaire.

1445 Vunt par le camp, si requerent les lor,
       Plurent des oilz de doel e de tendrur
       Pur lor parenz par coer e par amor.
       Li reis Marsilie od sa grant ost lor surt.   AOI

112

       Marsilie vient parmi une valee
1450 Od sa grant ost quë il out asemblee.
       Tels vint escheles ad li reis anumbrees :
       Luisent cil elme as perres d'or gemmees
       E cil escuz e cez bronies sasfrees ;
       Set milie graisles i sunent la menee ;
1455 Grant est la noise par tute la contree.
       Ço dist Rollant : 'Oliver, compaign, frere,
       Guenes li fels ad nostre mort juree :
       La traïsun ne poet estre celee ;
       Mult grant venjance en prendrat l'emperere.
1460 Bataille avrum e fort e aduree ;
       Unches mais hom tel ne vit ajustee.
       Jo i ferrai de Durendal m'espee,
       E vos, compainz, ferrez de Halteclere.
       En tantes teres les avum nos portees,
1465 Tantes batailles en avum afinees !
       Male chançun n'en deit estre cantee.'   AOI

113

1467 Quant Franceis veient que paiens i ad tant –   (1510)
       De tutes parz en sunt cuvert li camp –
       Suvent reclaiment Oliver e Rollant,
1470 Les duze pers, qu'il lor seient guarant.
       E l'arcevesque lur dist de sun semblant :
       'Seignors barons, nen alez mespensant !   (1515)
       Pur Deu vos pri que ne seiez fuiant,
       Que nuls prozdom malvaisement n'en chant.
1475 Asez est mielz que moerjum cumbatant.
       Pramis nus est : fin prendrum aïtant,'

1467. Dans le passage compris entre les vv. 1467 et 1670, la plupart des
éditeurs changent l'ordre des laisses telles qu'elles se suivent dans le manuscrit.
Dans notre édition, les vers ainsi réorganisés sont signalés par une numérotation
en italique, et nous ajoutons à droite du texte, entre parenthèses, les numéros
qui représentent l'ordre réel dans lequel les vers en question figurent dans le
manuscrit. Nous suivons l'agencement adopté par Segre. Bédier et, à sa suite,
Moignet ont opté pour une solution moins interventionniste qui consiste à inter-
vertir uniquement les vv. 1661-1670 et 1653-1660 :

1445 Les Français vont à travers le champ rechercher les leurs,
     pleurent de leurs yeux, de douleur, de tendresse,
     sur leurs parents, avec amour, de tout leur cœur.
     Le roi Marsile surgit devant eux avec sa grande armée.

112

     Marsile avance le long d'une vallée,
1450 et avec lui la grande armée qu'il avait réunie.
     Le roi a ordonné vingt corps de bataille :
     les heaumes brillent, aux gemmes serties dans l'or,
     et les écus, les brognes laquées or ;
     sept mille clairons sonnent la charge ;
1455 le bruit résonne dans tout le pays.
     Roland dit : « Olivier, compagnon, frère,
     c'est le félon Ganelon qui a juré notre mort.
     La trahison ne peut être cachée ;
     Charles en prendra une terrible vengeance.
1460 Nous, nous aurons une bataille dure et acharnée ;
     jamais personne ne vit pareil affrontement.
     De Durendal, mon épée, je frapperai,
     et vous de même, compagnon, de Hauteclaire.
     En tant de lieux nous les avons portées,
1465 et grâce à elles nous avons mené à terme tant de batailles !
     Il ne faut pas qu'on chante sur elles de chanson déshono-
                                              [rante. »

113

1467 Quand les Français voient qu'il y a tant de païens –
     de toutes parts les champs en sont couverts –
     à maintes reprises ils réclament Roland et Olivier,
1470 et les douze Pairs, pour qu'ils les protègent.
     Et l'archevêque leur dit ce qu'il lui en semble :
     « Seigneurs barons, renoncez à toute idée indigne !
     Au nom de Dieu, je vous prie de ne pas prendre la fuite,
     que nul guerrier n'en chante à notre déshonneur.
1475 Il vaut bien mieux que nous mourions en combattant.
     Nous en sommes sûrs, sous peu nous irons à notre fin ;

Notre édition	Éd. Bédier/Moignet	Conversion
1467-1627	1510-1670	± 43
1628-1670	1467-1509	± 161

1469. La leçon du manuscrit *regretent*, que nous corrigeons, est maintenue
par Bédier et Moignet, qui réussissent, néanmoins, à la traduire par « appellent »,
« réclament ».

Ultre cest jurn ne serum plus vivant ;   (1520)
Mais d'une chose vos soi jo ben guarant :
Seint pareïs vos est abandunant ;
1480 As Innocenz vos en serez sëant.'
A icest mot si s'esbaldissent Franc :
Cel nen i ad Munjoie ne demant.   AOI   (1525)

114

Un Sarrazin i out de Sarraguce, –
De la citét l'une meitét est süe –
1485 C'est Climborins, ki pas ne fuit por hume.
Fïance prist de Guenelun le cunte,
Par amistiét l'en baisat en la buche,   (1530)
Si l'en dunat sun helme e s'escarbuncle.
Tere Major, ço dit, metrat a hunte,
1490 A l'emperere si toldrat la curone.
Siet el ceval qu'il cleimet Barbamusche, –
Plus est isnels qu'esperver në arunde –   (1535)
Brochet le bien, le frein li abandunet,
Si vait ferir Engeler de Guascoigne :
1495 Ne l' poet guarir sun escut ne sa bronie ;
De sun espiét el cors li met la mure,
Empeint le ben, tut le fer li mist ultre,   (1540)
Pleine sa hanste el camp mort le tresturnet.
Aprés escrïet : 'Cist sunt bon a cunfundre !
1500 Ferez, paien, pur la presse derumpre !'
Dïent Franceis : 'Deus ! quel doel de prodome !'

115

Li quens Rollant apelet Oliver :   (1545)
'Sire cumpainz, ja est morz Engeler ;
Nus n'avïum plus vaillant chevaler.'
1505 Respont li quens : 'Deus le me doinst venger !'
Sun cheval brochet des esperuns d'or mier,
Tient Halteclere, sanglent en est l'acer ;   (1550)
Par grant vertut vait ferir le paien :
Brandist sun colp, e li Sarrazins chiet ;
1510 L'anme de lui en portent aversers.
Puis ad ocis le duc Alphaïen,
Escababi i ad le chef trenchét,   (1555)

1494. Un par un, les douze Pairs vont mourir. A tour de rôle, ils seront
vengés par Olivier (1509), Roland (1546), Turpin (1569), et Roland encore deux

ce jour passé, nous ne resterons pas plus longtemps en vie.
Il est une chose, pourtant, dont je vous assure :
le Paradis vous est tout grand ouvert ;
1480 là vous aurez vos places parmi les Innocents. »
Et à ces mots les Francs se réjouissent tant
qu'il n'en est pas qui ne crie « Monjoie ! »

114

Un Sarrasin est là, de Saragosse –
de la cité, la moitié est à lui –,
1485 c'est Climborin, qui ne fuit devant personne.
C'est lui qui prit le serment du comte Ganelon,
par amitié l'embrassa sur la bouche,
et lui offrit son heaume et l'escarboucle ;
il déshonorera, dit-il, la Terre des Aïeux,
1490 et enlèvera sa couronne à l'empereur.
Il monte le cheval qu'il appelle Barbamouche –
plus rapide encore qu'épervier ou hirondelle –,
il pique des deux, lui lâche le frein,
et va frapper Engelier de Gascogne ;
1495 ni son écu ni sa brogne ne le peuvent protéger ;
de son épieu il lui plonge la pointe dans le corps,
l'enfonce à fond, le transperce d'outre en outre,
le renverse mort dans le champ de toute la longueur de sa
Puis il s'écrie : « Ils sont bons à détruire, ces gens !   [lance.
1500 Frappez, païens, pour disperser la foule ! »
Les Français disent : « Dieu ! quelle tristesse de perdre ce
                                                    [preux ! »

115

Le comte Roland s'adresse à Olivier :
« Sire compagnon, voilà déjà Engelier mort ;
nous n'avions pas de chevalier plus vaillant. »
1505 Le comte répond : « Que Dieu me donne de le venger ! »
Il pique des deux, des éperons d'or pur,
il tient Hauteclaire, sanglant en est l'acier,
de toutes ses forces il va frapper le païen,
retourne la lame, et le Sarrasin tombe ;
1510 quant à son âme, des démons l'emportent.
Puis il a tué le duc Alphaïen,
coupé la tête à Escababi,

---

fois (1607, 1904). Seule la mort d'Oton n'est pas décrite ; son corps est retrouvé
par Roland au v. 2187.

Set Arrabiz i ad deschevalcét ;
Cil ne sunt proz jamais pur guerreier.
1515 Ço dist Rollant : 'Mis cumpainz est irez !
Encuntre mei fait asez a preiser.
Pur itels colps nos ad Charles plus cher.'   (1560)
A voiz escrïet : 'Ferez i, chevaler !'   AOI

116

D'altre part est un paien, Valdabrun, –
1520 Celoi levat le rei Marsilïun –
Sire est par mer de quatre cenz drodmunz :
N'i ad eschipre qui s' cleimt se par loi nun.   (1565)
Jerusalem prist ja par traïsun,
Si vïolat le temple Salomon :
1525 Le patriarche ocist devant les funz.
Cil ot fïance del cunte Guenelon :
Il li dunat s'espee e mil manguns.   (1570)
Siet el cheval qu'il cleimet Gramimund, –
Plus est isnels que n'en est uns falcuns –
1530 Brochet le bien des aguz esperuns,
Si vait ferir li riche duc Sansun :
L'escut li freint e l'osberc li derumpt,   (1575)
El cors li met les pans del gunfanun,
Pleine sa hanste l'abat mort des arçuns.
...   .
1535 'Ferez, paien, car tresben les veintrum !'
Dïent Franceis : 'Deus ! quel doel de baron !'   AOI

117

Li quens Rollant, quant il veit Sansun mort,   (1580)
Podez saveir que mult grant doel en out :
Sun ceval brochet, si li curt ad esforz,
1540 Tient Durendal qui plus valt que fin or ;
Vait le ferir li bers quanquë il pout
Desur sun elme ki gemmét fut ad or ;   (1585)

1530. L'étude des techniques de la diction formulaire ouvrent la possibilité, selon P. Zumthor, de saisir « le dynamisme textuel en situation d'oralité ». Ces techniques sont particulièrement visibles dans les scènes de combat, dont les différentes phases sont préétablies et dont les composants sont des formules stéréotypées. Les formules, qui observent par définition le rythme de l'hémistiche, permettent d'exprimer, avec de légères variations, une même idée. La répétition de formules (*cf.* la note au v. 671) est un des procédés qui distinguent

désarçonné ensuite sept Arabes ;
pour guerroyer, ils ne valent plus rien.
1515 Et Roland dit : « Mon compagnon s'emporte !
Il est bien digne d'éloges à côté de moi.
Pour de tels coups Charles nous aime davantage. »
Il crie tout haut : « Frappez, chevaliers ! »

116

D'en face arrive un païen, Valdabrun –
1520 du roi Marsile il était parrain –,
il est, en mer, maître de quatre cents dromons ;
pas un marin qui ne se réclame de lui.
Par trahison il prit bel et bien Jérusalem,
et il viola le temple de Salomon,
1525 devant les fonts il tua le patriarche.
C'est lui qui prit le serment du comte Ganelon,
et lui offrit son épée et mille mangons.
Il monte le cheval qu'il appelle Gramimont –
plus rapide encore que ne l'est un faucon –,
1530 il pique des deux, des éperons aigus,
et va frapper le puissant duc Samson :
lui brise l'écu, lui entaille le haubert,
et lui enfonce dans le corps les pans de son gonfanon ;
il l'abat mort des arçons de toute la longueur de sa lance.
...   .
1535 « Frappez, païens, nous les vaincrons très bien ! »
Les Français disent : « Dieu ! quelle tristesse de perdre ce
[baron ! »

117

Le comte Roland, quand il voit Samson mort,
en souffre fort, vous pouvez bien le penser.
Il pique des deux, s'élance à toute allure.
1540 Il tient Durendal, qui vaut plus que l'or pur,
va le frapper, le vaillant, tant qu'il peut,
sur son heaume, aux gemmes serties dans l'or :

---

le discours épique de celui des romans médiévaux. En moyenne on trouve 16 p.
100 d'hémistiches répétés dans le roman, 30 p. 100 dans l'épopée ; dans notre
texte le taux est de 35,2 p. 100 (J. Duggan). Le thème du combat singulier fait
intervenir différents motifs ; un des motifs les plus fixés par la tradition est celui
de l'armement du chevalier (*cf.*, par exemple, les vv. 994 ss., 3141 ss. et la note
au v. 1232).

1534. Après ce vers, il manque une ouverture au discours de Valdabrun.

Trenchet la teste e la bronie e le cors,
La bone sele ki est gemmee ad or,
1545 E al cheval parfundement le dos ;
Ambure ocit, ki que l' blasme ne qui l' lot.
Dïent paien : 'Cist colp nus est mult fort !'   (1590)
Respont Rollant : 'Ne pois amer les voz ;
Devers vos est li orguilz e li torz.'   AOI

118

1550 D'Affrike i ad un Affrican venut,
C'est Malquïant, le filz al rei Malcud.
Si guarnement sunt tut a or batud :   (1595)
Cuntre soleil sur tuz les altres luist.
Siet el ceval qu'il cleimet Salt Perdut ;
1555 Beste nen est ki poisset curre a lui.
Il vait ferir Anseïs en l'escut :
Tut li trenchat le vermeill e l'azur,   (1600)
De sun osberc li ad les pans rumput,
El cors li met e le fer e le fust.
1560 Morz est li quens, de sun tens n'i ad plus.
Dïent Franceis : 'Barun, tant mare fus !'

119

Par le camp vait Turpin li arcevesque ;   (1605)
Tel coronét ne chantat unches messe
Ki de sun cors feïst tantes proëcces.
1565 Dist al paien : 'Deus tut mal te tramette !
Tel as ocis dunt al coer me regrette.'
Sun bon ceval i ad fait esdemetre,   (1610)
Si l'ad ferut sur l'escut de Tulette
Que mort l'abat desur cele herbe verte.

120

1570 De l'altre part est un paien Grandonies,
Filz Capüel, le rei de Capadoce.
Siet el cheval quë il cleimet Marmorie,   (1615)
Plus est isnels que n'est oisel ki volet.
Laschet la resne, des esperuns le brochet,
1575 Si vait ferir Gerin par sa grant force :
L'escut vermeill li freint, del col li portet,
Aprof li ad sa bronie tut desclose,   (1620)
El cors li met tute l'enseingne bloie
Que mort l'abat en une halte roche.

lui fend le crâne, la brogne et le corps,
et la bonne selle, aux gemmes serties dans l'or,
1545 profondément jusqu'au dos du cheval ;
les tue tous deux, qu'on le blâme ou non.
Les païens disent : « Ce coup est très dur pour nous ! »
Roland répond : « Je ne puis aimer les vôtres ;
l'orgueil se trouve chez vous, le tort aussi. »

118

1550 Un Africain est là, venu d'Afrique,
c'est Malquïant, le fils du roi Malcud.
Son équipement est tout d'or battu ;
il resplendit au soleil plus que tous les autres.
Il monte le cheval qu'il appelle Saut-Perdu ;
1555 il n'y a bête qui puisse courir aussi vite que lui.
Il va frapper Anseïs sur l'écu :
il en enlève les quartiers de vermeil et d'azur,
de son haubert il a déchiré les pans,
et dans le corps lui plonge la pointe et le bois.
1560 Le comte est mort ; son temps est épuisé.
Les Français disent : « Quel malheur pour toi, baron ! »

119

Turpin l'archevêque chevauche à travers le champ ;
jamais tel clerc tonsuré ne chanta la messe
qui de ses mains eût fait tant de prouesses.
1565 « Que Dieu te comble de maux ! » dit-il au païen.
« J'ai le regret au cœur de celui que tu as tué. »
Son bon destrier, il l'a fait s'élancer,
frappe Malquïant sur l'écu de Tolède ;
sur l'herbe verte il l'abat mort.

120

1570 D'en face arrive un païen, Grandoine,
le fils de Capüel, le roi de Cappadoce.
Il monte le cheval qu'il appelle Marmoire,
plus rapide encore que n'est oiseau qui vole.
Il lâche la bride, il pique des deux,
1575 de toutes ses forces il va frapper Gerin :
lui brise l'écu de vermeil, le lui arrache du cou,
puis il lui perce toute la brogne,
et dans le corps lui plonge toute son enseigne bleue ;
il l'abat mort sur le haut d'un rocher.

1580 Sun cumpaignun Gerers ocit uncore
E Berenger e Guiun de Saisonie.
Puis vait ferir un riche duc Austorje,   (1625)
Ki tint Valence e l'onur sur le Rosne.
Il l'abat mort ; paien en unt grant joie.
1585 Dïent Franceis : 'Mult dechëent li nostre !'

121

Li quens Rollant tint s'espee sanglente.
Ben ad oït que Franceis se dementent ;   (1630)
Si grant doel ad que parmi quïet fendre.
Dist al paien : 'Deus tut mal te consente !
1590 Tel as ocis que mult cher te quid vendre !'
Sun ceval brochet, ki del curre cuntence.
Ki que l' cumpert, venuz en sunt ensemble.   (1635)

122

Grandonie fut e prozdom e vaillant
E vertüus e vassal cumbatant :
1595 Enmi sa veie ad encuntrét Rollant ;
Enceis ne l' vit, si l' cunut veirement
Al fier visage e al cors qu'il out gent   (1640)
E al reguart e al contenement.
Ne poet müer qu'il ne s'en espoënt ;
1600 Fuïr s'en voelt, mais ne li valt nïent.
Li quens le fiert tant vertüusement
Tresqu'al nasel tut le helme li fent,   (1645)
Trenchet le nés e la buche e les denz,
Trestut le cors e l'osberc jazerenc,
1605 L'oree sele e les alves d'argent
E al ceval le dos parfundement ;
Ambure ocist seinz nul recoevrement,   (1650)
E cil d'Espaigne s'en cleiment tuit dolent.
Dïent Franceis : 'Ben fiert nostre guarent !'

123

1610 La bataille est merveilluse e hastive   (1661)
Franceis i ferent par vigur e par ire,
Trenchent cez poinz, cez costez, cez eschines,
Cez vestemenz entresquë as chars vives ;
Sur l'erbe verte li cler sancs s'en afilet.   (1665)

1580. *Uncore* : « en outre » selon Ph. Ménard, *Syntaxe de l'ancien français*, 3ᵉ éd., p. 272.

1580 Il tue en outre son compagnon Gerier
      et Berengier et Gui de Saxe ;
      il va frapper ensuite un puissant duc, Austorge,
      qui tient Valence et le domaine sur le Rhône.
      Il l'abat mort ; les païens s'en réjouissent.
1585 Les Français disent : « Comme les nôtres s'affaiblissent ! »

121

      Le comte Roland tenait son épée sanglante.
      Quand il entend que les Français se lamentent,
      il souffre tant qu'il pense éclater :
      « Que Dieu t'accable de maux ! » dit-il au païen.
1590 « Tu me paieras, et bien cher, je pense, celui que tu as tué ! »
      Il pique des deux, son destrier lutte pour s'élancer.
      Ils sont aux prises : c'est à qui le paiera.

122

      Grandoine était preux et vaillant,
      brave au combat et d'une très grande force.
1595 Sur son chemin, il rencontra Roland ;
      sans l'avoir vu avant, il le reconnut sans faute
      à son visage farouche, à sa belle carrure,
      à son regard et à sa contenance :
      il s'épouvante, ne peut s'en empêcher ;
1600 il veut s'enfuir, mais il ne le peut pas.
      Le comte le frappe avec une telle violence
      qu'il lui fend tout le heaume jusqu'au nasal,
      lui tranche le nez, et la bouche et les dents,
      et tout le corps et le haubert d'Alger,
1605 la selle dorée et ses pommeaux d'argent,
      profondément jusqu'au dos du cheval,
      les tue tous deux sans espoir de salut.
      Et ceux d'Espagne en crient leur désolation.
      Les Français disent : « Notre protecteur frappe bien ! »

123

1610 Redoutable est la bataille, elle se fait acharnée ;
      les Français frappent avec violence et fureur,
      ils tranchent les poings, les côtés, les échines,
      et les vêtements jusqu'aux chairs vives ;
      sur l'herbe verte le sang clair coule à flots.

1615 [Dïent paien : 'Nus ne l' susfrirum mie !]
       Tere Major, Mahummet te maldie !
       Sur tute gent est la tüe hardie.'
       Cel nen i ad ki ne crïet : 'Marsilie !
       Cevalche, rei, bosuign avum d'aïe !'   (1670)

124

1620 La bataille est e merveillose e grant ;   (1653)
       Franceis i fierent des espiez brunisant.
       La veïssez si grant dulor de gent,   (1655)
       Tant hume mort e nasfrét e sanglent :
       L'un gist sur l'altre e envers e adenz.
1625 Li Sarrazin ne l' pöent susfrir tant :
       Voelent u nun, si guerpissent le camp.
       Par vive force les encacerent Franc.   AOI   (1660)

125

       Marsilies veit de sa gent le martirie,   (1467)
       Si fait suner ses cors e ses buisines,
1630 Puis si chevalchet od sa grant ost banie.
       Devant chevalchet un Sarrazin Abisme,   (1470)
       Plus fel de lui n'out en sa cumpagnie :
       Teches ad males e mult granz felonies,
       Ne creit en Deu, le filz seinte Marie ;
1635 Issi est neirs cum peiz ki est demise ;
       Plus aimet il traïsun e murdrie
       Qu'il ne fesist trestut l'or de Galice ;
       Unches nuls hom ne l' vit jüer ne rire.
       Vasselage ad e mult grant estultie :
1640 Por ço est drud al felun rei Marsilie ;
       Sun dragun portet a qui sa gent s'alïent.   (1480)
       Li arcevesque ne l'amerat ja mie :
       Cum il le vit, a ferir le desiret,
       Mult quïement le dit a sei meïsme :
1645 'Cel Sarrazins me semblet mult herite ;
       Mielz voeill murir que jo ne l'alge ocire !   (1485)
       Unches n'amai cuard ne cuardie.'   AOI

1615. Nous rétablissons ce vers, qui manque dans le manuscrit, en suivant les autres versions. Dans les éditions de Bédier et de Moignet, qui refusent cette restitution, le comptage des vers de la laisse 125 est faux.

1620. Il manque une initiale au début de la laisse 124, qui dans le manuscrit précède la laisse 123 et fait donc corps avec la laisse 122 ; voir le f. 30 recto du manuscrit d'Oxford.

1615 Les païens disent : « Nous ne tiendrons pas !
    Terre des Aïeux, Mahomet te maudisse !
    Par-dessus tous, ton peuple est courageux. »
    Pas un païen qui ne crie : « Marsile !
    Chevauche, ô roi, nous avons besoin d'aide ! »

124

1620 Redoutable est la bataille, et elle s'agrandit ;
    les Français frappent des épieux brunis.
    Vous auriez vu là bien des gens souffrir,
    tant d'hommes blessés, couverts de sang, morts,
    tous étendus, face contre terre ou sur le dos.
1625 Les Sarrasins ne peuvent tenir davantage :
    bon gré mal gré, ils abandonnent le champ.
    De vive force les Francs les poursuivirent.

125

    Quand Marsile voit le massacre de ses gens,
    il fait sonner ses cors et ses trompettes,
1630 puis il chevauche avec la grande armée qu'il a levée.
    Au premier rang chevauche un Sarrasin, Abisme,
    le pire félon de toute sa compagnie :
    de mœurs honteuses, il est chargé de grands crimes,
    il ne croit pas en Dieu, le fils de sainte Marie ;
1635 la poix fondue n'est pas plus noire que lui ;
    il aime bien mieux le meurtre et la trahison
    qu'il ne ferait de tout l'or de Galice ;
    jamais personne ne le vit se divertir ni rire.
    Il est hardi, plein de témérité :
1640 c'est pour cela qu'il est l'ami du roi félon Marsile ;
    c'est lui qui porte son dragon, auquel se rallient ses
    Jamais l'archevêque ne l'aimera :   [troupes.
    dès qu'il le voit, il désire le frapper.
    À voix très basse, Turpin se dit :
1645 « Ce Sarrasin me paraît bien hérétique ;
    plutôt mourir que de ne pas aller le tuer !
    Je n'ai jamais pu aimer ni couard ni couardise. »

_____

1631. Les crimes, les mœurs honteuses, la soif de la trahison qui sont imputés à Abisme, sans parler de son aspect lugubre et de la couleur de sa peau, font de lui un adversaire diabolique tout à fait à la mesure de l'archevêque.

126

Li arcevesque cumencet la bataille :
Siet el cheval qu'il tolit a Grossaille –
1650 Ço ert uns reis qu'ocist en Denemarche.
Li destrers est e curanz e äates :   (1490)
Piez ad copiez e les gambes ad plates,
Curte la quisse e la crupe bien large,
Lungs les costez e l'eschine ad ben halte,
1655 Blanche la cue e la crignete jalne,
Petite oreille, la teste tute falve ;   (1495)
Beste nen est ki encontre lui alge.
Li arcevesque brochet par vasselage,
Ne laisserat qu'Abisme nen asaillet,
1660 Vait le ferir en l'escut a miracle :
Pierres i ad, metistes e topazes,   (1500)
Esterminals e carbuncles ki ardent ;
En Val Metas li dunat uns dïables,
Si li tramist li amiralz Galafres.
1665 Turpins i fiert, ki nïent ne l'esparignet ;
Enprés sun colp ne quid qu'un dener vaillet :   (1505)
Le cors li trenchet trés l'un costét qu'a l'altre
Que mort l'abat en une voide place.
Dïent Franceis : 'Ci ad grant vasselage !
1670 En l'arcevesque est ben la croce salve !'

127

Li quens Rollant apelet Oliver :
'Sire cumpaign, se l' volez otrïer,
Li arcevesque est mult bon chevaler ;
N'en ad meillor en tere ne suz cel :
1675 Ben set ferir e de lance e d'espiét.'
Respunt li quens : 'Kar li aluns aider !'
A icest mot l'unt Francs recumencét.
Dur sunt li colps e li caples est grefs ;
Mult grant dulor i ad de chrestïens.
1680 Ki puis veïst Rollant e Oliver
De lur espees ferir e capleier !
Li arcevesque i fiert de sun espiét.
Cels qu'il unt mort, ben les poet hom preiser :
Il est escrit es cartres e es brefs,

1651. Certains détails de la description du cheval de Turpin se retrouvent chez Isidore de Séville, dont les *Etymologies* restent une des œuvres les plus connues dans les écoles pendant tout le Moyen Age.

1680. La construction *qui* + imparfait du subjonctif est quasi hypothétique ;

126

C'est l'archevêque qui engage le combat :
il monte le cheval qu'il avait pris à Grossaille –
1650 c'était un roi qu'il tua au Danemark –.
Son destrier est rapide et vif :
sabots concaves, jambes plates,
cuisse assez courte, croupe bien large,
flancs allongés, échine bien haute,
1655 queue toute blanche, crinière jaune,
petites oreilles, tête toute fauve ;
il n'y a bête qui coure aussi vite que lui.
Il pique des deux, et avec quelle vaillance !
il n'a de cesse qu'il n'attaque Abisme,
1660 va le frapper sur l'écu prodigieux ;
il est couvert de gemmes, d'améthystes et de topazes,
et de diamants et d'escarboucles qui flamboient ;
à Val-Metas un diable lui en avait fait cadeau,
et puis l'émir Galafre le lui avait transmis.
1665 Turpin le frappe, il ne l'épargne pas ;
après ce coup, l'écu ne vaut pas, je crois, un denier :
de part en part il lui transperce le corps,
et l'abat mort dans un terrain dégarni.
Les Français disent : « Quelle belle vaillance !
1670 Chez l'archevêque, la crosse procure bien le salut ! »

127

Le comte Roland s'adresse à Olivier :
« Compagnon, sire, convenez-en,
l'archevêque est très bon chevalier,
ni sur la terre ni sous le ciel, il n'en est de meilleur :
1675 il sait bien frapper de la lance et de l'épieu. »
Le comte répond : « Allons donc à son aide ! »
Et à ces mots, les Francs ont repris le combat.
Durs sont les coups, et le combat est rude ;
chez les chrétiens, la souffrance est grande.
1680 Vous auriez vu alors Roland et Olivier
de leurs épées frapper et refrapper !
Et l'archevêque y va de son épieu.
On peut savoir le nombre de ceux qu'ils ont tués :
cela est écrit dans les chartes et les diplômes,

---

le deuxième composant peut, comme ici, rester inarticulé, ou bien il peut
s'exprimer au moyen d'un subjonctif complémentaire, comme aux
vv. 1970-1972 : *ki veïst... li poüst remembrer*, « celui qui aurait vu... aurait pu
garder le souvenir... ».

1685 Ço dit la Geste, plus de quatre milliers.
As quatre esturs lor est avenut ben;
Li quint aprés lor est pesant e gref :
Tuz sunt ocis cist franceis chevalers,
Ne mes seisante que Deus ad esparniez ;
1690 Einz quë il moergent, si se vendrunt mult cher.　　AOI

128

Li quens Rollant des soens i veit grant perte ;
Sun cumpaignun Oliver en apelet :
'Sire cumpainz, pur Deu, que vos en haitet ?
Tanz bons vassals vëez gesir par tere !
1695 Pleindre poüms France dulce, la bele,
De tels barons cum or remeint deserte !
E ! reis, amis, que vos ici nen estes !
Oliver, frere, cum le purrum nus faire ?
Cumfaitement li manderum nuveles ?'
1700 Dist Oliver : 'Jo ne l' sai cument quere.
Mielz voeill murir que hunte en seit retraite.'　　AOI

129

Ço dist Rollant : 'Cornerai l'olifant,
Si l'orrat Carles ki est as porz passant ;
Jo vos plevis, ja returnerunt Franc.'
1705 Dist Oliver : 'Vergoigne sereit grant
E reprover a trestuz voz parenz ;
Iceste hunte dureit a lur vivant !
Quant je l' vos dis, n'en feïstes nïent,
Mais ne l' ferez par le men loëment.
1710 Se vos cornez, n'ert mie hardement :
Ja avez vos ambsdous les braz sanglanz.'
Respont li quens : 'Colps i ai fait mult genz !'　　AOI

130

Ço dit Rollant : 'Forz est nostre bataille ;
Jo cornerai, si l'orrat li reis Karles.'

1702. Cette seconde scène du cor est le pendant de la première aux vv. 1051 et ss. Justifié par son propre héroïsme, ayant sauvegardé son honneur personnel, familial et féodal, et ayant évité la honte, Roland décide de sonner du cor. Olivier le couvre de reproches, mais Turpin intervient pour mettre fin à la dispute (ou, plus exactement, au dialogue de sourds) ; il approuve la décision de

1685 quatre milliers et plus, c'est ce que dit la Geste.
Aux premiers chocs, les Francs ont tenu bon,
mais le cinquième est difficile et pénible.
Les chevaliers de France sont tous tués
hormis soixante que Dieu a épargnés ;
1690 avant qu'ils meurent, ils vendront cher leur vie.

128

Le comte Roland voit la grande perte des siens,
et il s'adresse à son compagnon Olivier :
« Cher compagnon, que vous en semble, par Dieu ?
Tous ces vaillants, voyez-les étendus à terre !
1695 Nous pouvons plaindre France la douce, la belle,
si démunie à présent de tels chevaliers !
Ah ! roi, ami, que n'êtes-vous ici !
Olivier, frère, comment pourrons-nous faire ?
De quelle façon lui envoyer des nouvelles ? »
1700 Olivier dit : « Je ne sais comment le faire venir.
J'aime mieux mourir que si on devait en parler à notre
[honte. »

129

Roland lui dit : « Je sonnerai l'olifant,
et Charles, qui passe les cols, l'entendra,
et les Français, je vous jure, reviendront bien. »
1705 Olivier dit : « Ce serait grand opprobre,
sujet de blâme pour tous vos parents ;
leur vie entière cette honte les suivrait !
Quand je l'ai dit, vous n'en avez rien fait ;
ce n'est pas moi qui vous approuverai à présent.
1710 Si vous sonnez le cor, ce ne sera pas un acte de bravoure :
vous avez déjà les deux bras couverts de sang. »
Le comte répond : « J'ai donné de beaux coups ! »

130

Roland lui dit : « Notre bataille est dure ;
je vais sonner le cor, le roi Charles l'entendra. »

Roland : inutile, bien sûr, d'appeler à l'aide, mais mieux vaut avertir l'empereur
qui pourra alors châtier les Sarrasins et donner aux morts une sépulture chrétienne. Certains critiques prétendent que l'attitude de Roland est un aveu qu'il
regrette son refus d'appeler à l'aide plus tôt, mais ce serait là un aveu bien
implicite.

1715 Dist Oliver : 'Ne sereit vasselage !
       Quant je l' vos dis, cumpainz, vos ne deignastes.
       S'i fust li reis, n'i oüsum damage.
       Cil ki la sunt n'en deivent aveir blasme.'
       Dist Oliver : 'Par ceste meie barbe,
1720 Se puis vëeir ma gente sorur Alde,
       Ne jerrïez jamais entre sa brace !'   AOI

131

       Ço dist Rollant : 'Porquei me portez ire ?'
       E il respont : 'Cumpainz, vos forsfeïstes,
       Kar vasselage par sens nen est folie :
1725 Mielz valt mesure que ne fait estultie.
       Franceis sunt morz par vostre legerie ;
       Jamais Karlon de nus n'avrat servise.
       Se m' creïsez, venuz i fust mi sire ;
       Ceste bataille oüsum ja fenie,
1730 U pris u mort i fust li reis Marsilie.
       Vostre proëcce, Rollant, mar la veïmes !
       Karles li magnes de nos n'avrat aïe –
       N'ert mais tel home entresqu'al Deu juïse –.
       Vos i murrez, e France en ert hunie.
1735 Oi nus defalt la leial cumpaignie :
       Einz l'avesprer ert gref la departie.'   AOI

132

       Li arcevesques les ot cuntrarïer ;
       Le cheval brochet des esperuns d'or mer,
       Vint tresqu'a els, si's prist a castïer :
1740 'Sire Rollant, e vos, sire Oliver,
       Pur Deu vos pri, ne vos cuntralïez !
       Ja li corners ne nos avreit mester,
       Mais nepurquant si est il asez melz :
       Venget li reis, si nus purrat venger ;
1745 Ja cil d'Espaigne n'en deivent turner liez.
       Nostre Franceis i descendrunt a piéd,
       Truverunt nos e morz e detrenchez,
       Leverunt nos en bieres sur sumers,
       Si nus plurrunt de doel e de pitét,

1722. Le mot *ire* en ancien français a souvent un sens plus large et plus nuancé que « colère » (Kleiber) ; voir, par exemple, le v. 2944. Devrait-on traduire ici par « ressentiment » (Foulet) ?

1715 Olivier dit : « Ce ne serait pas un acte de vaillance.
Quand je l'ai dit, compagnon, vous n'avez pas daigné le
Nous n'aurions pas eu de pertes si le roi avait été là. [faire.
Ceux qui sont là-bas avec lui ne méritent aucun reproche. »
Olivier dit : « Par ma barbe que voici,
1720 s'il m'est donné de revoir ma noble sœur Aude,
entre ses bras jamais vous ne coucherez ! »

131

Roland lui dit : « Pourquoi vous emporter contre moi ? »
Et il répond : « Compagnon, vous avez commis un tort,
car la vaillance sensée n'est pas la folie ;
1725 mieux vaut mesure que bravoure téméraire.
Les Francs sont morts à cause de votre inconscience,
et jamais plus Charles n'aura notre service.
Notre seigneur serait revenu, si vous m'aviez cru,
et cette bataille, nous l'aurions déjà terminée ;
1730 le roi Marsile aurait été prisonnier ou mort.
Votre prouesse, Roland, nous a causé du tort !
Charles le Grand ne recevra plus d'aide de nous –
il n'y aura plus d'homme comme lui jusqu'au Jugement
                                        [dernier –.
Vous, vous mourrez, la France en sera déshonorée.
1735 C'est aujourd'hui que prend fin notre loyale amitié :
avant ce soir, la séparation sera pénible. »

132

L'archevêque les entend se quereller ;
il pique des deux, des éperons d'or pur,
vient jusqu'à eux, se met à les reprendre :
1740 « Vous, sire Roland, et vous, sire Olivier,
au nom de Dieu, je vous en supplie, ne vous querellez pas !
Sonner du cor ne nous serait plus utile,
mais cependant mieux vaut encore sonner :
revienne le roi, il pourra nous venger.
1745 Il ne faut pas que ceux d'Espagne repartent joyeux.
Nos Français descendront ici de cheval,
nous trouveront morts et taillés en morceaux,
nous mettront en bière sur des bêtes de somme,
nous pleureront avec douleur et pitié,

1723. Leçon du manuscrit : *vos le feïstes. Cf.* les vv. 2029, 3758, 3827, et
la note de Segre.

1750 Enfüerunt en aitres de musters ;
      N'en mangerunt ne lu ne porc ne chen.'
      Respunt Rollant : 'Sire, mult dites bien.'   AOI

133

      Rollant ad mis l'olifan a sa buche,
      Empeint le ben, par grant vertut le sunet.
1755 Halt sunt li pui e la voiz est mult lunge :
      Granz trente liwes l'oïrent il respundre.
      Karles l'oït e ses cumpaignes tutes.
      Ço dit li reis : 'Bataille funt nostre hume !'
      E Guenelun li respundit encuntre :
1760 'S'altre l' desist, ja semblast grant mençunge.'   AOI

134

      Li quens Rollant, par peine e par ahans,
      Par grant dulor, sunet sun olifan.
      Parmi la buche en salt fors li cler sancs :
      De sun cervel le temple en est rumpant.
1765 Del corn qu'il tient l'oïe en est mult grant :
      Karles l'entent, ki est as porz passant,
      Naimes l'oïd, si l'escultent li Franc.
      Ce dist li reis : 'Jo oi le corn Rollant !
      Unc ne l' sunast se ne fust cumbatant.'
1770 Guenes respunt : 'De bataille est nïent !
      Ja estes vus veilz e fluriz e blancs ;
      Par tels paroles ben resemblez enfant.
      Asez savez le grant orgoill Rollant ;
      Ço est merveille que Deus le soefret tant.
1775 Ja prist il Noples seinz le vostre comant :
      Fors s'en eissirent li Sarrazins dedenz,
      Si s' cumbatirent al bon vassal Rollant ;
      Puis od les ewes lavat l'espiét del sanc :
      Pur cel le fist ne fust aparissant.
1780 Pur un sul levre vait tute jur cornant.
      Devant ses pers vait il ore gabant.
      Suz cel n'ad gent ki l'osast querre en champ.

1763. Invulnérable comme tous les grands héros, Roland ne mourra pas d'une blessure infligée par l'ennemi, mais de l'effort surhumain qu'il fait pour avertir Charlemagne du désastre militaire en sonnant du cor. Sur le plan narratif, la mort du héros est exagérément prolongée et s'échelonne sur non moins de 633 vers. Elle commence ici avec la rupture de sa tempe (reprise aux vv. 1786, 2102, 2218, 2260), et ne s'achève qu'au v. 2396, le tout étant encadré par deux séries de trois laisses similaires (133-135, 174-176).

1750 près des églises ils nous enterreront en terre bénie ;
ni loups, ni porcs, ni chiens ne nous dévoreront. »
Roland répond : « Sire, vous dites fort bien. »

133

Roland a mis l'olifant à sa bouche,
il le serre bien, il sonne de tout son souffle.
1755 Hauts sont les monts, et le son porte loin ;
on entendit l'écho à trente lieues et plus.
Charles l'entendit, et toute son armée.
Le roi déclare : « Nos hommes livrent bataille ! »
Et à l'inverse Ganelon lui répondit :
1760 « Si un autre que vous le disait, cela semblerait un grand
[mensonge. »

134

Le comte Roland, avec peine et souffrance,
à grande douleur sonne son olifant.
Le sang jaillit, clair, par la bouche :
de son cerveau la tempe se rompt.
1765 Du cor qu'il tient le son porte très loin :
Charles l'entend au passage des cols,
Naimes l'entendit, et les Français l'écoutent.
Le roi déclare : « J'entends le cor de Roland !
Il ne l'aurait jamais sonné s'il n'avait pas eu à se battre. »
1770 Ganelon répond : « Pas du tout, il n'y a pas de bataille !
Vous êtes bien vieux, votre chef est fleuri et blanc ;
par de tels mots, vous ressemblez à un enfant.
Vous connaissez fort bien le grand orgueil de Roland ;
on est surpris que Dieu le tolère si longtemps.
1775 Déjà il prit Noples sans votre ordre :
les Sarrasins de la ville firent une sortie,
livrèrent bataille au bon vassal Roland ;
il fit laver alors son épieu avec de l'eau
pour que leur sang répandu ne se vît pas.
1780 Pour un seul lièvre, il sonne le cor à longueur de journée.
En ce moment, il fait de l'effet devant ses pairs.
Personne au monde n'oserait engager le combat avec lui.

1778. Leçon du manuscrit : ... *lavat les prez del sanc,* c'est-à-dire « il inonda
les prés » (Bédier). « Hyperbole efficace » (Segre) ou simple faute de lecture ?
La correction de *lesprez* en *s'espee* (G. Brault) donnerait au vers une syllabe
de trop.

Car cevalcez ! Pur qu'alez arestant ?
Tere Major mult est loinz ça devant.'   AOI

135

1785 Li quens Rollant ad la buche sanglente :
De sun cervel rumput en est li temples.
L'olifan sunet a dulor e a peine.
Karles l'oït, e ses Franceis l'entendent.
Ço dist li reis : 'Cel corn ad lunge aleine !'
1790 Respont dux Neimes : 'Baron i fait la peine !
Bataille i ad, par le men escïentre.
Cil l'at traït ki vos en roevet feindre.
Adubez vos, si crïez vostre enseigne,
Si sucurez vostre maisnee gente ;
1795 Asez oëz que Rollant se dementet !'

136

Li empereres ad fait suner ses corns.
Franceis descendent, si adubent lor cors
D'osbercs e d'elmes e d'espees a or.
Escuz unt genz e espiez granz e forz
1800 E gunfanuns blancs e vermeilz e blois.
Es destrers muntent tuit li barun de l'ost,
Brochent ad ait tant cum durent li port.
N'i ad celoi a l'altre ne parolt :
'Se veïssum Rollant einz qu'il fust mort,
1805 Ensembl'od lui i durrïums granz colps.'
De ço qui calt ? Car demurét unt trop.

137

Esclargiz est li vespres e li jurz ;
Cuntre soleil reluisent cil adub,
Osbercs e helmes i getent grant flambur,
1810 E cil escuz ki ben sunt peinz a flurs,
E cil espiez, cil orét gunfanun.
Li empereres cevalchet par irur,
E li Franceis dolenz e curuçus :
N'i ad celoi ki durement ne plurt,
1815 E de Rollant sunt en mult grant poür.
Li reis fait prendre le cunte Guenelun,
Si l' cumandat as cous de sa maisun ;
Tut le plus maistre en apelet, Besgun :
'Ben le me guarde si cume tel felon !
1820 De ma maisnee ad faite traïsun.'

Chevauchez donc ! Pourquoi vous arrêter ?
Elle est bien loin devant nous, la Terre des Aïeux. »

135

1785 Le comte Roland a la bouche sanglante ;
de son cerveau la tempe est rompue.
Avec douleur et peine il sonne l'olifant.
Charles l'entendit, et ses Français l'écoutent.
Le roi déclare : « Ce cor a longue haleine ! »
1790 « Un chevalier y met toutes ses forces », répond le duc
« À mon avis, il est en train de se battre,   [Naimes.
et celui-là l'a trahi qui vous demande de ne rien y faire.
Armez-vous donc, poussez votre cri de guerre,
et secourez vos nobles et proches vassaux ;
1795 vous entendez bien que Roland se lamente ! »

136

L'empereur a fait sonner ses cors,
les Francs descendent de cheval et s'arment
d'épées dorées, de hauberts et de heaumes ;
leurs écus sont beaux, leurs épieux grands et forts,
1800 leurs gonfanons blancs, vermeils et bleus.
Tous les barons de l'armée montent sur leurs destriers,
piquent fort des deux en traversant les cols.
Il n'est pas un qui ne dise à l'autre :
« Si nous pouvions revoir Roland avant sa mort,
1805 nous frapperions avec lui de grands coups. »
Mais à quoi bon ? Ils ont trop tardé.

137

Le soir est clair, le jour reste radieux,
et au soleil les armes resplendissent,
hauberts et heaumes étincellent et flamboient,
1810 et les écus bien peints à fleurons,
et les épieux, les gonfanons dorés.
L'empereur chevauche plein de fureur,
et les Français avec chagrin et colère.
Il n'en est nul qui ne pleure à chaudes larmes,
1815 ils tremblent tous pour Roland.
Le comte Ganelon, le roi le fait saisir,
aux cuisiniers de sa maison il le livre.
Il fait venir Besgon, le maître queux :
« Garde-le-moi bien, comme il convient à un félon pareil !
1820 Il a trahi tous mes proches vassaux. »

Cil le receit, s'i met cent cumpaignons
De la quisine, des mielz e des peiurs.
Icil li peilent la barbe e les gernuns,
Cascun le fiert quatre colps de sun puign,
1825 Ben le batirent a fuz e a bastuns,
E si li metent el col un cäeignun,
Si l'encäeinent altresi cum un urs ;
Sur un sumer l'unt mis a deshonor ;
Tant le guarderent que l' rendent a Charlun.   AOI

138

1830 Halt sunt li pui e tenebrus e grant,
Li val parfunt e les ewes curant.
Sunent cil graisle e derere e devant,
E tuit rachatent encuntre l'olifant.
Li empereres chevalche irëement,
1835 E li Franceis curuçus e dolent :
N'i ad celoi n'i plurt e se dement,
E prïent Deu qu'il guarisset Rollant
Josquë il vengent el camp cumunement :
Ensembl'od lui i ferrunt veirement.
1840 De ço qui calt ? Car ne lur valt nïent :
Demurent trop, n'i poedent estre a tens.   AOI

139

Par grant irur chevalchet Charlemagnes,
Desur sa brunie li gist sa barbe blanche.
Puignent ad ait tuit li barun de France ;
1845 N'i ad icel durement ne s'en pleigne
Quë il ne sunt a Rollant le cataigne
Ki se cumbat as Sarrazins d'Espaigne ;
Si est blecét, ne quit qu'anme i remaigne.
Deus ! quels seisante i ad en sa cumpaigne :
1850 Unches meillurs n'en out reis ne cataignes.   AOI

140

Rollant reguardet es munz e es lariz ;
De cels de France i veit tanz morz gesir,
E il les pluret cum chevaler gentill :

1830. Variation sur le thème de l'interprétation sentimentale de la nature, l'évocation du paysage montagneux a déjà été employée par le poète aux vv. 814 et ss. Il exploitera ce procédé de nouveau au v. 2271, au seuil de la scène de la mort douloureuse de Roland (voir aussi les vv. 3125-3126).

Besgon le prend, y met cent compagnons
de la cuisine, des meilleurs et des pires.
Ils lui arrachent la barbe et la moustache,
chacun le frappe de quatre coups de poing,
1825 ils l'ont battu avec des triques et des bâtons,
puis ils lui passent une chaîne au cou
et ils l'enchaînent tout comme un ours ;
ils l'ont monté honteusement sur un cheval de somme.
Ils le gardèrent à vue jusqu'au moment de le remettre à
[Charles.

138

1830 Hauts sont les monts et ténébreux et grands,
les vals profonds, et rapides les torrents.
Les clairons sonnent à l'arrière, à l'avant,
et tous répondent au son de l'olifant.
L'empereur chevauche plein de fureur,
1835 et les Français avec chagrin et colère ;
il n'en est pas qui ne pleure ni ne se lamente,
et ils prient Dieu qu'il préserve Roland
jusqu'à ce qu'ils arrivent tous en force sur le champ de
là, avec lui, ils frapperont de vrais coups.   [bataille :
1840 Mais à quoi bon ? Cela ne leur sert à rien :
ils tardent trop et ne peuvent y être à temps.

139

L'empereur chevauche plein de fureur,
sa barbe blanche s'étale sur sa brogne.
Tous les barons de France piquent fort des deux ;
1845 il n'en est pas qui ne se plaigne
de n'être pas avec Roland le capitaine
qui se bat contre les Sarrasins d'Espagne ;
mais Roland est blessé, et son âme, je pense, l'abandonne.
Mon Dieu ! quels hommes, les soixante qu'il a avec lui !
1850 Ni capitaine ni roi n'en eut jamais de meilleurs.

140

Roland regarde vers les monts et les coteaux ;
de ceux de France, qu'il en voit étendus morts !
Et il les pleure en noble chevalier :

1853. Le *planctus* (plainte, regret) est traditionnel dans l'épopée et se retrouve
également dans l'Antiquité classique (*cf.* aussi les vv. 2252 et ss., 2316 et ss.,
2402 et ss.).

'Seignors barons, de vos ait Deus mercit !
1855 Tutes voz anmes otreit il pareïs,
      En seintes flurs il les facet gesir !
      Meillors vassals de vos unkes ne vi :
      Si lungement tuz tens m'avez servit,
      A oés Carlon si granz païs cunquis !
1860 Li empereres tant mare vos nurrit !
      Tere de France, mult estes dulz païs,
      Oi desertét a tant ruboste exill !
      Barons franceis, pur mei vos vei murir,
      Jo ne vos pois tenser ne guarantir ;
1865 Aït vos Deus ki unkes ne mentit !
      Oliver frere, vos ne dei jo faillir,
      De doel murrai, s'altre ne m'i ocit.
      Sire cumpainz, alum i referir !'

141

      Li quens Rollant el champ est repairét,
1870 Tient Durendal, cume vassal i fiert :
      Faldrun de Pui i ad parmi trenchét
      E vint e quatre de tuz les melz preisez ;
      Jamais n'iert home plus se voeillet venger.
      Si cum li cerfs s'en vait devant les chiens,
1875 Devant Rollant si s'en fuient paiens.
      Dist l'arcevesque : 'Asez le faites ben !
      Itel valor deit aveir chevaler
      Ki armes portet e en bon cheval set :
      E en bataille deit estre forz e fiers,
1880 U altrement ne valt quatre deners,
      Einz deit monie estre en un de cez mustiers,
      Si prïerat tuz jurz por noz peccez.'
      Respunt Rollant : 'Ferez ! Ne's esparignez !'
      A icest mot l'unt Francs recumencét ;
1885 Mult grant damage i out de chrestïens.

142

      Hom ki ço set que ja n'avrat prisun,
      En tel bataille fait grant defensïon ;
      Pur ço sunt Francs si fiers cume leüns.
      As vus Marsilie en guise de barun !

1863. *Pur mei* : « pour moi » ou bien « à cause de moi » ?

« Seigneurs barons, que Dieu prenne pitié de vous !
1855 À toutes vos âmes qu'il accorde le Paradis,
et qu'il les fasse reposer parmi les saintes fleurs !
Meilleurs vassaux que vous, je n'en vis jamais :
pendant longtemps vous m'avez servi sans relâche !
Vous avez conquis pour Charles de si grands pays !
1860 C'est en pure perte que l'empereur vous a nourris !
Terre de France, vous êtes un pays très doux,
mais aujourd'hui dévasté par un si dur désastre.
Barons français, je vous vois mourir pour moi,
et je ne peux ni vous défendre ni vous protéger.
1865 Que Dieu vous aide, qui reste toujours fidèle !
Olivier, frère, je ne dois pas vous faire défaut.
Je mourrai, certes, de douleur, si rien d'autre ne me tue.
Compagnon, sire, allons frapper encore ! »

141

Le comte Roland est revenu sur le champ de bataille,
1870 comme un vaillant il tient Durendal et frappe :
il a tranché en deux Faldron de Pui
et vingt-quatre hommes des mieux prisés ;
jamais personne ne sera plus assoiffé de vengeance.
Comme le cerf court devant les chiens,
1875 devant Roland les païens s'enfuient.
L'archevêque dit : « Voilà qui est très bien !
Voilà comment doit montrer sa valeur
un chevalier armé et monté sur son bon destrier :
dans la bataille il doit être fort et farouche,
1880 ou autrement il ne vaut pas quatre deniers ;
il doit se faire moine, plutôt, dans quelque monastère
où toute sa vie il priera pour nos péchés. »
Roland répond : « Frappez, ne les épargnez pas ! »
Et à ces mots, les Francs ont repris le combat,
1885 mais il y eut massacre des chrétiens.

142

Celui qui sait qu'il n'y aura pas de prisonniers,
il se défend obstinément dans une telle bataille ;
pour cela, les Francs sont aussi farouches que des lions.
Voici Marsile qui arrive en vrai chevalier !

1881. Dédain évident de la part du prélat-guerrier actif à l'égard de ses confrères cloîtrés et voués à la contemplation.

1890 Siet el cheval qu'il apelet Gaignun,
     Brochet le ben, si vait ferir Bevon : –
     Icil ert sire de Belne e de Digun –
     L'escut li freint e l'osberc li derumpt,
     Que mort l'abat seinz altre guarisun.
1895 Puis ad ocis Yvoeries e Ivon,
     Ensembl'od els Gerard de Russillun.
     Li quens Rollant ne li est guaires loign,
     Dist al paien : 'Damnesdeus mal te duinst !
     A si grant tort m'ociz mes cumpaignuns ;
1900 Colp en avras einz que nos departum,
     E de m'espee enquoi savras le nom.'
     Vait le ferir en guise de baron,
     Trenchét li ad li quens le destre poign,
     Puis prent la teste de Jurfaleu le Blund –
1905 Icil ert filz al rei Marsilïun.
     Paien escrïent : 'Aïe nos, Mahum !
     Li nostre deu, vengez nos de Carlun !
     En ceste tere nus ad mis tels feluns,
     Ja pur murir le camp ne guerpirunt.'
1910 Dist l'un a l'altre : 'E car nos en fuiums !'
     A icest mot tels cent milie s'en vunt :
     Ki que's rapelt, ja n'en returnerunt.   AOI

143

     De ço qui calt ? Fuït s'en est Marsilies,
     Remés i est sis uncles l'algalifes
1915 Ki tint Kartagene, Alferne, Garmalie
     E Ethïope, une tere maldite.
     La neire gent en ad en sa baillie ;
     Granz unt les nés e lees les oreilles,
     E sunt ensemble plus de cinquante milie.
1920 Icil chevalchent fierement e a ire,
     Puis si escrïent l'enseigne paënime.
     Ço dist Rollant : 'Ci recevrums martyrie,
     Or sai jo ben, n'avons guaires a vivre ;
     Mais tut seit fel cher ne se vende primes !
1925 Ferez, seignurs, des espees furbies,

1903. La mutilation de Marsile, reprise aux vv. 2701, 2719, 2781, 2795, 2809, rappelle la menace portée contre Charlemagne de le priver de son bras droit (vv. 597, 1195). On appréciera l'ironie avec laquelle il est précisé, au v. 2678, que le gant de Baligant doit être mis au poing droit de Marsile.

1890 Il monte le cheval qu'il appelle Gaignon,
il pique des deux et va frapper Bevon,
seigneur de Beaune et de Dijon :
lui brise l'écu, lui entaille le haubert,
il l'abat mort sans espoir de salut.
1895 Puis il a tué Ivoire et Ivon,
et avec eux Gérard de Roussillon.
Le comte Roland n'est pas bien loin de lui ;
il dit au païen : « Que le Seigneur te comble de mal !
C'est à grand tort que tu me tues mes compagnons ;
1900 tu recevras un coup en récompense avant que nous nous
et tu sauras aujourd'hui le nom de mon épée. »   [séparions,
En vrai vaillant le comte va le frapper,
et il lui tranche le poing droit,
puis coupe la tête à Jurfaleu le Blond –
1905 c'était le fils du roi Marsile.
Les païens crient : « Aide-nous, Mahomet !
Et vous, nos dieux, vengez-nous de Charles !
Il nous a mis dans ce pays de tels félons
qu'ils mourront plutôt qu'abandonner le champ de
1910 Ils disent entre eux : « Eh bien, fuyons donc ! »   [bataille. »
Cent mille païens s'enfuient à ces mots ;
qu'on les rappelle ou non, ils ne reviendront pas.

143

Mais à quoi bon ? Marsile s'est enfui,
mais le calife, son oncle, est resté ;
1915 il tient Carthage, Alferne et Garmalie,
et l'Éthiopie, une terre maudite.
De la race noire il est le gouverneur ;
ils ont le nez énorme, et les oreilles larges,
ils sont en tout plus de cinquante mille.
1920 Ceux-là chevauchent terribles et furieux,
ils poussent alors le cri de guerre païen.
Roland déclare : « C'est ici que nous recevrons le martyre ;
je le sais bien, nous n'avons plus guère à vivre ;
mais maudit soit qui d'abord ne vendra pas cher sa vie !
1925 Frappez, seigneurs, de vos épées fourbies,

1911. *Tels* « annonce la conjonction ou le relatif suivant, le subordonnant pouvant n'être que suggéré » (C. Régnier).

Si calengez e voz cors e voz vies
Que dulce France par nus ne seit hunie !
Quant en cest camp vendrat Carles mi sire,
De Sarrazins verrat tel discipline,
1930 Cuntre un des noz en truverat morz quinze,
Ne lesserat que nos ne beneïsse.'   AOI

144

Quant Rollant veit la contredite gent
Ki plus sunt neirs que n'en est arrement,
Ne n'unt de blanc ne mais que sul les denz,
1935 Ço dist li quens : 'Or sai jo veirement
Quë hoi murrum, par le mien escïent.
Ferez, Franceis, car jo l' vos recumenz !'
Dist Oliver : 'Dehét ait li plus lenz !'
A icest mot Franceis se fierent enz.

145

1940 Quant paien virent que Franceis i out poi,
Entr'els en unt e orgoil e cunfort.
Dist l'un a l'altre : 'L'emperëor ad tort !'
Li algalifes sist sur un ceval sor,
Brochet le ben des esperuns a or,
1945 Fiert Oliver derere enmi le dos ;
Le blanc osberc li ad desclos el cors,
Parmi le piz sun espiét li mist fors,
E dit aprés : 'Un colp avez pris fort !
Carles li Magnes mar vos laissat as porz !
1950 Tort nos ad fait, nen est dreiz qu'il s'en lot,
Kar de vos sul ai ben vengét les noz.'

146

Oliver sent quë a mort est ferut.
Tient Halteclere dunt li acer fut bruns ;
Fiert l'algalife sur l'elme a or agut,
1955 E flurs e perres en acraventet jus,
Trenchet la teste d'ici qu'as denz menuz,
Brandist sun colp, si l'ad mort abatut.
E dist aprés : 'Paien, mal aies tu !
Iço ne di, Karles n'i ait perdut ;
1960 Në a muiler n'a dame qu'as veüd
N'en vanteras el regne dunt tu fus
Vaillant dener que m'i aies tolut,

défendez-vous et disputez vos vies,
que France la douce ne soit pas déshonorée par nous !
Quand Charles, mon seigneur, viendra sur ce champ,
et qu'il verra un tel massacre de Sarrasins,
1930 qu'il trouvera, pour un des nôtres, quinze païens morts,
il ne pourra ne pas nous bénir. »

144

Quand Roland voit cette race de mécréants
qui sont plus noirs que l'encre
et n'ont de blanc que les seules dents,
1935 il dit, le comte : « Je sais maintenant en vérité
que nous mourrons aujourd'hui même, j'en suis sûr.
Frappez, Français, car je reprends la lutte pour vous ! »
Olivier dit : « Maudit soit le plus lent ! »
Et à ces mots, les Français foncent sur l'ennemi.

145

1940 Quand les païens virent qu'il restait peu de Français,
ils se rassurent et leur orgueil croît.
Ils disent entre eux : « L'empereur est dans son tort ! »
Le calife montait un cheval fauve,
il pique des deux, des éperons d'or,
1945 frappe Olivier par-derrière, en plein dos,
contre le corps lui a fracassé son haubert brillant,
de son épieu lui a transpercé la poitrine.
Alors il dit : « Vous avez pris un joli coup !
Pour son malheur Charles le Grand vous laissa aux cols !
1950 Il nous fit tort ; il n'est pas juste qu'il s'en vante,
car sur vous seul j'ai bien vengé les nôtres. »

146

Olivier sent qu'il est frappé à mort.
Il tient Hauteclaire, dont l'acier est bruni,
frappe le calife sur son heaume doré et pointu,
1955 en fait tomber les fleurons et les cristaux,
lui tranche le crâne jusqu'aux dents de devant,
retourne la lame et l'a abattu mort.
Alors il dit : « Païen, maudit sois-tu !
Je ne dis pas que Charles n'ait pas eu de pertes,
1960 mais pour ta part, tu ne te vanteras,
ni à ta femme ni à autre dame dans le pays où tu es né,
de m'avoir pris la valeur d'un denier,

Ne fait damage ne de mei ne d'altrui.'
Aprés escrïet Rollant qu'il li aiüt.   AOI

147

1965 Oliver sent qu'il est a mort nasfrét,
De lui venger jamais ne li ert sez :
En la grant presse or i fiert cume ber,
Trenchet cez hanstes e cez escuz buclers
E piez e poinz e seles e costez.
1970 Ki lui veïst Sarrazins desmembrer,
Un mort sur altre a la tere geter,
De bon vassal li poüst remembrer.
L'enseigne Carle n'i volt mie ublïer :
Munjoie escrïet e haltement e cler.
1975 Rollant apelet, sun ami e sun per :
'Sire cumpaign, a mei car vus justez !
A grant dulor ermes hoi desevrez.'   AOI

148

Rollant reguardet Oliver al visage :
Teint fut e pers, desculurét e pale ;
1980 Li sancs tuz clers parmi le cors li raiet,
Encuntre tere en chëent les esclaces.
'Deus !' dist li quens, 'or ne sai jo que face.
Sire cumpainz, mar fut vostre barnage !
Jamais n'iert hume ki tun cors cuntrevaillet.
1985 E ! France dulce, cun hoi remendras guaste
De bons vassals, cunfundue e chaiete !
Li emperere en avrat grant damage.'
A icest mot sur sun cheval se pasmet.   AOI

149

As vus Rollant sur sun cheval pasmét,
1990 E Oliver ki est a mort naffrét.
Tant ad seinét, li oil li sunt trublét :
Ne loinz ne prés ne poet vedeir si cler
Que reconoistre poisset home mortel.
Sun cumpaignun, cum il l'at encuntrét,
1995 Si l' fiert amunt sur l'elme a or gemét ;
Tut li detrenchet d'ici quë al nasel,
Mais en la teste ne l'ad mie adesét.
A icel colp l'ad Rollant reguardét,
Si li demandet dulcement e süef :
2000 'Sire cumpain, faites le vos de gréd ?

ni d'avoir nui au roi par moi ou par autrui. »
Puis il appelle Roland pour qu'il lui vienne en aide.

147

1965 Olivier sent qu'il est blessé à mort.
De se venger jamais il ne sera rassasié :
en vrai baron il frappe au plus fort de la mêlée,
et il fracasse écus à boucles et lances,
et pieds et poings, selles et flancs.
1970 Qui l'aurait vu démembrer les Sarrasins,
jeter les morts les uns sur les autres,
aurait souvenance de ce qu'est la vaillance.
Le cri de guerre de Charles, il ne veut pas l'oublier :
il crie « Monjoie ! » d'une voix haute et claire.
1975 Puis il appelle Roland, son ami et son pair :
« Compagnon, sire, rejoignez-moi donc !
À grande douleur nous serons aujourd'hui séparés ! »

148

Roland regarde Olivier au visage :
il est livide, blême, pâle et décoloré.
1980 Le sang tout clair lui ruisselle le long du corps ;
il se caille et tombe à terre.
« Dieu ! » dit le comte, « je ne sais que faire maintenant.
Compagnon, sire, quel malheur pour votre noblesse !
Jamais personne ne pourra te valoir.
1985 Comme tu seras, douce France, démunie aujourd'hui
de bon vassaux, abaissée et déchue !
Quelle perte énorme, aussi, pour l'empereur ! »
Et à ces mots il s'évanouit sur son cheval.

149

Voilà Roland évanoui sur son cheval,
1990 et Olivier qui est blessé à mort.
Sa vue est trouble, il a tant perdu de sang :
il ne peut pas voir assez clair, de près ou de loin,
pour reconnaître qui que ce soit.
Son compagnon, quand il l'a abordé,
1995 il le frappe fort sur le heaume aux gemmes serties dans
et le lui fend du haut jusqu'au nasal,   [l'or,
mais à la tête il ne l'a pas touché.
Roland reçoit le coup, et il l'a regardé,
il lui demande d'une voix tendre et douce :
2000 « Compagnon, sire, le faites-vous exprès ?

Ja est ç' Rollant ki tant vos soelt amer !
Par nule guise ne m'avez desfïét.'
Dist Oliver : 'Or vos oi jo parler.
Jo ne vos vei ; veied vus Damnedeu !
2005 Ferut vos ai ? Car le me pardunez !'
Rollant respunt : 'Jo n'ai nïent de mel ;
Jo l' vos parduins ici e devant Deu.'
A icel mot l'un a l'altre ad clinét.
Par tel amur as les vus desevréd !

150

2010 Oliver sent que la mort mult l'angoisset :
Ansdous les oilz en la teste li turnent,
L'oïe pert e la veüe tute.
Descent a piét, a la tere se culchet,
Durement halt si recleimet sa culpe,
2015 Cuntre le ciel ambesdous ses mains juintes,
Si prïet Deu que pareïs li dunget,
E beneïst Karlun e France dulce,
Sun cumpaignun Rollant sur trestuz humes.
Falt li le coer, le helme li embrunchet,
2020 Trestut le cors a la tere li justet :
Morz est li quens, que plus ne se demuret.
Rollant li ber le pluret, si l' duluset ;
Jamais en tere n'orrez plus dolent hume.

151

Li quens Rollant, quant veit mort sun ami,
2025 Gesir adenz, a la tere sun vis,
Mult dulcement a regreter le prist :
'Sire cumpaign, tant mar fustes hardiz !
Ensemble avum estét e anz e dis ;
Ne m' fesis mal, ne jo ne l' te forsfis.
2030 Quant tu es morz, dulur est que jo vif !'
A icest mot se pasmet li marchis
Sur sun ceval qu'en cleimet Veillantif.
Afermét est a ses estreus d'or fin ;
Quel part qu'il alt, ne poet mie chaïr.

152

2035 Ainz que Rollant se seit aperceüt,
De pasmeisuns guariz ne revenuz,
Mult grant damage li est apareüt :
Morz sunt Franceis, tuz les i ad perdut

Je suis Roland qui vous ai toujours aimé !
Vous ne m'avez lancé aucun défi ! »
Olivier dit : « Maintenant je vous entends parler.
Que le Seigneur vous voie ! Moi, je ne vous vois pas.
2005 Vous ai-je frappé ? Pardonnez-le-moi ! »
Roland répond : « Je n'ai aucun mal.
Je vous pardonne ici et devant Dieu. »
Et à ces mots, ils se sont inclinés l'un devant l'autre.
À grand amour, les voici séparés.

150

2010 Olivier sent que la mort le serre de très près :
ses deux yeux lui tournent dans la tête,
il perd l'ouïe et la vue tout à fait,
descend à pied, se couche par terre,
et à haute voix il confesse ses péchés,
2015 les deux mains jointes, levées vers le ciel :
il implore Dieu de lui accorder le Paradis,
il bénit Charles, France la douce,
son compagnon Roland par-dessus tous les hommes.
Le cœur lui manque, son heaume retombe,
2020 et tout son corps s'affaisse sur le sol.
Le comte est mort ; son temps est épuisé.
Le preux Roland le pleure et se lamente ;
jamais au monde vous n'entendrez homme plus accablé.

151

Quand Roland voit que son ami est mort,
2025 tout étendu, face contre terre,
avec tendresse il se met à le regretter :
« Compagnon, sire, quel dommage pour vous si hardi !
Des jours, des ans nous avons été ensemble ;
tu ne me fis jamais tort, jamais je ne t'en fis.
2030 Te voilà mort ; quelle douleur pour moi que de vivre ! »
Et à ces mots, le marquis s'évanouit
sur son destrier qu'on appelle Veillantif.
Par ses étriers d'or pur il est retenu :
de quelque côté qu'il aille, il ne peut tomber.

152

2035 À peine Roland a-t-il repris ses sens,
à peine est-il revenu de sa pâmoison,
que l'étendue des pertes s'est révélée à lui :
les Francs sont morts, il les a tous perdus

Senz l'arcevesque e senz Gualter de l'Hum.
2040 Repairez est de ces muntaignes jus,
A cels d'Espaigne mult s'i est cumbatuz ;
Mort sunt si hume, si's unt paiens vencut.
Voeillet o nun, desuz cez vals s'en fuit,
E si reclaimet Rollant qu'il li aiüt :
2045 'E ! gentilz quens, vaillanz hom, u ies tu ?
Unkes nen oi poür la u tu fus.
Ço est Gualter, ki cunquist Maëlgut,
Li niés Droün, al vieill e al canut ;
Pur vasselage suleie estre tun drut.
2050 Ma hanste est fraite e percét mun escut,
E mis osbercs desmailét e rumput ;
Parmi le cors de lance sui ferut.
Sempres murrai, mais cher me sui vendut !'
A icel mot l'at Rollant entendut,
2055 Le cheval brochet, si vient poignant vers lui.   AOI

153

Rollant ad doel, si fut maltalentifs,
En la grant presse cumencet a ferir.
De cels d'Espaigne en ad getét mort vint,
E Gualter sis, e l'arcevesque cinc.
2060 Dïent paien : 'Feluns humes ad ci !
Guardez, seignurs, qu'il ne s'en algent vif !
Tut par seit fel ki ne's vait envaïr,
E recrëant ki les lerrat guarir !'
Dunc recumencent e le hu e le cri,
2065 De tutes parz les revunt envaïr.   AOI

154

Li quens Rollant fut noble guerreier,
Gualter de l'Hum est bien bon chevaler,
Li arcevesque prozdom e essaiét ;
Li uns ne volt l'altre nïent laisser.
2070 En la grant presse i fierent as paiens.
Mil Sarrazins i descendent a piét,
E a cheval sunt quarante millers.
Men escïentre, ne's osent aproismer,
Si lor lancerent e lances e espiez,
2075 Wigres e darz, museras e agiers.
As premers colps i unt ocis Gualter,
Turpins de Reins tut sun escut percét,
Quassét sun elme, si l'unt nasfrét el chef,

sauf l'archevêque et Gautier de l'Hum.
2040 Des hautes montagnes celui-ci est redescendu,
il s'est battu vaillamment contre ceux d'Espagne ;
ses hommes sont morts, les païens les ont vaincus.
Bon gré mal gré, il s'enfuit dans les vallées,
réclame Roland pour qu'il lui vienne en aide :
2045 « Eh ! noble comte, vaillant chevalier, où es-tu ?
Auprès de toi, je n'ai jamais eu peur.
C'est moi, Gautier, qui conquis Maëlgut,
moi, le neveu de Droün, le vieux chenu ;
pour ma vaillance, j'ai été ton ami.
2050 Voilà ma lance brisée, mon écu percé,
et mon haubert déchiré et rompu ;
je suis atteint d'une lance dans le corps.
Je vais mourir bientôt, mais je me suis vendu bien cher ! »
À ces mots, Roland l'a entendu ;
2055 il pique des deux, vient vers lui à toute bride.

153

Roland s'afflige, il est rempli de colère,
il vient frapper au plus fort de la mêlée.
De ceux d'Espagne, il en jette morts vingt,
et Gautier six, et l'archevêque cinq.
2060 Les païens disent : « Les félons que voilà !
Faites attention, seigneurs, à ne pas les laisser partir
Et maudit soit qui ne va pas les attaquer,   [vivants !
et lâche celui qui les laissera se sauver ! »
Et ils reprennent aussitôt huées et cris,
2065 de tous côtés ils vont les attaquer de plus belle.

154

Le comte Roland était un noble guerrier,
Gautier de l'Hum un excellent chevalier,
et l'archevêque preux et éprouvé :
à aucun prix l'un ne voudrait abandonner l'autre.
2070 Ils vont frapper les païens au plus fort de la mêlée.
Mille Sarrasins descendent à pied,
quarante milliers restent à cheval.
Ils n'osent, je pense, les approcher,
et ils leur jettent lances et épieux,
2075 piques, dards, traits, flèches et javelots.
Aux premiers chocs, ils ont tué Gautier,
percé l'écu de Turpin de Reims,
brisé son heaume, ils l'ont blessé à la tête,

E sun osberc rumput e desmailét,
2080 Parmi le cors nasfrét de quatre espiez ;
Dedesuz lui ocïent sun destrer.
Or est grant doel quant l'arcevesque chiet.   AOI

155

Turpins de Reins, quant se sent abatut,
De quatre espiez parmi le cors ferut,
2085 Isnelement li ber resailit sus ;
Rollant reguardet, puis si li est curut
E dist un mot : 'Ne sui mie vencut !
Ja bon vassal nen ert vif recreüt.'
Il trait Almace, s'espee d'acer brun,
2090 En la grant presse mil colps i fiert e plus.
Puis le dist Carles qu'il n'en esparignat nul :
Tels quatre cenz i troevet entur lui,
Alquanz nafrez, alquanz parmi ferut,
S'i out d'icels ki les chefs unt perdut.
2095 Ço dit la Geste e cil ki el camp fut,
Li ber seinz Gilie, por qui Deus fait vertuz
E fist la chartre el muster de Loüm ;
Ki tant ne set ne l'ad prod entendut.

156

Li quens Rollant gentement se cumbat,
2100 Mais le cors ad tressüét e mult chalt.
En la teste ad e dulor e grant mal :
Ruz est li temples por ço quë il cornat.
Mais saveir volt se Charles i vendrat :
Trait l'olifan, fieblement le sunat.
2105 Li emperere s'estut, si l'escultat :
'Seignurs,' dist il, 'mult malement nos vait !
Rollant mis niés hoi cest jur nus defalt ;
J'oi al corner que guaires ne vivrat.
Ki estre i voelt isnelement chevalzt !
2110 Sunez voz graisles tant quë en cest ost ad !'
Seisante milie en i cornent si halt,
Sunent li munt e respondent li val.

2096. Faut-il comprendre que saint Gilles avait assisté à la bataille de Roncevaux et qu'il en fit le récit dans un document conservé au monastère de Laon ?
Saint Gilles passait aussi pour être le confesseur de l'empereur. La légende de

lui ont rompu et déchiré le haubert,
2080 et l'ont blessé de quatre épieux dans le corps ;
ils tuent sous lui son destrier.
Quel grand chagrin quand l'archevêque tombe !

155

Turpin de Reims, quand il se sent abattu,
atteint au corps de quatre épieux,
2085 en vrai vaillant il se redresse tout de suite,
regarde Roland, court vers lui,
et il lui dit : « Je ne suis pas vaincu !
Un bon vassal, tant qu'il reste en vie, ne se rendra jamais. »
Il tire Almace, son épée d'acier bruni,
2090 il frappe mille coups et plus au plus fort de la mêlée.
Il n'épargna personne, Charles le dit par la suite :
autour de lui il a trouvé quatre cents morts,
les uns blessés, les autres transpercés,
d'autres encore qui avaient la tête tranchée.
2095 En sont témoins la Geste et celui qui fut au champ de
[bataille,
le noble saint Gilles, pour qui Dieu fait des miracles,
et qui en fit la charte au monastère de Laon ;
qui ignore cela n'est pas bien informé.

156

Le comte Roland se bat vaillamment,
2100 le corps lui brûle et il est tout en nage,
la tête lui fait affreusement mal :
il s'est rompu la tempe en sonnant le cor.
Il veut savoir si Charles reviendra ;
il tire l'olifant, faiblement le sonne.
2105 L'empereur s'arrête, prête l'oreille.
« Seigneurs », dit-il, « les choses tournent mal pour nous !
On nous enlève aujourd'hui Roland mon neveu ;
au son du cor j'entends qu'il ne vivra plus guère.
Qui veut y être, qu'il chevauche au plus vite !
2110 Tous les clairons de cette armée, sonnez-les ! »
On sonne si fort soixante mille clairons
que tous les monts en résonnent et les vals font écho.

Charlemagne fait mention d'un péché grave, qui pourrait être un inceste avec
sa sœur, dont Roland serait issu. Charles n'osait pas confesser un tel péché, et
ce fut un ange qui le dévoila à saint Gilles en lui envoyant une charte du ciel.

Paien l'entendent, ne l' tindrent mie en gab ;
Dit l'un a l'altre : 'Karlun avrum nus ja !'   AOI

157

2115 Dïent paien : 'L'emperere repairet :
De cels de France oëz suner les graisles !
Se Carles vient, de nus i avrat perte ;
Se Rollant vit, nostre guerre novelet,
Perdud avuns Espaigne nostre tere.'
2120 Tels quatre cenz s'en asemblent a helmes,
E des meillors ki el camp quïent estre ;
A Rollant rendent un estur fort e pesme.
Or ad li quens endreit sei sez que faire.   AOI

158

Li quens Rollant, quant il les veit venir,
2125 Tant se fait fort e fiers e maneviz :
Ne s'en fuirat tant cum il serat vif.
Siet el cheval qu'om cleimet Veillantif,
Brochet le bien des esperuns d'or fin,
En la grant presse les vait tuz envaïr,
2130 Ensembl'od lui l'arcevesques Turpin.
Dist l'un a l'altre : 'Ça vus traiez, ami !
De cels de France les corns avuns oït :
Carles repairet, li reis poësteïfs !'

159

Li quens Rollant unkes n'amat cuard,
2135 N'orguillos hume, malvais de male part,
Ne chevaler s'il ne fust bon vassal.
E l'arcevesque Turpin en apelat :
'Sire, a piéd estes, e jo sui a ceval ;
Pur vostre amur ici prendrai estal ;
2140 Ensemble avruns e le ben e le mal,
Ne vos lerrai pur nul hume de car.
Encui savrunt paiens a cest asalt
Le num d'Almace e cel de Durendal !'
Dist l'arcevesque : 'Fel seit ki n'i ferrat !
2145 Carles repairet, ki ben nus vengerat.'

160

Dïent paien : 'Si mare fumes nez !
Cum pesmes jurz nus est hoi ajurnez !

Quand les païens l'entendent, il n'y a pas de quoi rire ;
ils disent entre eux : « Nous aurons affaire à Charles
[bientôt. »

157

2115 Les païens disent : « L'empereur revient ;
de ceux de France entendez les clairons !
Si Charles arrive, nous subirons des pertes ;
si Roland vit, notre guerre reprend,
et notre terre d'Espagne, nous l'avons perdue. »
2120 Coiffés de heaumes, quatre cents se rassemblent,
ceux qui s'estiment les meilleurs au combat :
voici qu'ils livrent à Roland un assaut dur et violent.
Et quant au comte, il a de quoi s'occuper maintenant !

158

Le comte Roland, quand il les voit venir,
2125 se fait si fort, si farouche, si ardent !
Tant qu'il vivra, il ne s'enfuira pas.
Il monte le cheval qu'on appelle Veillantif,
il pique des deux, des éperons d'or pur,
va se jeter sur eux au plus fort de la mêlée,
2130 et avec lui l'archevêque Turpin.
Les païens disent entre eux : « Sauvez-vous, les amis !
De ceux de France nous avons entendu les cors :
il revient, Charles, le puissant roi ! »

159

Le comte Roland ne put jamais aimer un couard,
2135 un orgueilleux, un homme ignoble de vile race,
un chevalier qui ne fût vaillant.
À l'archevêque Turpin il s'adressa :
« Vous êtes à pied, sire ; moi, je suis à cheval ;
je tiendrai bon ici, pour l'amour de vous ;
2140 nous connaîtrons ensemble le meilleur et le pire,
pour aucun homme au monde je ne vous quitterai.
Par cet assaut, les païens apprendront à l'instant
le nom d'Almace et celui de Durendal ! »
L'archevêque dit : « Honte à celui qui ne frappera pas !
2145 Il revient, Charles, et il va bien nous venger. »

160

Les païens disent : « Malheur de nous !
Funeste le jour qui s'est levé pour nous !

Perdut avum noz seignurs e noz pers.
Carles repeiret od sa grant ost, li ber :
2150 De cels de France odum les graisles clers,
Grant est la noise de Munjoie escrïer.
Li quens Rollant est de tant grant fiertét,
Ja n'ert vencut pur nul hume carnel.
Lançuns a lui, puis si l' laissums ester !'
2155 E il si firent : darz e wigres asez,
Espiez e lances, museraz enpennez.
L'escut Rollant unt frait e estroét,
E sun osberc rumput e desmailét,
Mais enz el cors ne l'unt mie adesét.
2160 Veillantif unt en trente lius nafrét,
Desuz le cunte si l'i unt mort getét.
Paien s'en fuient, puis si l' laisent ester.
Li quens Rollant a piéd i est remés.   AOI

161

Paien s'en fuient curuçus e irez,
2165 Envers Espaigne tendent de l'espleiter.
Li quens Rollant ne's ad dunt encalcer :
Perdut i ad Veillantif sun destrer ;
Voellet o nun, remés i est a piét.
A l'arcevesque Turpin alat aider ;
2170 Sun elme ad or li deslaçat del chef,
Si li tolit le blanc osberc leger,
E sun blialt li ad tut detrenchét,
En ses granz plaies les pans li ad butét ;
Cuntre sun piz puis si l'ad embracét,
2175 Sur l'erbe verte puis l'at süef culchét.
Mult dulcement li ad Rollant preiét :
'E ! gentilz hom, car me dunez cungét !
Noz cumpaignuns quë oümes tanz chers,
Or sunt il morz ; ne's i devuns laiser.
2180 Jo's voell aler e querre e entercer,
Dedevant vos juster e enrenger.'
Dist l'arcevesque : 'Alez e repairez !
Cist camp est nostre, mercit Deu – vostre e mien.'

162

Rollant s'en turnet, par le camp vait tut suls,
2185 Cercet les vals e si cercet les munz.
Truvat Gerin, Gerer sun cumpaignun,
E si truvat Berenger e Otun ;

Tous nos seigneurs, et nos pairs, nous les avons perdus.
Le vaillant Charles revient avec sa grande armée ;
2150 de ceux de France nous entendons les claires trompettes,
grand est le bruit de ceux qui crient « Monjoie ! »
Le comte Roland est tellement farouche
qu'il n'est pas homme au monde qui puisse le vaincre.
Tirons de loin, puis laissons-le là ! »
2155 Ils firent ainsi, de dards et de piques sans nombre,
d'épieux, de lances, et de traits empennés.
Ils ont brisé et percé l'écu de Roland,
et déchiré et rompu son haubert,
mais dans son corps ils ne l'ont pas touché.
2160 En trente endroits ils ont blessé Veillantif,
et sous le comte ils l'ont jeté mort à terre.
Les païens fuient et le laissent tranquille.
Le comte Roland est resté là, à pied.

161

Pleins de colère et dépités, les païens s'enfuient,
2165 et ils font tout pour regagner l'Espagne au plus tôt.
Le comte Roland n'a pas de quoi les poursuivre :
il a perdu Veillantif, son destrier ;
bon gré mal gré il est resté à pied.
Il s'en alla aider l'archevêque Turpin :
2170 lui délaça son heaume doré de la tête,
lui enleva son haubert brillant et léger,
tout son bliaut il lui a déchiré,
sur ses grandes plaies il lui en a glissé les morceaux ;
il l'a serré dans ses bras tout contre sa poitrine,
2175 sur l'herbe verte il l'a couché doucement.
D'une voix très tendre, Roland lui demande :
« Noble seigneur, donnez-m'en la permission :
nos compagnons, que nous avons tant aimés,
les voilà morts, mais nous ne devons pas les laisser ainsi.
2180 Je veux aller les chercher, les reconnaître,
les réunir et les ranger devant vous. »
L'archevêque dit : « Allez et revenez !
Il est à nous, grâce à Dieu, ce champ de bataille, à vous
[et à moi. »

162

Roland repart, explore tout seul le champ de bataille,
2185 parcourt les vals et parcourt les monts.
Là il trouva Gerin et son compagnon Gerier,
et il trouva aussi Berengier et Oton,

Iloec truvat Anseïs e Sansun,
Truvat Gerard le veill de Russillun.
2190 Par uns e uns les ad pris, le barun,
A l'arcevesque en est venuz atut,
Si's mist en reng dedevant ses genuilz.
Li arcevesque ne poet müer n'en plurt ;
Lievet sa main, fait sa beneïçun.
2195 Aprés ad dit : 'Mare fustes, seignurs !
Tutes voz anmes ait Deus li Glorïus !
En pareïs les mete en sentes flurs !
La meie mort me rent si anguissus :
Ja ne verrai le riche empereür !'

163

2200 Rollant s'en turnet, le camp vait recercer,
Sun cumpaignun ad truvét, Oliver.
Cuntre sun piz estreit l'ad enbracét,
Si cum il poet, a l'arcevesque en vent,
Sur un escut l'ad as altres culchét,
2205 E l'arcevesque l'ad asols e seignét.
Idunc agreget le doel e la pitét.
Ço dit Rollant : 'Bels cumpainz Oliver,
Vos fustes filz al riche duc Reiner
Ki tint la marche de cel val de Runers ;
2210 Pur hanste freindre, pur escuz peceier,
Pur orgoillos e veintre e esmaier
E pur prozdomes tenir e cunseiller,
E pur glutun e veintre e esmaier,
En nule tere n'ad meillor chevaler.'

164

2215 Li quens Rollant, quant il veit mort ses pers
E Oliver, qu'il tant poeit amer,
Tendrur en out, cumencet a plurer,
En sun visage fut mult desculurét ;
Si grant doel out que mais ne pout ester :
2220 Voeillet o nun, a tere chet pasmét.
Dist l'arcevesque : 'Tant mare fustes, ber !'

165

Li arcevesques, quant vit pasmer Rollant,
Dunc out tel doel, unkes mais n'out si grant.
Tendit sa main, si ad pris l'olifan.

là il trouva Anseïs et Samson,
il y trouva Gérard, le vieux, de Roussillon.
2190 L'un après l'autre, il les a pris, le vaillant,
puis avec eux il est revenu vers l'archevêque,
et les a mis en rangs, à ses genoux.
Turpin ne peut se retenir de pleurer,
il lève la main, il les a bénis,
2195 et dit alors : « Quel malheur pour vous, seigneurs !
L'âme de chacun, que Dieu le Glorieux la reçoive,
et qu'il la mette parmi les saintes fleurs au Paradis !
Ma propre mort me remplit tant d'angoisse,
car jamais plus je ne reverrai le puissant empereur. »

163

2200 Roland repart, va chercher encore sur le champ de bataille,
il a trouvé Olivier son compagnon,
il l'a serré dans ses bras tout contre sa poitrine,
vers l'archevêque il revient comme il peut,
sur un écu il l'a couché avec les autres,
2205 et l'archevêque l'a absous d'un signe de croix.
Alors redoublent sa douleur et sa pitié,
et Roland dit : « Beau compagnon Olivier,
vous qui êtes né fils du puissant duc Renier,
qui gouvernait la marche du Val de Runers ;
2210 pour mettre en pièces des écus, pour briser des lances,
pour faire tomber et confondre les orgueilleux,
pour conseiller et soutenir les vaillants
et pour confondre et vaincre les truands,
en nul pays il n'y a meilleur chevalier que vous. »

164

2215 Le comte Roland, quand il voit ses pairs morts,
et Olivier qu'il aimait tant, ô combien !
il s'attendrit et commence à pleurer.
Tout son visage en fut décoloré ;
il souffrait tant qu'il ne pouvait plus rester debout :
2220 bon gré mal gré, il tombe évanoui à terre.
L'archevêque dit : « Quel dommage pour vous si vaillant ! »

165

Quand l'archevêque vit Roland s'évanouir,
il ressentit la plus grande douleur qu'il eût jamais eue.
Il étendit la main, prit l'olifant.

2225 En Rencesvals ad un' ewe curant,
     Aler i volt, si'n durrat a Rollant.
     Sun petit pas s'en turnet cancelant,
     Il est si fieble qu'il ne poet en avant ;
     Nen ad vertut, trop ad perdut del sanc.
2230 Einz qu'om alast un sul arpent de camp,
     Falt li le coer, si est chäeit avant ;
     La süe mort li vait mult angoissant.

166

     Li quens Rollant revient de pasmeisuns,
     Sur piez se drecet, mais il ad grant dulur.
2235 Guardet aval e si guardet amunt :
     Sur l'erbe verte, ultre ses cumpaignuns,
     La veit gesir le nobilie barun,
     C'est l'arcevesque, que Deus mist en sun num.
     Cleimet sa culpe, si reguardet amunt,
2240 Cuntre le ciel amsdous ses mains ad juinz
     Si prïet Deu que pareïs li duinst.
     Morz est Turpin, le guerreier Charlun.
     Par granz batailles e par mult bels sermons
     Cuntre paiens fut tuz tens campïuns.
2245 Deus li otreit seinte beneïçun !   AOI

167

     Li quens Rollant veit l'arcevesque a tere ;
     Defors sun cors veit gesir la büele,
     Desuz le frunt li buillit la cervele ;
     Desur sun piz, entre les dous furceles,
2250 Cruisiedes ad ses blanches mains, les beles.
     Forment le pleint a la lei de sa tere :
     'E ! gentilz hom, chevaler de bon aire,
     Hoi te cumant al Glorïus celeste :
     Jamais n'ert hume plus volenters le serve.
2255 Dés les apostles ne fut hom tel prophete
     Pur lei tenir e pur humes atraire.
     Ja la vostre anme nen ait doel ne sufraite ;
     De pareïs li seit la porte uverte !'

2249. Dans l'iconographie médiévale (et sur les effigies funéraires surtout), on retrouve de nombreux exemples du geste des mains jointes sur la poitrine. Le geste du croisement des mains, en revanche, est moins courant ; il représente la fermeté dans la foi, et indique que le mourant « se met sous l'insigne protection de la croix » (Ph. Ménard).

2225 À Ronceveaux, il y a une rivière qui coule ;
pour en donner à Roland, il veut y aller.
À petits pas il va en chancelant,
il est si faible qu'il ne peut plus avancer ;
la force lui manque, il a perdu tant de sang.
2230 Le temps d'aller la distance d'un arpent,
le cœur lui manque et il tombe en avant ;
sa mort est proche, elle le serre de très près.

166

Le comte Roland reprend ses sens,
il se redresse, mais souffre vivement.
2235 Puis il regarde en aval, regarde en amont :
sur l'herbe verte, par-delà ses compagnons,
c'est là qu'il voit le vaillant baron,
notre archevêque, que Dieu envoya en son nom.
Il lève les yeux, confesse ses péchés,
2240 joint ses deux mains, les tend vers le ciel,
et il prie Dieu de lui accorder le Paradis.
Turpin est mort, le guerrier de Charles.
Par ses grands coups et par ses beaux sermons,
il fut toujours champion contre les païens.
2245 Dieu lui accorde sa sainte bénédiction !

167

Le comte Roland voit l'archevêque à terre ;
les entrailles sortent de son corps,
et sous son front la cervelle suinte ;
au beau milieu de sa poitrine,
2250 il a croisé ses belles mains blanches.
Selon le rite, il commence à faire sa grande plainte :
« Noble seigneur, chevalier de haut lignage,
au Roi de gloire je te recommande aujourd'hui :
jamais personne ne fera plus volontiers son service.
2255 Il n'y eut pas, depuis les apôtres, un pareil homme de
pour maintenir la foi et y attirer les hommes.   [Dieu
Que votre âme vive sans souffrances dans la plénitude,
et que la porte du Paradis lui soit ouverte ! »

2255. Le mot *prophete* désigne de façon générale un religieux qui parle au nom de Dieu. On a prétendu que Turpin préfigure en quelque sorte les ordres militaires des Templiers et des Hospitaliers. Voir également la note du v. 1129.

168

Ço sent Rollant que la mort li est prés :
2260 Par les oreilles fors s'en ist li cervel.
De ses pers primes prïet Deu que's apelt,
E pois de lui a l'angle Gabrïel.
Prist l'olifan, que reproce n'en ait,
E Durendal s'espee en l'altre main ;
2265 Plus qu'arcbaleste ne poet traire un quarrel,
Devers Espaigne en vait en un guarét.
Ensum un tertre, desuz dous arbres bels,
Quatre perruns i ad de marbre faiz ;
Sur l'erbe verte si est cäeit envers,
2270 La s'est pasmét, kar la mort li est prés.

169

Halt sunt li pui e mult sunt halt les arbres.
Quatre perruns i ad luisant de marbre.
Sur l'erbe verte li quens Rollant se pasmet.
Uns Sarrazins tute veie l'esguardet,
2275 Si se feinst mort, si gist entre les altres,
Del sanc lüat sun cors e sun visage ;
Met sei en piez e de curre se hastet.
Bels fut e forz e de grant vasselage,
Par sun orgoill cumencet mortel rage :
2280 Rollant saisit e sun cors e ses armes,
E dist un mot : 'Vencut est li niés Carle !
Iceste espee porterai en Arabe.'
En cel tirer li quens s'aperçut alques.

170

Ço sent Rollant que s'espee li tolt,
2285 Uvrit les oilz, si li ad dit un mot :
'Men escïentre, tu n'ies mie des noz !'
Tient l'olifan qu'unkes perdre ne volt,
Si l' fiert en l'elme ki gemmét fut a or :
Fruisset l'acer e la teste e les os,
2290 Amsdous les oilz del chef li ad mis fors,
Jus a ses piez si l'ad tresturnét mort.
Aprés li dit : 'Culvert, cum fus si os
Que me saisis në a dreit në a tort ?
Ne l'orrat hume ne t'en tienget por fol.
2295 Fenduz en est mis olifans el gros,
Caüz en est li cristals e li ors.'

168

Roland sent bien que sa mort est proche :
2260 sa cervelle sort par ses oreilles.
Il prie d'abord pour ses pairs, que Dieu les appelle à lui,
et pour lui-même ensuite à l'ange Gabriel.
Pour éviter tout reproche, il prit l'olifant,
et Durendal son épée dans l'autre main.
2265 Plus loin encore qu'une portée d'arbalète,
il se dirige vers l'Espagne, dans un guéret.
En haut d'un tertre, sous deux beaux arbres,
il y avait quatre blocs taillés dans le marbre.
Sur l'herbe verte, il est tombé à la renverse ;
2270 il s'est pâmé, car sa mort est proche.

169

Hauts sont les monts et très hauts les arbres.
Il y avait quatre blocs de marbre brillants.
Sur l'herbe verte, le comte Roland se pâme.
Un Sarrasin ne cesse de l'observer ;
2275 couché par terre entre les autres, il faisait le mort,
avait couvert de sang son corps et son visage ;
il se redresse et arrive en courant.
Il était beau et fort et très courageux,
dans son orgueil, il fait une folie qui lui sera fatale :
2280 il porte la main sur Roland et sur ses armes.
Alors il dit : « Le neveu de Charles est vaincu !
J'emporterai cette épée en Arabie. »
Comme il la tirait, le comte reprit quelque peu ses sens.

170

Quand Roland sent qu'on lui enlève son épée,
2285 il ouvre les yeux, et lui a dit :
« Toi, sauf erreur, tu n'es pas des nôtres ! »
De l'olifant, qu'il ne voulait pas lâcher un instant,
il l'a frappé sur le heaume aux gemmes serties dans l'or ;
il brise l'acier, le crâne et les os,
2290 et de la tête lui a fait sortir les deux yeux,
puis à ses pieds il l'a renversé mort.
Alors il dit : « Vil païen, comment as-tu osé
porter la main sur moi, à tort ou à raison ?
Nul n'entendra parler de toi qui ne te prenne pour un fou.
2295 Mon olifant en est fendu par le bout,
et le cristal et l'or en sont tombés. »

171

Ço sent Rollant la veüe ad perdue,
Met sei sur piez, quanqu'il poet s'esvertüet ;
En sun visage sa culur ad perdue.
2300 Dedevant lui une perre ad veüe :
Dis colps i fiert par doel e par rancune ;
Cruist li acers, ne freint ne ne s'esgruignet.
'Eh !' dist li quens, 'seinte Marie, aiüe !
E ! Durendal, bone, si mare fustes !
2305 Quant jo mei perd, de vos nen ai mais cure.
Tantes batailles en camp en ai vencues
E tantes teres larges escumbatues
Que Carles tient ki la barbe ad canue !
Ne vos ait hume ki pur altre s'en fuiet !
2310 Mult bon vassal vos ad lung tens tenue ;
Jamais n'ert tel en France l'asolue.'

172

Rollant ferit el perrun de sardanie :
Cruist li acers, ne briset ne n'esgranie.
Quant il ço vit que n'en pout mie freindre,
2315 A sei meïsme la cumencet a pleindre :
'E ! Durendal, cum es e clere e blanche !
Cuntre soleill si luises e reflambes !
Carles esteit es vals de Morïane,
Quant Deus del cel li mandat par sun angle
2320 Qu'il te dunast a un cunte cataignie ;
Dunc la me ceinst li gentilz reis, li magnes.
Jo l'en cunquis e Anjou e Bretaigne,
Si l'en cunquis e Peitou e le Maine ;
Jo l'en cunquis Normendie la franche,
2325 Si l'en cunquis Provence e Equitaigne
E Lumbardie e trestute Romaine,
Jo l'en cunquis Baiver e tute Flandres
E Buguerie e trestute Puillanie,
Costentinnoble, dunt il out la fïance,
2330 E en Saisonie fait il ço qu'il demandet ;
Jo l'en cunquis e Escoce e Irlande,
E Engletere, quë il teneit sa cambre ;
Cunquis l'en ai païs e teres tantes,
Que Carles tient ki ad la barbe blanche.

2313. Dans la mesure où Durendal symbolise la guerre sainte et la mission chrétienne (toujours inachevée), elle ne peut évidemment pas se briser.

171

Quand Roland sent qu'il a perdu la vue,
il se redresse, rassemble ses forces tant qu'il peut ;
tout son visage a perdu sa couleur.
2300   Droit devant lui il a vu une pierre :
plein de chagrin et de dépit, il y frappe dix coups ;
l'acier grince fort, mais ne se brise ni ne s'ébrèche.
« Eh ! » dit le comte, « sainte Marie, aide-moi !
Eh ! Durendal, quel dommage pour vous si bonne !
2305   Puisque je meurs, je ne me charge plus de vous.
Que de victoires j'ai remportées sur les champs de
que de grandes terres j'ai conquises avec vous,   [bataille,
qui maintenant sont à Charles, à la barbe chenue !
Qu'il ne soit pas couard, celui qui vous possédera !
2310   C'est un vaillant qui vous a longtemps tenue.
En France la sainte, jamais il n'y en aura de tel. »

172

Roland frappa sur le bloc de sardoine :
l'acier grince fort, mais ne se rompt ni ne s'ébrèche.
Quand Roland voit qu'il ne peut la briser,
2315   tout bas, pour lui, il commence à faire sa plainte :
« Eh ! Durendal, comme tu es claire et brillante !
Comme tu flamboies et resplendis au soleil !
Charles se trouvait aux vallons de Maurienne
quand, par son ange, Dieu lui manda du ciel
2320   qu'il te donnât à un comte qui soit capitaine ;
alors le grand, le noble roi, me la ceignit.
Je lui conquis l'Anjou, la Bretagne avec elle,
et lui conquis le Poitou et le Maine,
je lui conquis Normandie la franche,
2325   et lui conquis la Provence et l'Aquitaine,
la Lombardie et toute la Romagne ;
je lui conquis la Bavière et toute la Flandre,
la Bulgarie et toute la Pologne,
Constantinople, dont il reçut l'hommage ;
2330   en Saxe aussi il commande à son gré ;
je lui conquis l'Écosse et l'Irlande,
et l'Angleterre, qu'il possédait en domaine personnel ;
et avec elle je lui ai conquis tant de pays et de terres
qui maintenant sont à Charles à la barbe blanche.

2335 Pur ceste espee ai dulor e pesance :
       Mielz voeill murir qu'entre paiens remaigne ;
       Damnesdeus perre, n'en laiser hunir France !'

173

       Rollant ferit en une perre bise,
       Plus en abat que jo ne vos sai dire.
2340 L'espee cruist, ne fruisset ne ne brise,
       Cuntre le ciel amunt est resortie.
       Quant veit li quens que ne la freindrat mie,
       Mult dulcement la pleinst a sei meïsme :
       'E ! Durendal, cum es bele e seintisme !
2345 En l'oriét punt asez i ad reliques :
       La dent seint Perre e del sanc seint Basilie
       E des chevels mun seignor seint Denise,
       Del vestement i ad seinte Marie.
       Il nen est dreiz que paiens te baillisent ;
2350 De chrestïens devez estre servie.
       Ne vos ait hume ki facet cuardie !
       Mult larges teres de vus avrai cunquises,
       Que Carles tient ki la barbe ad flurie ;
       Li empereres en est e ber e riches.'

174

2355 Ço sent Rollant que la mort le trespernt,
       Devers la teste sur le quer li descent ;
       Desuz un pin i est alét curant,
       Sur l'erbe verte s'i est culchét adenz,
       Desuz lui met s'espee e l'olifan.
2360 Turnat sa teste vers la paiene gent :
       Pur ço l'at fait quë il voelt veirement
       Que Carles dïet e trestute sa gent,
       Li gentilz quens, qu'il fut mort cunquerant.
       Cleimet sa culpe e menut e suvent,
2365 Pur ses pecchez Deu puroffrid lo guant.   AOI

175

       Ço sent Rollant de sun tens n'i ad plus.
       Devers Espaigne est en un pui agut ;
       A l'une main si ad sun piz batud :

2345. Voir la note au v. 2504.

       2365. La remise du gant : geste de droit féodal par lequel le vassal qui a
       offensé son seigneur lui demande pardon. Geste, donc, d'expiation de la part

2335 De cette épée je m'afflige et je m'attriste :
  j'aime mieux mourir que la savoir aux mains des païens ;
  Dieu, notre Père ! épargne cette honte à la France ! »

173

Roland frappa sur une pierre dure,
en fait tomber plus que je ne sais vous dire.
2340 L'épée grince fort, mais ne se casse ni ne se brise,
  haut vers le ciel elle a rebondi.
  Quand le comte voit qu'il ne la brisera pas,
  avec tendresse il fait sa plainte tout bas, pour lui :
  « Eh ! Durendal, comme tu es belle, et si sainte !
2345 Dans ton pommeau à or, il y a bien des reliques :
  de saint Basile du sang, une dent de saint Pierre,
  et des cheveux de monseigneur saint Denis,
  et du vêtement de sainte Marie ;
  il n'est pas juste que des païens te possèdent ;
2350 par des chrétiens tu dois être servie.
  Qu'il ne soit pas couard, celui qui te possédera !
  J'aurai par toi conquis de grandes terres
  qui maintenant sont à Charles à la barbe fleurie ;
  l'empereur en est célébré et puissant. »

174

2355 Quand Roland sent que la mort s'empare de lui,
  que de la tête elle lui descend au cœur,
  il est allé en courant sous un pin ;
  sur l'herbe verte il s'est couché face contre terre,
  sous lui il met son épée et l'olifant.
2360 Il se tourna, la tête face à l'ennemi païen ;
  et il l'a fait parce qu'il veut à tout prix
  que le roi Charles et tous les siens disent
  du noble comte qu'il est mort en conquérant.
  Il bat sa coulpe à petits coups répétés,
2365 pour ses péchés il présenta à Dieu son gant.

175

Roland sent bien que son temps est fini.
Face à l'Espagne, il est sur un sommet à pic,
il s'est frappé la poitrine d'une main :

---

de Roland [mais pour quel(s) péché(s) ?], et en même temps acte d'allégeance
à son vrai seigneur, Dieu.

'Deus, meie culpe vers les tües vertuz
2370 De mes pecchez, des granz e des menuz,
Que jo ai fait dés l'ure que nez fui
Tresqu'a cest jur que ci sui consoüt !'
Sun destre guant en ad vers Deu tendut ;
Angles del ciel i descendent a lui.   AOI

176

2375 Li quens Rollant se jut desuz un pin,
Envers Espaigne en ad turnét sun vis.
De plusurs choses a remembrer li prist :
De tantes teres cume li bers cunquist,
De dulce France, des humes de sun lign,
2380 De Carlemagne, sun seignor, ki l' nurrit ;
Ne poet müer n'en plurt e ne suspirt.
Mais lui meïsme ne volt mettre en ubli,
Cleimet sa culpe, si prïet Deu mercit :
'Veire Paterne, ki unkes ne mentis,
2385 Seint Lazaron de mort resurrexis
E Danïel des lëons guaresis,
Guaris de mei l'anme de tuz perilz
Pur les pecchez quë en ma vie fis !'
Sun destre guant a Deu en puroffrit ;
2390 Seint Gabrïel de sa main li ad pris.
Desur sun braz teneit le chef enclin,
Juntes ses mains est alét a sa fin.
Deus li tramist sun angle Cherubin
E seint Michel de la Mer del Peril,
2395 Ensembl'od els seint Gabrïel i vint ;
L'anme del cunte portent en pareïs.

177

Morz est Rollant ; Deus en ad l'anme es cels.
Li emperere en Rencesvals parvient ;
Il nen i ad ne veie ne senter
2400 Ne voide tere në alne ne plein piéd

2384. Exemple de ce qu'on appelle le « credo épique », inséré dans la prière dite « du plus grand péril », qui se retrouve dans de nombreuses chansons de geste. La recette sera reprise par Charlemagne aux vv. 3100-3107, avec des allusions liturgiques plus élaborées : Daniel jeté dans la fosse aux lions (Daniel VI, 16-23 ; élément commun aux deux prières), Jonas avalé par la baleine (Jonas I, 15 - II, 10), le roi de Ninive épargné (Jonas III, 6-10), et les enfants jetés dans une fournaise par Nabuchodonosor et préservés (Daniel III, 12-27).

« *Mea culpa*, mon Dieu, devant ta puissance rédemptrice,
2370 pour mes péchés, les grands et les petits,
que j'ai commis depuis l'heure où je naquis
jusqu'à ce jour où me voici frappé à mort ! »
Il a tendu vers Dieu son gant droit :
du ciel les anges descendent jusqu'à lui.

176

2375 Le comte Roland était étendu sous un pin ;
face à l'Espagne il a tourné son visage.
De bien des choses il se prit à se souvenir :
de tant de terres qu'il avait conquises, le vaillant,
de France la douce, des hommes de son lignage,
2380 de Charlemagne, son seigneur, qui l'avait élevé ;
il ne peut faire qu'il ne pleure ni ne soupire.
Il ne veut pas, pourtant, s'oublier lui-même,
il bat sa coulpe, demande pardon à Dieu :
« Père véritable, qui restes toujours fidèle,
2385 qui de la mort ressuscitas saint Lazare,
et qui des lions sauvas Daniel,
préserve mon âme de tous les périls
que, dans ma vie, m'ont valus mes péchés ! »
Il présenta à Dieu son gant droit,
2390 et de sa main saint Gabriel l'a reçu.
Il a laissé pencher sa tête sur son bras,
et, les mains jointes, il est allé à sa fin.
Dieu envoya son ange Chérubin,
et saint Michel du Péril de la Mer,
2395 et, avec eux, y vint saint Gabriel ;
au Paradis ils emportent l'âme du comte.

177

Roland est mort ; Dieu a son âme aux cieux.
L'empereur parvient à Roncevaux.
Pas un chemin, pas un sentier,
2400 pas d'espace vide, pas une aune, pas un pied de terre

2393. C'est Raphaël qui est l'acolyte traditionnel de saint Michel et de saint Gabriel ; Chérubin, promu au rang de nom propre, se conforme mieux à l'assonance qu'à la théologie.

2394. La célèbre abbaye du Mont-Saint-Michel en Normandie était connue sous le nom de Saint-Michel-du-Péril-de-la-Mer.

Quë il n'i ait o Franceis o paien.
Carles escrïet : 'U estes vos, bels niés ?
U 'st l'arcevesque e li quens Oliver ?
U est Gerins e sis cumpainz Gerers ?
2405 U est Otun e li quens Berengers,
Ive e Ivorie, que j'aveie tant chers ?
Qu'est devenuz li Guascuinz Engeler,
Sansun li dux e Anseïs li fers ?
U est Gerard de Russillun li veilz,
2410 Li duze per que j'aveie laisét ?'
De ço qui chelt quant nul n'en respundiét ?
'Deus !' dist li reis, 'tant me pois enrager
Que jo ne fui a l'estur cumencer !'
Tiret sa barbe cum hom ki est irét.
2415 Plurent des oilz si baron chevaler :
Encuntre tere se pasment vint millers,
Naimes li dux en ad mult grant pitét.

178

Il nen i ad chevaler ne barun
Que de pitét mult durement ne plurt :
2420 Plurent lur filz, lur freres, lur nevolz
E lur amis e lur lige seignurs ;
Encuntre tere se pasment li plusur.
Naimes li dux d'iço ad fait que proz,
Tuz premereins l'ad dit l'empereür :
2425 'Vëez avant, de dous liwes de nus
Vedeir püez les granz chemins puldrus,
Qu'asez i ad de la gent paienur.
Car chevalchez ! Vengez ceste dulor !'
'E ! Deus !' dist Carles, 'ja sunt il nus si luinz ;
2430 Cunsentez mei e dreiture e honur ;
De France dulce m'unt tolüe la flur.'
Li reis cumandet Gebuïn e Otun,
Tedbalt de Reins e le cunte Milun :
'Guardez le champ e les vals e les munz !
2435 Lessez les morz tut issi cun il sunt ;
Que n'i adeist ne beste ne lïon,

2402. *Planctus* rehaussé par l'énumération épique et par le thème classique *Ubi sunt... ?*

où il n'y ait un Franc ou un païen.
Le roi s'écrie : « Où êtes-vous, beau neveu,
et l'archevêque, et le comte Olivier ?
Où est Gerin, et son compagnon Gerier ?
2405 Où est Oton et le comte Berengier,
Ivon, Ivoire que j'aimais tant ?
Qu'est devenu le Gascon Engelier,
le duc Samson, le féroce Anseïs ?
Où est Gérard, le vieux, de Roussillon,
2410 et les douze Pairs que j'avais laissés ici ? »
Mais à quoi bon, puisque personne ne répondit ?
« Dieu ! » dit le roi, « j'ai tant à me reprocher !
Que n'ai-je été au début de la bataille ? »
Il tire sa barbe comme un homme désespéré.
2415 Ses chevaliers vaillants pleurent de leurs yeux :
vingt mille d'entre eux tombent par terre évanouis,
et le duc Naimes est rempli de pitié.

178

Il n'est seigneur ni chevalier
qui de pitié ne pleure amèrement :
2420 ils pleurent leurs fils, leurs frères, leurs neveux,
et leurs amis, et leurs seigneurs liges ;
la plupart tombent évanouis par terre.
Mais le duc Naimes s'est conduit en preux,
et, le premier, il a dit à l'empereur :
2425 « Regardez là, à deux lieues devant nous
vous pouvez voir la poussière qui s'élève des grands
de la grande foule de l'armée des païens.   [chemins,
Chevauchez donc ! Vengez cette douleur ! »
« Eh ! Dieu ! » dit Charles, « ils sont déjà si loin de nous ;
2430 accordez-moi la justice et l'honneur ;
de France la douce ils m'ont enlevé la fleur. »
À Gebuin et à Oton le roi donne ses ordres,
au comte Milon et à Thibaud de Reims :
« Gardez le champ, les vals et les monts !
2435 Laissez les morts étendus comme ils sont ;
que n'y touche ni bête ni lion,

2416. Pâmoison des vingt mille soldats : la rhétorique des chansons de geste, à la différence de son équivalent clérical, qui est un phénomène de surface plutôt, sert à intensifier la portée émotive et dramatique de l'action en exploitant avant tout les ressources de l'hyperbole (S. Kay).

Ne n'i adeist esquïer ne garçun ;
Jo vus defend que n'i adeist nuls hom
Josque Deus voeile qu'en cest camp revengum.'
2440 E cil respundent dulcement par amur :
'Dreiz emperere, cher sire, si ferum !'
Mil chevaler i retienent des lur.   AOI

<h3 style="text-align:center">179</h3>

Li empereres fait ses graisles suner,
Puis si chevalchet od sa grant ost li ber.
2445 De cels d'Espaigne unt les escloz truvez,
Tenent l'enchalz, tuit en sunt cumunel.
Quant veit li reis le vespres decliner,
Sur l'erbe verte descent enmi un préd,
Culchet s'a tere, si prïet Damnedeu
2450 Que li soleilz facet pur lui ester,
La nuit targer e le jur demurer.
Ais li un angle ki od lui soelt parler,
Isnelement si li ad comandét :
'Charle, chevalche, car tei ne falt clartét !
2455 La flur de France as perdut, ço set Deus ;
Venger te poez de la gent criminel.'
A icel mot l'emperere est muntét.   AOI

<h3 style="text-align:center">180</h3>

Pur Karlemagne fist Deus vertuz mult granz,
Car li soleilz est remés en estant.
2460 Paien s'en fuient, ben les enchalcent Franc ;
El Val Tenebres la les vunt ateignant,
Vers Sarraguce les en meinent ferant,
A colps pleners les en vunt ocïant,
Tolent lur veies e les chemins plus granz.
2465 L'ewe de Sebre, el lur est dedevant :
Mult est parfunde, merveilluse e curant ;
Il n'i ad barge ne drodmund ne caland.
Paiens recleiment un lur deu, Tervagant,
Puis saillent enz, mais il n'i unt guarant :
2470 Li adubez en sunt li plus pesant,
Envers les funz s'en turnerent alquanz,
Li altre en vunt encuntreval flotant ;
Li mielz guariz en unt boüd itant,

2450. On se rappellera que Dieu arrêta le soleil pour permettre à Josué de vaincre les Amoréens qu'il poursuivait (Josué X, 12-14).

qu'aucun écuyer ni servant n'y touche,
je vous défends que personne y touche
jusqu'à ce que Dieu nous permette de revenir ici. »
2440 Ceux-ci répondent avec douceur et amour :
« Mon juste empereur, cher sire, ainsi ferons-nous ! »
Ils gardent avec eux mille de leurs chevaliers.

179

L'empereur a fait sonner ses clairons,
puis il chevauche, le vaillant, avec sa grande armée.
2445 De ceux d'Espagne ils ont retrouvé les traces,
ils les poursuivent, tous d'un commun accord.
Quand le roi voit que le soleil décline,
sur l'herbe verte dans un pré il descend de cheval,
se couche à terre, et prie le Seigneur
2450 qu'il fasse pour lui arrêter le soleil,
et qu'il retarde pour lui la nuit et prolonge le jour.
Voici venir à lui l'ange qui lui parle de coutume,
qui aussitôt lui donne cet ordre :
« Charles, chevauche, car la clarté ne te manque pas !
2455 La fleur de France, Dieu sait que tu l'as perdue,
mais tu peux bien te venger de cette race d'impies. »
Et à ces mots l'empereur est remonté à cheval.

180

Pour Charlemagne, Dieu fit un grand miracle,
car le soleil s'est arrêté, immobile.
2460 Les païens fuient, les Francs les poursuivent grand train.
À Val-Ténèbres ils les rejoignent,
vers Saragosse ils les refoulent de vive force,
ils les massacrent à coups acharnés,
leur coupent la route et les principaux passages.
2465 Le cours de l'Èbre se trouve devant eux :
profonde, rapide, redoutable en est l'eau ;
il n'y a là ni barge, ni dromon, ni chaland.
Les Sarrasins invoquent un de leurs dieux, Tervagan,
puis sautent dans l'eau, mais nul ne les protège :
2470 les mieux armés sont les plus pesants ;
certains coulèrent tout de suite au fond,
d'autres s'en vont au gré du courant ;
les plus heureux ont avalé tant d'eau

Tuz sunt neiez par merveillus ahan.
2475 Franceis escrïent : 'Mar veïstes Rollant !'   AOI

181

Quant Carles veit que tuit sunt mort paien,
Alquanz ocis e li plusur neiét, –
Mult grant eschec en unt si chevaler –
Li gentilz reis descendut est a piét,
2480 Culchet s'a tere, si'n ad Deu gracïét.
Quant il se drecet, li soleilz est culchét.
Dist l'empérere : 'Tens est del herberger ;
En Rencesvals est tart del repairer.
Noz chevals sunt e las e ennuiez :
2485 Tolez les seles, lé freins qu'il unt es chefs,
E par cez prez les laisez refreider.'
Respundent Franc : 'Sire, vos dites bien.'   AOI

182

Li empérere ad prise sa herberge.
Franceis descendent en la tere deserte,
2490 A lur chevals unt toleites les seles,
Les freins a or en metent jus des testes,
Livrent lur prez, asez i ad fresche herbe ;
D'altre cunreid ne lur poent plus faire.
Ki mult est las, il se dort cuntre tere ;
2495 Icele noit n'unt unkes escalguaite.

183

Li empérere s'est culcét en un prét,
Sun grant espiét met a sun chef li ber ;
Icele noit ne se volt desarmer,
Si ad vestut sun blanc osberc sasfrét,
2500 Lacïét sun elme ki est a or gemmét,
Ceinte Joiuse – unches ne fut sa per –
Ki cascun jur müet trente clartez.
Asez oïstes de la lance parler
Dunt nostre Sire fut en la cruiz nasfrét :

2503. L'origine du nom de l'épée de Charlemagne est, à en juger par notre texte, à chercher dans son cri d'armes « Monjoie » (voir la note au v. 1181). C'est à l'instar de Joyeuse que Baligant baptise son épée « Précieuse », nom qui lui sert également de cri de guerre (vv. 3144-3148). La Sainte Lance, dont Longin perça le flanc du Christ, fut miraculeusement « retrouvée » à Antioche par un nommé Pierre Barthélémi en 1098, lors de la Iʳᵉ croisade. Quant au culte

que tous se noient avec d'horribles souffrances.
2475 Les Francs s'écrient : « C'est pour votre malheur que vous
[avez vu Roland ! »

181

Quand Charles voit que tous les païens sont morts,
certains d'entre eux tués, la plupart noyés –
ses chevaliers y font un grand butin –,
le noble roi est descendu de cheval,
2480 se couche à terre, rend grâces à Dieu.
Et quand le roi se relève, le soleil est couché.
Lors l'empereur dit : « Il est temps de camper ;
il est trop tard pour revenir à Roncevaux.
Nos chevaux sont las et épuisés :
2485 ôtez leurs selles, et les mors de leurs têtes,
et laissez-les se rafraîchir dans les prés ! »
Les Francs répondent : « Sire, vous dites bien. »

182

L'empereur a fait établir son camp.
En rase campagne les Français descendent de cheval,
2490 à leurs destriers ils ont enlevé les selles,
et de la tête ils retirent les mors dorés ;
là ils les lâchent, dans les prés où l'herbe fraîche abonde,
ils ne peuvent pas leur donner d'autres soins.
Qui est très las s'endort à même le sol,
2495 et cette nuit-là ils n'ont aucune sentinelle.

183

Là, dans un pré, l'empereur s'est couché.
À son chevet le vaillant pose son grand épieu ;
cette nuit-là il n'a pas voulu se désarmer,
il ne quitte pas son haubert brillant, laqué or,
2500 il garde lacé son heaume aux gemmes serties dans l'or,
à son côté il garde Joyeuse – jamais elle n'eut d'égale –
qui chaque jour change trente fois de reflets.
Vous avez bien entendu parler de la lance
dont le Seigneur fut blessé sur la croix :

épique des reliques enchâssées dans le pommeau de l'épée, on notera que
Durendal n'en contient pas moins de quatre : une des dents de saint Pierre, du
sang de saint Basile, des cheveux de saint Denis et un morceau du vêtement de
la Vierge (vv. 2345-2348). Murgleis, l'épée de Ganelon, renferme également
des reliques (v. 607), mais il n'est pas précisé – et pour cause – lesquelles.

2505 Carles en ad la mure, mercit Deu,
      En l'orét punt l'ad faite manuvrer ;
      Pur ceste honur e pur ceste bontét,
      Li nums Joiuse l'espee fut dunét.
      Baruns franceis ne l' deivent ublïer :
2510 Enseigne en unt de Munjoie crïer,
      Pur ço ne's poet nule gent cuntrester.

184

      Clere est la noit e la lune luisant.
      Carles se gist, mais doel ad de Rollant,
      E d'Oliver li peiset mult forment,
2515 Des duze pers, de la franceise gent
      Qu'en Rencesvals ad laisét morz sanglenz ;
      Ne poet müer n'en plurt e ne s' dement,
      E prïet Deu qu'as anmes seit guarent.
      Las est li reis, kar la peine est mult grant :
2520 Endormiz est, ne pout mais en avant.
      Par tuz les prez or se dorment li Franc.
      N'i ad cheval ki puisse estre en estant :
      Ki herbe voelt, il la prent en gisant.
      Mult ad apris ki bien conuist ahan.

185

2525 Karles se dort cum hume traveillét.
      Seint Gabrïel li ad Deus enveiét,
      L'empereür li cumande a guarder.
      Li angles est tute noit a sun chef.
      Par avisiun li ad anuncïét
2530 D'une bataille ki encuntre lui ert ;
      Senefïance l'en demustrat mult gref.
      Carles guardat amunt envers le ciel,
      Veit les tuneires e les venz e les giels
      E les orez, les merveillus tempers,
2535 E fous e flambes i est apareillez :
      Isnelement sur tute sa gent chet.
      Ardent cez hanstes de fraisne e de pumer,
      E cez escuz jesqu'as bucles d'or mier,
      Fruisent cez hanstes de cez trenchanz espiez,
2540 Cruissent osbercs e cez helmes d'acer.

2524. Peu d'auteurs médiévaux résistent à la tentation de la sentence édifiante. La mort de Ganelon fournira l'occasion d'un deuxième exemple au v. 3959.

2529. Ce troisième songe prémonitoire (vv. 2529-2554) annonce la guerre contre Baligant (le lion) et son armée (les léopards). Le quatrième songe

2505 Charles, grâce à Dieu, en a la pointe,
et il l'a fait enchâsser dans le pommeau doré.
En vertu de cet honneur et de cette grâce,
le nom « Joyeuse » fut donné à l'épée.
Il ne faut pas que les chevaliers français l'oublient ;
2510 ils ont tiré de là leur cri de guerre « Monjoie »,
et c'est pourquoi nul peuple ne peut leur résister.

184

Claire est la nuit, et la lune brillante.
Charles est couché, mais il souffre en pensant à Roland,
pour Olivier il est profondément accablé,
2515 pour les Français et pour les douze Pairs
qu'il a laissés morts, sanglants à Roncevaux ;
il ne peut faire qu'il ne pleure ni ne se lamente,
et il prie Dieu qu'il protège leurs âmes.
Le roi est las, car ses peines sont très grandes :
2520 il n'en peut plus, il est endormi.
Par tous les prés les Francs dorment à présent.
Pas un cheval qui puisse rester debout :
celui qui veut de l'herbe, il la mange couché.
Il a appris beaucoup, celui qui a beaucoup souffert.

185

2525 Charles dort comme un homme accablé.
Dieu lui envoie saint Gabriel,
il lui commande de garder l'empereur.
À son chevet l'ange reste toute la nuit.
Par une vision, il lui a annoncé
2530 qu'il y aura une bataille livrée contre lui ;
il lui en montre le sens, lourd de conséquences.
Charles lève les yeux vers le ciel,
voit les tonnerres, les vents et les gelées,
et les orages, les tempêtes redoutables,
2535 les feux, les flammes ; tous sont prêts :
d'un coup ils tombent sur toute son armée.
Les lances de frêne et de pommier s'enflamment,
et les écus, jusqu'aux boucles d'or pur,
les hampes éclatent sur les épieux tranchants,
2540 les hauberts grincent, et les heaumes d'acier.

(vv. 2555-2569) annonce le châtiment de Ganelon, représenté par l'ourson (dogue ?), et de ses trente parents (voir les vv. 3735 et ss.). Pour les deux premiers songes de Charlemagne, voir les vv. 719-736.

En grant dulor i veit ses chevalers :
Urs e leuparz les voelent puis manger,
Serpenz e guivres, dragun e averser,
Grifuns i ad plus de trente millers ;
2545 N'en i ad cel a Franceis ne s'agiét.
E Franceis crïent : 'Carlemagnë, aidez !'
Li reis en ad e dulur e pitét ;
Aler i volt, mais il ad desturber :
Devers un gualt uns granz lëons li vient,
2550 Mult par ert pesmes e orguillus e fiers,
Sun cors meïsmes i asalt e requert ;
Prenent s'a braz ambesdous por loiter ;
Mais ço ne set quels abat ne quels chiét.
Li empacere ne s'est mie esveillét.

186

2555 Aprés icele li vient altre avisiun :
Qu'il ert en France ad Ais a un perrun,
En dous chäeines s'i teneit un brohun.
Devers Ardene vëeit venir trente urs,
Cascun parolet altresi cumë hum ;
2560 Diseient li : 'Sire, rendez le nus !
Il nen est dreiz quë il seit mais od vos ;
Nostre parent devum estre a sucurs.'
De sun paleis vient uns veltres a curs,
Entre les altres asaillit le greignur.
2565 Sur l'erbe verte, ultre ses cumpaignuns,
La vit li reis si merveillus estur,
Mais ço ne set liquels veint ne quels nun.
Li angles Deu ço mustret al barun.
Carles se dort tresqu'al main, al cler jur.

187

2570 Li reis Marsilie s'en fuit en Sarraguce,
Suz un' olive est descendut en l'umbre,
S'espee rent e sun elme e sa bronie,
Sur l'erbe verte mult laidement se culcet ;
La destre main ad perdüe trestute,
2575 Del sanc qu'en ist se pasmet e angoiset.
Dedevant lui sa muiller Bramimunde
Pluret e crïet, mult forment se doluset,
Ensembl'od li plus de trente mil humes
Ki tuit maldïent Carlun e France dulce.
2580 Ad Apolin curent en une crute,

Charles voit ses hommes en grande détresse :
des léopards, des ours veulent les dévorer,
et des serpents, des vipères, des dragons, des démons,
et des griffons, plus de trente mille ;
2545 il n'en est pas qui ne se rue sur les Français.
Les Français crient : « À l'aide, Charlemagne ! »
Le roi en souffre, de douleur et de pitié ;
il veut y aller, mais il est empêché :
du fond d'un bois un grand lion vient vers lui,
2550 très orgueilleux, féroce et dangereux,
il assaille et attaque le roi lui-même ;
à bras-le-corps ils se prennent tous deux pour lutter ;
mais il ne sait lequel abat l'autre ni lequel tombe.
L'empereur ne s'est pas réveillé.

186

2555 Après ce songe, il a une autre vision :
il se voyait en France, à Aix, sur un perron ;
avec deux chaînes, il retenait un ourson.
Du côté de l'Ardenne il voyait venir trente ours,
chacun parlait comme le ferait un homme ;
2560 ils lui disaient : « Sire, rendez-le-nous !
Il n'est pas juste qu'il soit avec vous plus longtemps ;
notre devoir est de secourir notre parent. »
De son palais un vautre accourt,
parmi les autres il attaqua le plus grand.
2565 Sur l'herbe verte, au-delà de ses compagnons,
le roi voyait un redoutable combat,
mais il ne sait lequel l'emporte et lequel perd.
Voilà le songe que l'ange de Dieu montre au vaillant.
Jusqu'au lendemain, au jour clair, Charles dort.

187

2570 Le roi Marsile s'enfuit à Saragosse,
là, à l'ombre, sous un olivier, il est descendu de cheval,
et il se laisse enlever son épée, son heaume et sa brogne,
sur l'herbe verte il se couche indignement ;
il a perdu toute la main droite,
2575 il s'évanouit, oppressé, du sang qui en coule.
Voici sa femme, Bramimonde, devant lui,
elle pleure et crie, se lamente amèrement,
et avec elle plus de trente mille hommes
qui maudissent tous Charles et France la douce.
2580 Vers Apollyon ils courent dans une crypte,

Tencent a lui, laidement despersunent :
'E ! malvais deus, porquei nus fais tel hunte ?
Cest nostre rei porquei lessas cunfundre ?
Ki mult te sert, malvais lüer l'en dunes !'
2585 Puis si li tolent sun sceptre e sa curune,
Par mains le pendent desur une culumbe,
Entre lur piez a tere le tresturnent,
A granz bastuns le batent e defruisent.
E Tervagan tolent sun escarbuncle,
2590 E Mahumet enz en un fossét butent,
E porc e chen le mordent e defulent.

188

De pasmeisuns en est venuz Marsilies,
Fait sei porter en sa cambre voltice ;
Plusurs culurs i ad peinz e escrites.
2595 E Bramimunde le pluret, la reïne,
Trait ses chevels, si se cleimet caitive,
A l'altre mot mult haltement s'escrïet :
'E ! Sarraguce, cum ies oi desguarnie
Del gentil rei ki t'aveit en baillie !
2600 Li nostre deu i unt fait felonie,
Ki en bataille oi matin le faillirent.
Li amiralz i ferat cuardie
S'il ne cumbat a cele gent hardie
Ki si sunt fiers, n'unt cure de lur vies.
2605 Li empereres od la barbe flurie
Vasselage ad e mult grant estultie ;
S'il ad bataillie, il ne s'en fuirat mie.
Mult est grant doel que nen est ki l'ocïet !'

189

Li empereres par sa grant poëstét
2610 Set anz tuz pleins ad en Espaigne estét ;
Prent i chastels e alquantes citez.
Li reis Marsilie s'en purcacet asez :
Al premer an fist ses brefs seieler,
En Babilonie Baligant ad mandét –

2609. Ici commence l'épisode dit « de Baligant », qui s'étend jusqu'au
v. 3657. Les avis restent partagés quant à son authenticité : est-ce un ajout ou
non ? « Les événements se succèdent, inéluctablement, comme les parties d'un
syllogisme. Car, finalement, Roland est forcé de faire appel à son seigneur, de
même que Marsile, blessé à mort par Roland, appelle le sien et lui rend même
son fief : d'où le corps à corps final de Charlemagne et de Baligant, c'est-à-dire

s'en prennent à lui, l'injurient effrontément :
« Eh ! mauvais dieu, pourquoi nous faire telle honte ?
Et notre roi, pourquoi l'as-tu laissé aller à la ruine ?
Tu paies fort mal ceux qui te servent bien ! »
2585 Ils lui enlèvent son sceptre et sa couronne,
à une colonne ils le pendent par les mains,
puis le renversent à terre à leurs pieds,
le mettent en pièces à coups de gros bâtons.
À Tervagan ils arrachent son escarboucle,
2590 et précipitent Mahomet dans un fossé,
et porcs et chiens le mordent et marchent dessus.

188

Le roi Marsile a repris ses sens,
et il se fait porter dans sa chambre voûtée,
toute décorée de peintures de différentes couleurs et
2595 Et Bramimonde la reine pleure sur lui,   [d'écritures.
s'arrache les cheveux, se déclare misérable,
et, d'une voix forte, elle ajoute :
« Ah ! Saragosse, comme tu es aujourd'hui démunie
du noble roi qui était ton gouverneur !
2600 Nos dieux ont été bien félons
de lui avoir manqué ce matin au combat.
Quant à l'émir, il se montrera couard
s'il ne vient pas combattre ces chevaliers hardis,
si intrépides qu'ils ne se soucient pas de leur vie.
2605 Et leur empereur à la barbe fleurie
est bien vaillant et d'une grande témérité ;
si on lui offre la bataille, il ne s'enfuira pas.
Quel grand dommage qu'il n'y ait personne pour le tuer ! »

189

Par sa puissance, ô combien grande, l'empereur
2610 sept ans entiers est resté en Espagne ;
il y a pris des châteaux et bon nombre de cités.
Le roi Marsile ne sait plus que faire :
il fit sceller des lettres dès la première année,
de Babylone il a convoqué Baligant –

---

l'épisode de Baligant, qui, bien loin d'être une interpolation, une répétition
intempestive et inintelligente, s'avère être le point culminant, l'aboutissement
logique du poème » (P. Aebischer). « Il demeure que l'épisode de Baligant se
distingue des deux premières parties de la *Chanson* en ce qu'il est moins concis,
moins dépouillé, moins fondé sur le jeu des mécanismes psychologiques. On
en éprouve d'abord une certaine gêne... » (P. Le Gentil).

2615 C'est l'amiraill, le viel d'antiquitét,
     Tut survesquiét e Virgilie e Omer –
     En Sarraguce alt sucurre li ber ;
     E s'il ne l' fait, il guerpirat ses deus
     E tuz ses ydeles quë il soelt adorer,
2620 Si recevrat seinte chrestïentét,
     A Charlemagne se vuldrat acorder.
     E cil est loinz, si ad mult demurét.
     Mandet sa gent de quarante regnez,
     Ses granz drodmunz en ad fait aprester,
2625 Eschiez e barges e galïes e nefs.
     Suz Alixandre ad un port juste mer :
     Tut sun navilie i ad fait aprester.
     Ço est en mai, al premer jur d'estéd ;
     Tutes ses oz ad empeintes en mer.

190

2630 Granz sunt les oz de cele gent averse,
     Siglent a fort e nagent e guvernent.
     Ensum cez maz e en cez haltes vernes,
     Asez i ad carbuncles e lanternes :
     La sus amunt pargetent tel luiserne,
2635 Tute la noit la mer en est plus bele ;
     E cum il vienent en Espaigne la tere,
     Tut li païs en reluist e esclairet.
     Jesqu'a Marsilie en parvunt les noveles.   AOI

191

     Gent paienor ne voelent cesser unkes :
2640 Issent de mer, venent as ewes dulces,
     Laisent Marbrise e si laisent Marbrose,
     Par Sebre amunt tut lur naviries turnent.
     Asez i ad lanternes e carbuncles :
     Tute la noit mult grant clartét lur dunent.
2645 A icel jur venent a Sarraguce.   AOI

192

     Clers est li jurz e li soleilz luisant.
     Li amiralz est issut del calan :
     Espaneliz fors le vait adestrant,
     Dis e set reis aprés le vunt siwant,
2650 Cuntes e dux i ad ben, ne sai quanz.
     Suz un lorer, ki est enmi un camp,
     Sur l'erbe verte getent un palie blanc ;

2615 le vieil émir, qui est plus vieux qu'Hérode,
plus âgé même que Virgile et Homère –,
pour qu'il vienne, le vaillant, à son aide à Saragosse ;
et s'il refuse, il reniera ses dieux,
toutes les idoles qu'il a coutume d'adorer,
2620 et recevra la sainte religion chrétienne,
et sera prêt à s'accorder avec Charlemagne.
L'émir est loin encore, il a tant tardé.
Il réunit son armée de quarante royaumes,
ses grands dromons, il les a fait apprêter,
2625 barges et esquifs, galères et navires.
Il est un port sur la mer sous Alexandrie,
là, toute sa flotte il l'a fait apprêter.
On est en mai, aux premiers jours de l'été ;
il a lancé sur la mer toutes ses armées.

190

2630 Grande est l'armée de ce peuple mécréant,
les païens cinglent en force, naviguent et gouvernent.
Sur les hautes proues, au sommet des mâts,
les escarboucles et les lanternes sont nombreuses :
d'en haut elles jettent une telle lumière
2635 que toute la nuit la mer en est plus belle ;
lorsqu'ils arrivent à la terre d'Espagne,
tout le pays s'en illumine et resplendit.
Jusqu'à Marsile la nouvelle en parvient.

191

Les troupes païennes ne veulent pas jeter l'ancre :
2640 elles quittent la mer, entrent dans les eaux douces,
laissent derrière elles Marbrise et dépassent Marbrose,
elles font tourner leur flotte pour remonter l'Èbre.
Les escarboucles et les lanternes sont nombreuses,
et elles leur donnent toute la nuit une grande clarté.
2645 Le lendemain les troupes parviennent à Saragosse.

192

Clair est le jour, éclatant le soleil.
De son bateau, l'émir est descendu :
Espanelis l'accompagne, à sa droite,
dix-sept rois marchent à sa suite,
2650 et je ne sais combien de comtes et de ducs.
Sous un laurier, au milieu d'un champ,
sur l'herbe verte, ils jettent une couverture blanche,

Un faldestoed i unt mis d'olifan ;
Desur s'asiét li paien Baligant ;
2655 Trestuit li altre sunt remés en estant.
Li sire d'els premer parlat avant :
'Or m'entendez, franc chevaler vaillant !
Carles li reis, l'emperere des Francs,
Ne deit manger se jo ne li cumant.
2660 Par tute Espaigne m'at fait guere mult grant ;
En France dulce le voeil aler querant,
Ne finerai en trestut mun vivant
Josqu'il seit mort u tut vif recrëant.'
Sur sun genoill en fiert sun destre guant.

193

2665 Puis qu'il l'ad dit, mult s'en est afichét :
Que ne lairat pur tut l'or desuz ciel
Que il n'alt ad Ais, o Carles soelt plaider.
Si hume l' lodent, si li unt cunseillét.
Puis apelet dous de ses chevalers,
2670 L'un Clarifan e l'altre Clarïen :
'Vos estes filz al rei Maltraïen,
Ki mes messages soelt faire volenters.
Jo vos cumant qu'en Sarraguce algez,
Marsilïun de meie part nunciez,
2675 Cuntre Franceis li sui venut aider ;
Se jo truis o, mult grant bataille i ert.
Si l'en dunez cest guant ad or pleiét,
El destre poign si li faites chalcer,
Si li portez cest bastuncel d'or mer,
2680 E a mei venget reconoistre sun feu !
En France irai pur Carle guerreier :
S'en ma mercit ne se culzt a mes piez
E ne guerpisset la lei de chrestïens,
Jo li toldrai la corune del chef.'
2685 Paien respundent : 'Sire, mult dites bien.'

194

Dist Baligant : 'Car chevalchez, barun !
L'un port le guant, li altre le bastun !'
E cil respundent : 'Cher sire, si ferum.'
Tant chevalcherent qu'en Sarraguce sunt ;
2690 Passent dis portes, traversent quatre punz,

2678. Voir la note au v. 1903.

et y installent un trône d'ivoire ;
là le païen Baligant prend place,
2655 et tous les autres sont restés debout.
Leur seigneur fut le premier à parler :
« Écoutez-moi donc, chevaliers nobles et vaillants !
Charles le roi, l'empereur des Francs,
ne doit manger que si je le lui commande.
2660 Par toute l'Espagne, il m'a fait une très longue guerre ;
en France la douce je veux aller lui porter le combat,
de toute ma vie je n'aurai de cesse
qu'il ne soit tué ou ne s'avoue vaincu. »
De son gant droit il frappe son genou.

193

2665 Et cela dit, il le réaffirme tout haut :
même pour tout l'or du monde, il ne renoncera pas
à aller à Aix, où Charles rend la justice.
Ses hommes approuvent et le lui conseillent.
Il convoqua ensuite deux de ses chevaliers,
2670 l'un Clarifan, et l'autre Clarïen :
« Vous êtes les fils du roi Maltraïen,
qui volontiers porte toujours mes messages.
Je vous ordonne d'aller à Saragosse,
et d'annoncer de ma part à Marsile
2675 que je lui viens en aide contre les Français ;
il y aura une grande bataille si le moment m'est propice.
Remettez-lui en gage ce gant tout brodé d'or,
faites-le-lui passer à la main droite,
apportez-lui aussi ce bâtonnet d'or pur,
2680 et qu'il vienne me rendre hommage de son fief !
J'irai en France pour faire la guerre à Charles :
je veux le voir couché à mes pieds, à ma merci,
et abjurer la religion des chrétiens,
ou autrement je lui ôterai la couronne de la tête. »
2685 Les païens répondent : « Sire, vous dites très bien. »

194

Baligant leur dit : « À cheval donc, barons !
Que l'un de vous porte le gant, l'autre le bâton ! »
Ceux-ci répondent : « Beau sire, nous le ferons. »
Ils chevauchèrent tant qu'ils arrivèrent à Saragosse ;
2690 ils passent dix portes, traversent quatre ponts

Tutes les rues u li burgeis estunt.
Cum il aproisment, en la citét amunt,
Vers le paleis, oïrent grant fremur :
Asez i ad de la gent paienur,
2695 Plurent e crïent, demeinent grant dolor,
Pleignent lur deus, Tervagan e Mahum
E Apollin, dunt il mie nen unt.
Dit l'uns a l'altre : 'Caitifs, que devendrum ?
Surse nus est male confusïun :
2700 Perdut avum le rei Marsilïun,
Li quens Rollant li trenchat ier le poign ;
Nus n'avum mie de Jurfaleu le Blunt.
Trestute Espaigne iert hoi en lur bandun.'
Li dui message descendent al perrun.

195

2705 Lur chevals laisent dedesuz un' olive ;
Dui Sarrazin par les resnes les pristrent.
E li message par les mantels se tindrent,
Puis sunt muntez sus el paleis altisme.
Cum il entrerent en la cambre voltice,
2710 Par bel' amur malvais saluz li firent :
'Cil Mahumet ki nus ad en baillie,
E Tervagan, Apollin nostre sire,
Salvent le rei e guardent la reïne !'
Dist Bramimunde : 'Or oi mult grant folie !
2715 Cist nostre deu sunt en recrëantise ;
En Rencesvals malvaises vertuz firent :
Noz chevalers i unt lessét ocire,
Cest mien seignur en bataille faillirent ;
Le destre poign ad perdut, n'en ad mie,
2720 Si li trenchat li quens Rollant, li riches.
Trestute Espaigne avrat Carle en baillie.
Que devendrai, duluruse, caitive ?
Lasse ! que n'ai un hume ki m'ocïet !'   AOI

196

Dist Clarïen : 'Dame, ne parlez tant !
2725 Messages sumes al paien Baligant :
Marsilïun, ço dit, serat guarant,
Si l'en enveiet sun bastun e sun guant.
En Sebre avum quatre milie calant,
Eschiez e barges e galees curant ;
2730 Drodmunz i ad, ne vos sai dire quanz.

et toutes les rues où se tiennent les bourgeois.
Comme ils approchent, du haut de la cité
ils entendent un grand bruit du côté du palais :
il y a là un grand nombre de païens
2695 qui pleurent et crient et se lamentent ;
ils déplorent que leurs dieux, Tervagan, Mahomet
et Apollyon, leur fassent entièrement défaut.
Entre eux ils disent : « Malheureux, que deviendrons-
Quelle catastrophe honteuse nous est arrivée !   [nous ?
2700 Le roi Marsile, nous l'avons perdu,
le comte Roland lui trancha hier le poing ;
nous n'avons plus Jurfaleu le Blond.
Dès aujourd'hui, toute l'Espagne sera leur proie. »
Et au perron les deux messagers descendent de cheval.

195

2705 Ils laissent leurs chevaux sous un olivier,
deux Sarrasins les saisirent par les rênes.
Les messagers se prirent par leurs manteaux,
et puis montèrent jusqu'au palais élevé.
Quand ils entrèrent dans la chambre voûtée,
2710 en toute bonne foi ils lui firent un salut mal à propos :
« Que Mahomet, qui règne en maître sur nous,
et Tervagan et Apollyon, notre seigneur,
sauvent le roi et protègent la reine ! »
Bramimonde dit : « Voilà des paroles de fous !
2715 Ces dieux-là sont réduits à l'impuissance ;
ils nous ont joué un bien mauvais tour à Ronceveaux :
ils ont laissé tuer nos chevaliers,
et mon mari, ils l'ont abandonné au combat ;
il a perdu le poing droit, il n'en reste rien ;
2720 le comte Roland, le puissant, le lui trancha.
Charles sera maître de toute l'Espagne.
Que deviendrai-je, misérable malheureuse ?
Que n'ai-je, hélas ! un homme qui me tue ! »

196

Clarïen dit : « Dame, trêve de discours !
2725 De Baligant le païen nous sommes les messagers :
il sera prêt, dit-il, à protéger Marsile,
en gage de quoi il lui envoie son bâton et son gant.
Nous avons, là, sur l'Èbre, quatre mille chalands,
barges et esquifs, et galées rapides,
2730 dromons aussi, je ne sais vous dire combien.

Li amiralz est riches e puisant,
En France irat Carlemagne querant,
Rendre le quidet u mort o recrëant.'
Dist Bramimunde : 'Mar en irat itant !
2735 Plus prés d'ici purrez truver les Francs :
En ceste tere ad estét ja set anz,
Li emperere est ber e cumbatant,
Meilz voelt murir que ja fuiet de camp ;
Suz ciel n'ad rei qu'il prist a un enfant,
2740 Carles ne creint home ki seit vivant.'

197

'Laissez c'ester !' dist Marsilies li reis.
Dist as messages : 'Seignurs, parlez a mei !
Ja vëez vos quë a mort sui destreit ;
Jo si nen ai filz ne fille në heir ;
2745 Un en aveie, cil fut ocis her seir.
Mun seignur dites qu'il me vienge vëeir.
Li amiraill ad en Espaigne dreit ;
Quite li cleim, së il la voelt aveir,
Puis la defendet encuntre li Franceis.
2750 Vers Carlemagne li durrai bon conseill :
Cunquis l'avrat d'oi cest jur en un meis.
De Sarraguce les clefs li portereiz,
Puis si li dites, n'en irat, s'il me creit.'
E cil respundent : 'Sire, vus dites veir.'   AOI

198

2755 Ço dist Marsilie : 'Carles li emperere
Mort m'ad mes homes, ma tere deguastee,
E mes citez fraites e vïolees ;
Il jut anuit sur cel' ewe de Sebre,
Jo ai cunté, n'ad mais que set liwees.
2760 L'amirail dites que sun host i ameine ;
Par vos li mand, bataille i seit justee.'
De Sarraguce les clefs lur ad livrees.
Li messager ambedui l'enclinerent,
Prenent cungét, a cel mot s'en turnerent.

199

2765 Li dui message es chevals sunt muntét,
Isnelement issent de la citét.
A l'amiraill en vunt tut esfreét ;
De Sarraguce li presentent les clés.

L'émir est fort et puissant,
et il ira en France porter la guerre à Charlemagne,
il compte le tuer ou le mettre hors de combat. »
Bramimonde dit : « Inutile de partir si loin !
2735 Plus près d'ici vous pourrez trouver les Francs :
depuis sept ans déjà Charles est dans ce pays,
il est vaillant, l'empereur, et bon combattant,
il aimerait mieux mourir que de s'enfuir au combat ;
il n'y a roi au monde qu'il ne traite en enfant.
2740 Charles ne craint homme qui vive. »

197

« Laissez cela ! » dit le roi Marsile.
« Parlez plutôt à moi, seigneurs ! » dit-il aux messagers.
« Vous le voyez, je suis dans l'angoisse de la mort,
je n'ai ni fils ni fille ni héritier :
2745 j'en avais un ; il fut tué hier soir.
À mon seigneur dites qu'il vienne me voir.
L'émir a des droits sur l'Espagne,
et, s'il la veut, je la lui cède en franchise ;
qu'il la défende après contre les Français !
2750 Et à l'égard de Charles, je lui donnerai un bon conseil :
d'ici un mois il l'aura vaincu.
De Saragosse vous lui porterez les clés ;
dites-lui ensuite qu'il ne s'en ira pas, s'il me croit. »
Ceux-ci répondent : « Sire, vous dites vrai. »

198

2755 Marsile leur dit : « L'empereur Charles
m'a tué mes hommes, a dévasté ma terre,
a violé et détruit mes cités.
Il a campé cette nuit auprès de l'Èbre :
j'ai bien compté ; il n'y a pas plus de sept lieues.
2760 Dites à l'émir qu'il y mène son armée.
Je lui demande par vous que bataille soit livrée. »
De Saragosse il leur a remis les clés.
Les messagers, tous deux, s'inclinèrent devant lui,
ils prennent congé, et là-dessus s'en retournent.

199

2765 Les messagers, tous deux, sont montés à cheval,
à toute allure ils sortent de la cité,
et, fort troublés, vont retrouver l'émir ;
de Saragosse ils lui présentent les clés.

Dist Baligant : 'Quë avez vos truvét ?
2770 U est Marsilie, que j'aveie mandét ?'
Dist Clarïen : 'Il est a mort naffrét.
Li emperere fut ier as porz passer,
Si s'en vuleit en dulce France aler,
Par grand honur se fist rereguarder :
2775 Li quens Rollant, sis niés, i fut remés,
E Oliver e tuit li duze per,
De cels de France vint milië adubez.
Li reis Marsilie s'i cumbatit, li bers,
Il e Rollant el camp furent remés.
2780 De Durendal li dunat un colp tel
Le destre poign li ad del cors sevrét.
Sun filz ad mort, qu'il tant suleit amer,
E li baron qu'il i out amenét.
Fuiant s'en vint, qu'il n'i pout mes ester ;
2785 Li emperere l'ad enchalcét asez.
Li reis vos mandet que vos le sucurez,
Quite vos cleimet d'Espaigne le regnét.'
E Baligant cumencet a penser ;
Si grant doel ad, por poi qu'il n'est desvét.   AOI

200

2790 'Sire amiralz,' ço li dist Clarïens,
'En Rencesvals une bataille out ier :
Morz est Rollant e li quens Oliver,
Li duze per que Carle aveit tant cher ;
De lur Franceis i ad mort vint millers.
2795 Li reis Marsilie le poign destre i perdiét,
E l'emperere asez l'ad enchalcét.
En ceste tere n'est remés chevaler
Ne seit ocis o en Sebre neiét.
Desur la rive sunt Franceis herbergiez ;
2800 En cest païs nus sunt tant aproeciez,
Se vos volez, li repaires ert grefs.'
E Baligant le reguart en ad fiers,
En sun curage en est joius e liét.
Del faldestod se redrecet en piez,
2805 Puis si escrïet : 'Baruns, ne vos targez !
Eissez des nefs, muntez si cevalciez !
S'or ne s'en fuit Karlemagne li veilz,
Li reis Marsilie enqui serat vengét :
Pur sun poign destre l'en liverai le chef.'

Baligant dit : « Qu'avez-vous trouvé ?
2770 Où est Marsile que j'avais convoqué ? »
Clarïen dit : « Il est blessé à mort.
L'empereur était hier à la traversée des cols,
en France la douce il voulait retourner,
et il forma une arrière-garde bien digne de lui :
2775 le comte Roland, son neveu, en fut,
et Olivier, et tous les douze Pairs,
de ceux de France vingt mille hommes armés.
Le roi Marsile, le vaillant, se battit contre eux,
lui et Roland restèrent face à face au combat.
2780 Il lui donna un tel coup de Durendal
que le poing droit, il le lui a séparé du corps.
Il lui a tué son fils qu'il aimait tellement,
et les barons qu'il avait amenés.
Marsile alors s'enfuit, il ne pouvait plus tenir,
2785 et de très près l'empereur l'a poursuivi.
Le roi vous mande que vous le secouriez,
et il vous cède en franchise le royaume d'Espagne. »
Lors Baligant commence à réfléchir,
il souffre tant que peu s'en faut qu'il ne devienne fou.

200

2790 Clarïen dit : « Émir, sire,
il y eut hier une bataille à Roncevaux :
Roland est mort, et le comte Olivier,
et les douze Pairs que Charles aimait tant ;
de leurs Français vingt mille sont morts.
2795 Le roi Marsile y perdit son poing droit,
et de très près l'empereur le poursuivit.
En cette terre, il n'est plus un seul chevalier
qui ne soit tué ou noyé dans l'Èbre.
Là, sur la rive, les Français sont campés ;
2800 ils sont venus si près de nous ici
que le retour leur sera bien difficile, si vous le voulez. »
Lors Baligant reprend son air farouche,
il est joyeux et allègre dans son cœur.
Il se relève de son trône, tout droit,
2805 puis il s'écrie : « Ne tardez pas, barons !
Débarquez donc, montez et chevauchez !
Si Charlemagne, le vieux, ne s'enfuit pas sur-le-champ,
le roi Marsile sera dès aujourd'hui vengé :
pour son poing droit, je lui rendrai la tête de Charles ! »

201

2810 Paien d'Arabe des nefs se sunt eissut,
     Puis sunt muntez es chevals e es muls,
     Si chevalcherent ; que fereient il plus ?
     Li amiralz, ki trestuz les esmut,
     Si'n apelat Gemalfin, un sun drut :
2815 'Jo te cumant, tutes mes oz aün.'
     Puis est munté en un sun destrer brun ;
     Ensembl'od lui em meinet quatre dux.
     Tant chevalchat qu'en Saraguce fut,
     A un perron de marbre est descendut,
2820 E quatre cuntes l'estreu li unt tenut.
     Par les degrez el paleis muntet sus,
     E Bramimunde vient curant cuntre lui,
     Si li ad dit : 'Dolente, si mar fui !
     A hunte, sire, mon seignor ai perdut !'
2825 Chet li as piez, l'amiralz la reçut.
     Sus en la chambre ad doel en sunt venut.   AOI

202

     Li reis Marsilie, cum il veit Baligant,
     Dunc apelat dui Sarrazin espans :
     'Pernez m'as braz, si m' drecez en sedant !'
2830 Al puign senestre ad pris un de ses guanz.
     Ço dist Marsilie : 'Sire reis, amiralz,
     Trestute Espaigne ici quite vos rent,
     E Sarraguce e l'onur qu'i apent ;
     Mei ai perdut e trestute ma gent.'
2835 E cil respunt : 'Tant sui jo plus dolent,
     Ne pois a vos tenir lung parlement :
     Jo sai asez que Carles ne m'atent,
     E nepurquant de vos receif le guant.'
     Al doel qu'il ad s'en est turnét plurant.   AOI
2840 Par les degrez jus del paleis descent,
     Munte el ceval, vient a sa gent puignant ;
     Tant chevalchat qu'il est premers devant,
     D'ures ad altres si se vait escrïant :
     'Venez, paien, car ja s'en fuient Franc !'   AOI

203

2845 Al matinet, quant primes pert li albe,
     Esveillez est li emperere Carles.
     Seint Gabrïel, ki de part Deu le guarde,
     Levet sa main, sur lui fait sun signacle.

201

2810 Les païens d'Arabie ont débarqué,
ils sont montés sur leurs chevaux et leurs mulets ;
ils chevauchèrent ; que feraient-ils de plus ?
Ce fut l'émir qui les mit tous en route,
il convoqua ensuite un de ses intimes, Gemalfin :
2815 « Je te commande de rassembler toutes mes troupes. »
Il est monté alors sur son destrier brun,
et avec lui il emmène quatre ducs.
Il chevaucha tant qu'il arriva à Saragosse.
Sur un perron de marbre il est descendu de cheval,
2820 et quatre comtes lui ont tenu l'étrier.
Il monte les marches jusque dans le palais,
et Bramimonde vient courant à sa rencontre.
Elle lui a dit : « Quelle tristesse de moi, malheureuse !
Dans quelle honte, sire, j'ai perdu mon mari ! »
2825 Elle tombe aux pieds de l'émir, qui la relève.
Pleins de douleur, ils sont montés dans la chambre.

202

Le roi Marsile, quand il a vu Baligant,
s'est adressé à deux Sarrasins d'Espagne :
« Vous, prenez-moi dans vos bras et redressez-moi ! »
2830 De son poing gauche, Marsile a pris un de ses gants,
et il lui dit : « Sire roi, émir,
à vous je cède ici toute l'Espagne en franchise,
et Saragosse et le domaine qui en dépend.
Je suis perdu et j'ai perdu toute mon armée. »
2835 L'émir répond : « J'en suis tout accablé,
mais je ne peux vous parler longuement :
je sais fort bien que Charles ne m'attend pas,
et cependant j'accepte de vous le gant. »
Il est parti tout en larmes, tant il est affligé.
2840 Puis il descend du palais par les marches,
il monte à cheval, revient à toute vitesse à son armée ;
il chevauche tant qu'il se met à la tête des troupes,
là il leur crie à plusieurs reprises :
« Venez, païens, les Francs s'enfuient déjà ! »

203

2845 De grand matin, dès que l'aube point,
Charles l'empereur est réveillé.
Son ange gardien de par Dieu, saint Gabriel,
la main levée, fait sur lui le signe de la croix.

Li reis se drecet, si ad rendut ses armes,
2850 Si se desarment par tute l'ost li altre.
Puis sunt muntét, par grant vertut chevalchent
Cez veiez lunges e cez chemins mult larges,
Si vunt vedeir le merveillus damage
En Rencesvals, la o fut la bataille.   AOI

204

2855 En Rencesvals en est Carles entrez,
Des morz qu'il troevet cumencet a plurer,
Dist as Franceis : 'Segnurs, le pas tenez,
Kar mei meïsme estoet avant aler
Pur mun nevud que vuldreie truver.
2860 A Eis esteie, a une feste anoel,
Si se vanterent mi vaillant chevaler
De granz batailles, de forz esturs campels ;
D'une raisun oï Rollant parler :
Ja ne murreit en estrange regnét
2865 Ne trespassast ses humes e ses pers,
Vers lur païs avreit sun chef turnét,
Cunquerrantment si finereit li bers.'
Plus qu'en ne poet un bastuncel jeter,
Devant les altres est en un pui muntét.

205

2870 Quant l'empereres vait querre sun nevold,
De tantes herbes el pré truvat les flors,
Ki sunt vermeilles del sanc de noz barons !
Pitét en ad, ne poet müer n'en plurt.
Desuz dous arbres parvenuz est Carluns,
2875 Les colps Rollant conut en treis perruns ;
Sur l'erbe verte veit gesir sun nevuld.
Nen est merveille se Karles ad irur :
Descent a piéd, aléd i est pleins curs,
Si prent le cunte entre ses mains ansdous ;
2880 Sur lui se pasmet, tant par est anguissus.

2861. Allusion aux gabs, vantardises ritualisées d'après-dîner ; les guerriers s'y livrent également juste avant d'engager le combat (voir vv. 866 et ss.).

2863. Raison et ses dérivés en ancien français connotent en général l'interpellation et le discours ; on comparera raisonner en français moderne dans le sens de « sermonner ».

Le roi se lève, il s'est laissé enlever ses armes,
2850 et tous les autres dans l'armée se désarment aussi.
Montés en selle, ils chevauchent à toute force
par les longues routes et les larges chemins ;
ils s'en vont voir les terribles pertes
à Roncevaux, là où fut la bataille.

204

2855 À Roncevaux Charles est entré,
et pour les morts qu'il trouve, il se met à pleurer.
« Seigneurs », dit-il aux Français, « allez au pas ;
je dois moi-même aller en avant
chercher mon neveu que je voudrais trouver.
2860 J'étais à Aix, à une fête solennelle :
mes chevaliers, les vaillants, se vantaient
de grandes batailles, de rudes assauts en plein champ ;
j'ai entendu Roland s'exprimer ainsi :
il ne mourrait jamais en royaume étranger
2865 qu'il ne se mît en avant de ses hommes, de ses pairs,
et il aurait la tête tournée vers le pays ennemi,
il finirait ses jours en vaillant conquérant. »
Plus loin encore qu'on ne peut lancer un bâton,
devant les autres Charles a gravi une hauteur.

205

2870 Comme l'empereur part à la recherche de son neveu,
dans l'herbe du pré il trouve tant de fleurs
qui sont vermeilles du sang de nos barons !
Pris de pitié, il ne peut s'empêcher de pleurer.
Charles arriva sous deux arbres,
2875 et reconnut les coups de Roland sur trois blocs de marbre ;
sur l'herbe verte il voit son neveu étendu.
Rien d'étonnant à ce que Charles soit au désespoir ;
de son cheval il descend, se précipite,
il prend le comte entre ses deux bras ;
2880 il s'évanouit sur lui, tant il est étreint par l'angoisse.

2864. Reprise verbale des vv. 2360 et ss.
2875. Rappelons qu'aux vv. 2268 et 2272 il avait été question de *quatre perruns*, et que, dans une série de trois laisses similaires (171-173), on voyait Roland chercher en vain à briser Durendal contre *une perre* (v. 2300), *le perrun de sardanie* (v. 2312) et *une perre bise* (v. 2338).

206

Li empereres de pasmeisuns revint.
Naimes li dux e li quens Acelin,
Gefrei d'Anjou e sun frere Tierri
Prenent le rei, si l' drecent suz un pin.
2885 Guardet a tere, veit sun nevold gesir,
Tant dulcement a regreter le prist :
'Amis Rollant, de tei ait Deus mercit !
Unques nuls hom tel chevaler ne vit
Por granz batailles juster e defenir.
2890 La meie honor est turnee en declin.'
Carles se pasmet, ne s'en pout astenir.   AOI

207

Carles li reis revint de pasmeisuns,
Par mains le tienent quatre de ses barons ;
Guardet a tere, veit gesir sun nevuld :
2895 Cors ad gaillard, perdue ad sa culur,
Turnez ses oilz, mult li sunt tenebros.
Carles le pleint par feid e par amur :
'Ami Rollant, Deus metet t'anme en flors,
En pareïs, entre les glorïus !
2900 Cum en Espaigne venis mare, seignur !
Jamais n'ert jurn de tei n'aie dulur.
Cum decarrat ma force e ma baldur !
Nen avrai ja ki sustienget m'onur ;
Suz ciel ne quid aveir ami un sul ;
2905 Se j'ai parenz, n'en i ad nul si proz.'
Trait ses crignels pleines ses mains amsdous.
Cent milie Franc en unt si grant dulur,
N'en i ad cel ki durement ne plurt.   AOI

208

'Ami Rollant, jo m'en irai en France :
2910 Cum jo serai a Loün, en ma chambre,
De plusurs regnes vendrunt li hume estrange,
Demanderunt : "U est li quens cataignes ?"
Jo lur dirrai qu'il est morz en Espaigne.
A grant dulur tendrai puis mun reialme ;
2915 Jamais n'ert jur que ne plur ne n'en pleigne.'

2910. Lorsque ce vers sera repris à la laisse suivante (v. 2917), Aix sera substitué à Laon (voir la note au v. 135).

206

L'empereur revient de sa pâmoison.
C'est le duc Naimes et le comte Acelin,
Geoffroi d'Anjou et son frère Thierry
qui prennent le roi, l'adossent à un pin.
2885 Il baisse les yeux, voit son neveu étendu,
avec tendresse il se met à le regretter :
« Ami Roland, que Dieu ait pitié de toi !
Jamais personne ne vit un tel chevalier
pour engager et mener à bien de grandes batailles !
2890 Vers le déclin mon honneur a tourné. »
Charles s'évanouit, il ne peut s'en garder.

207

Charles le roi revient de pâmoison.
Quatre barons le soutiennent de leurs mains ;
il baisse les yeux, voit son neveu étendu :
2895 il a le corps indemne, mais a perdu sa couleur,
il a les yeux retournés, tout remplis de ténèbres.
En toute foi et tout amour Charles le plaint :
« Ami Roland, que Dieu mette ton âme parmi les fleurs
au Paradis, avec les saints de gloire !
2900 Ce fut, seigneur, pour ton malheur que tu vins en Espagne !
Je ne serai jamais un seul jour sans souffrir pour toi.
Comme vont déchoir ma force et mon ardeur !
Pour soutenir mon honneur, je n'aurai plus personne ;
je pense qu'au monde je n'ai plus aucun ami ;
2905 j'ai des parents, mais aucun n'est aussi vaillant. »
Et à pleines mains il s'arrache les cheveux.
Cent mille Français ont un si vif chagrin
qu'il n'en est nul qui ne pleure à chaudes larmes.

208

« Ami Roland, je m'en irai en France :
2910 quand je serai à Laon, dans mon domaine,
des étrangers viendront de plusieurs royaumes
me demander : "Où est le comte capitaine ?"
Je leur dirai qu'il est mort en Espagne.
C'est désormais dans la douleur que je gouvernerai mon
[royaume ;
2915 je ne serai jamais un seul jour sans pleurer ni me plaindre. »

2912. Cette question anticipe celle que posera Aude au v. 3709.

209

'Ami Rollant, prozdoem, juvente bele,
Cum jo serai a Eis, em ma chapele,
Vendrunt li hume, demanderunt noveles.
Je's lur dirrai merveilluses e pesmes :
2920   "Morz est mis niés, ki tant me fist cunquère."
Encuntre mei revelerunt li Seisne
E Hungre e Bugre e tante gent averse,
Romain, Puillain e tuit cil de Palerne
E cil d'Affrike e cil de Califerne ;
2925   Puis entrerunt mes peines e suffraites.
Ki guïerat mes oz a tel poëste
Quant cil est morz ki tuz jurz nos cadelet ?
E ! France dulce, cum remeins or deserte !
Si grant doel ai que jo ne vuldreie estre !'
2930   Sa barbe blanche cumencet a detraire,
Ad ambes mains les chevels de sa teste ;
Cent milie Francs s'en pasment cuntre tere.

210

'Ami Rollant, si mare fut ta vie !
L'anme de tei seit en pareïs mise !
2935   Ki tei ad mort, dulce France ad hunie.
Si grant doel ai que ne voldreie vivre,
De ma maisnee, ki pur mei est ocise !
Ço duinset Deus, le filz seinte Marie,
Einz que jo vienge as maistres porz de Sizre,
2940   L'anme del cors me seit oi departie,
Entre les lur fust alüee e mise,
E ma car fust delez els enfuïe !'
Ploret des oilz, sa blanche barbe tiret.
E dist dux Naimes : 'Or ad Carles grand ire.'   AOI

211

2945   'Sire emperere,' ço dist Gefrei d'Anjou,
'Ceste dolor ne demenez tant fort !
Par tut le camp faites querre les noz

2919. *Pesme,* du latin *pessimum,* recouvre un large champ sémantique qui
va de la menace du danger et de la violence potentielle jusqu'à l'acharnement
en passant par la versatilité et l'empressement à chercher noise (*cf.* les vv. 56,
256, 392, 813, etc.). Aux vv. 2147, 2919, le sens est « funeste ».

209

« Ami Roland, preux chevalier, belle jeunesse,
quand je serai à Aix, dans ma chapelle,
les hommes viendront me demander des nouvelles ;
je leur en donnerai d'effroyables et de funestes :
2920 "Il est mort, mon neveu, qui me conquit tant de terres."
Et contre moi se révolteront les Saxons,
et les Hongrois, les Bulgares, et tant d'autres mécréants,
les gens de Rome, de la Pouille, tous ceux de Palerme
et ceux d'Afrique et ceux de Califerne ;
2925 pour moi viendront les souffrances et les peines.
Qui conduira mes armées avec tant de puissance
puisque est mort celui qui a toujours été notre chef ?
Eh ! France la douce, comme tu es démunie à présent !
Je souffre tant que je voudrais ne plus vivre ! »
2930 Sa barbe blanche, il commence à l'arracher,
et à deux mains les cheveux de sa tête.
Cent mille Français tombent par terre évanouis.

210

« Ami Roland, quel malheur, ta courte vie !
Que ton âme ait place au Paradis !
2935 Il a déshonoré la douce France, celui qui t'a tué.
Je souffre tant que je voudrais ne plus vivre,
pour mes vassaux qui ont été tués pour moi !
Que Dieu m'accorde, le fils de sainte Marie,
dès aujourd'hui, avant d'être aux grands cols de Cize,
2940 que de mon corps mon âme soit séparée,
qu'elle soit placée et mise parmi les leurs,
et que ma chair soit enfouie à leurs côtés ! »
Et de ses yeux il pleure, tire sa barbe blanche.
Le duc Naimes dit : « Charles est bien affligé. »

211

2945 « Sire, mon empereur », dit Geoffroi d'Anjou,
« ne laissez pas voir tant de douleur !
Par tout le champ, faites chercher les nôtres

2924. On a voulu voir dans le toponyme fantaisiste de Califerne l'origine du nom de la Californie.

Que cil d'Espaigne en la bataille unt mort ;
En un carnel cumandez qu'hom les port.'
2950 Ço dist li reis : 'Sunez en vostre corn !'   AOI

212

Gefreid d'Anjou ad sun greisle sunét ;
Franceis descendent, Carles l'ad comandét.
Tuz lur amis qu'il i unt morz truvét,
Ad un carner sempres les unt portét.
2955 Asez i ad evesques e abez,
Munies, canonies, proveires coronez,
Si's unt asols e seignez de part Deu.
Mirre e timoine i firent alumer,
Gaillardement tuz les unt encensez.
2960 A grant honor pois les unt enterrez,
Si's unt laisez ; qu'en fereient il el ?   AOI

213

Li emperere fait Rollant costeïr
E Oliver, l'arcevesque Turpin :
Dedevant sei les ad fait tuz uvrir,
2965 E tuz les quers en paile recuillir ;
En blanc sarcou de marbre sunt enz mis.
E puis les cors des barons si unt pris,
En quirs de cerf les treis seignurs unt mis ;
Ben sunt lavez de piment e de vin.
2970 Li reis cumandet Tedbalt e Gebuïn,
Milun le cunte e Otun le marchis :
'En treis carettes les guïez al chemin !'
Bien sunt cuverz d'un palie galazin.   AOI

214

Venir s'en volt li emperere Carles,
2975 Quant de paiens li surdent les enguardes.
De cels devant i vindrent dui messages,
De l'amirail li nuncent la bataille :
'Reis orguillos, nen est fins que t'en alges !
Veiz Baligant, ki après tei chevalchet !
2980 Granz sunt les oz qu'il ameinet d'Arabe.
Encoi verrum se tu as vasselage.'   AOI
Carles li reis en ad prise sa barbe,
Si li remembret del doel e del damage ;
Mult fierement tute sa gent reguardet,

que ceux d'Espagne ont tués dans la bataille,
et commandez qu'on les porte dans une même fosse. »
2950 Le roi lui dit : « Sonnez donc votre cor ! »

212

Geoffroi d'Anjou a sonné son clairon.
Les Francs descendent de cheval, Charles l'a commandé.
Tous leurs amis qu'ils ont trouvés morts,
dans une même fosse ils les ont aussitôt portés.
2955 Il y a là bon nombre d'évêques et d'abbés,
moines et chanoines, et prêtres tonsurés,
et de par Dieu ils les ont absous et bénis.
Ils font brûler de la myrrhe et de l'encens,
ils les ont tous encensés avec cérémonie,
2960 et enterrés ensuite en grande pompe,
et puis laissés ; que feraient-ils d'autre ?

213

L'empereur fait faire la toilette de Roland
et d'Olivier et de l'archevêque Turpin :
il les a fait tous trois ouvrir devant lui,
2965 dans une étoffe de soie il a fait recueillir leurs cœurs ;
dans un cercueil de marbre blanc ils sont placés.
Puis ils ont pris les corps des trois barons,
ils les ont mis, les seigneurs, dans des peaux de cerf,
tous bien lavés d'aromates et de vin.
2970 Le roi commande à Thibaud et à Gebuin,
au comte Milon et au marquis Oton :
« Conduisez-les sur trois charrettes le long du chemin ! »
Ils sont couverts d'un drap de soie de Galaza.

214

Charles l'empereur se dispose à repartir
2975 lorsque surgissent les avant-gardes des païens.
Des premiers rangs viennent deux messagers
qui lui annoncent la bataille de la part de l'émir :
« Roi orgueilleux, tu ne partiras pas de si tôt !
Vois Baligant qui chevauche derrière toi.
2980 Grandes sont les troupes qu'il amène d'Arabie.
Avant ce soir, nous verrons bien si tu es vaillant. »
Charles le roi porte la main à sa barbe,
il lui souvient de sa douleur et de sa perte,
d'un œil farouche il regarde toute son armée,

2985 Puis si s'escrïet a sa voiz grand e halte :
     'Barons franceis, as chevals e as armes !'   AOI

215

     Li empereres tuz premereins s'adubet :
     Isnelement ad vestüe sa brunie,
     Lacet sun helme, si ad ceinte Joiuse,
2990 Ki pur soleill sa clartét nen escunset ;
     Pent a sun col un escut de Girunde,
     Tient sun espiét, si'n fait brandir la mure,
     En Tencendur, sun bon cheval, puis muntet, –
     Il le cunquist es guez desuz Marsune,
2995 Si'n getat mort Malpalin de Nerbone –
     Laschet là resne, mult suvent l'esperonet,
     Fait sun eslais vëant cent milië humes,
     Recleimet Deu e l'apostle de Rome.   AOI

216

     Par tut le champ cil de France descendent,
3000 Plus de cent milie s'en adubent ensemble :
     Guarnemenz unt ki ben lor atalentent,
     Cevals curanz e lur armes mult gentes.
     Puis sunt muntez e unt grant escïence ;
     S'il troevent ou, bataille quident rendre.
3005 Cil gunfanun sur les helmes lur pendent.
     Quant Carles veit si beles cuntenances,
     Si'n apelat Jozeran de Provence,
     Naimon li duc, Antelme de Maience :
     'En tels vassals deit hom aveir fïance !
3010 Asez est fols ki entr'els se demente.
     Së Arrabiz de venir ne s' repentent,
     La mort Rollant lur quid cherement vendre.'
     Respunt dux Neimes : 'E Deus le nos cunsente !'   AOI

217

     Carles apelet Rabel e Guineman.
3015 Ço dist li reis : 'Seignurs, jo vos cumant,
     Seiez es lius Oliver e Rollant :
     L'un port l'espee e l'altre l'olifant,
     Si chevalcez el premer chef devant,
     Ensembl'od vos quinze milie de Francs,
3020 De bachelers, de noz meillors vaillanz.
     Aprés icels en avrat altretant,
     Si's guïerat Gibuïns e Loranz.'

2985 et puis s'écrie de sa voix haute et forte :
« Barons français, à cheval et aux armes ! »

215

Tout le premier l'empereur prend ses armes :
sans plus tarder il revêt sa brogne,
il lace son heaume, il ceint Joyeuse –
2990 le soleil même ne l'éclipse pas en clarté –,
pend à son cou un écu de Gérone,
tient son épieu et en brandit la pointe,
et monte alors sur Tencendur, son bon cheval –
il le gagna aux gués sous Marsonne
2995 quand il jeta Malpalin de Narbonne mort à terre –,
il lâche la rêne, l'éperonne à coups répétés,
prend son galop devant ses cent mille hommes ;
il invoque Dieu et l'apôtre de Rome.

216

Par tout le champ, ceux de France mettent pied à terre,
3000 plus de cent mille s'arment tous ensemble.
Leurs équipements leur siéent fort bien,
de très belles armes et des destriers rapides.
Ils sont montés en selle et se rangent avec adresse ;
ils comptent livrer bataille si le moment est propice.
3005 Leurs gonfanons pendent jusque sur leurs heaumes.
Quand Charles vit leur prestance magnifique,
il convoqua Jozeran de Provence,
et le duc Naimes et Antelme de Mayence :
« De tels vassaux inspirent bien confiance !
3010 Entouré d'eux, seul un fou s'inquiéterait.
Si les païens ne renoncent pas à venir,
ils vont payer bien cher, je crois, la mort de Roland. »
« Que Dieu le veuille ! » répond le duc Naimes.

217

Charles convoque Rabel et Guineman.
3015 Le roi leur dit : « Seigneurs, je vous le commande,
prenez la place d'Olivier et de Roland :
que l'un de vous porte l'épée, l'autre l'olifant,
et chevauchez au premier rang devant,
et avec vous quinze mille Francs,
3020 de nos jeunes gens et des plus vaillants.
Derrière ceux-ci il y en aura autant
que conduiront Gebuin et Lorant. »

Naimes li dux e li quens Jozerans
Icez eschieles ben les vunt ajustant.
3025 S'il troevent ou, bataille i ert mult grant.   AOI

218

De Franceis sunt les premeres escheles.
Aprés les dous establisent la terce :
En cele sunt li vassal de Baivere,
A quinze milie chevalers la preiserent ;
3030 Ja devers els bataille n'ert lessee ;
Suz cel n'ad gent que Carles ait plus chere,
Fors cels de France, ki les regnes cunquerent.
Li quens Oger li Daneis, li puinneres,
Les guïerat, kar la cumpaigne est fiere.   AOI

219

3035 E treis escheles ad l'emperere Carles.
Naimes li dux puis establist la quarte
De tels barons qu'asez unt vasselage :
Alemans sunt e si sunt d'Alemaigne ;
Vint milie sunt, ço dïent tuit li altre,
3040 Ben sunt guarniz e de chevals e d'armes ;
Ja por murir ne guerpirunt bataille.
Si's guïerat Hermans, li dux de Trace,
Einz i murat que cuardise i facet.   AOI

220

Naimes li dux e li quens Jozerans
3045 La quinte eschele unt faite de Normans :
Vint milie sunt, ço dïent tuit li Franc.
Armes unt beles e bons cevals curanz,
Ja pur murir cil n'erent recrëanz :
Suz ciel n'ad gent ki plus poisset en camp.
3050 Richard li velz les guïerat el camp,
Cil i ferrat de sun espiét trenchant.   AOI

221

La siste eschele unt faite de Bretuns :
Quarante milie chevalers od els sunt.
Icil chevalchent en guise de baron,
3055 Dreites lur hanstes, fermez lur gunfanuns.
Le seignur d'els est apelét Oedun ;
Icil cumandet le cunte Nevelun,

Le duc Naimes et le comte Jozeran
disposent en ordre ces corps d'armée.
3025 Si le moment est propice, il y aura une grande bataille.

218

Les premiers corps sont formés de Français.
Après ces deux, on établit le troisième :
dans celui-ci se trouvent les vassaux de Bavière,
on l'estima à quinze mille chevaliers ;
3030 jamais ceux-ci n'abandonneront le combat ;
il n'est au monde peuple que Charles estime autant,
sauf les Français, les conquérants des royaumes.
Le comte Ogier le Danois, le grand guerrier,
les conduira, car c'est une troupe farouche.

219

3035 Charles l'empereur a trois corps de bataille.
Puis le duc Naimes établit le quatrième
de chevaliers au courage bien trempé :
ils sont alemans de la terre d'Alemanie ;
ils sont vingt mille, tous les autres le disent,
3040 bien équipés en chevaux et en armes ;
dussent-ils mourir, ils n'abandonneront jamais le combat.
Le duc de Thrace, Herman, les conduira ;
il aimerait mieux mourir que d'agir en lâche.

220

C'est le duc Naimes et le comte Jozeran
3045 qui de Normands ont formé le cinquième corps :
ils sont vingt mille, tous les Francs le disent.
Leurs armes sont belles, leurs bons chevaux rapides ;
dussent-ils mourir, ils ne se rendront jamais ;
nul peuple au monde n'est plus fort au combat.
3050 Richard le Vieux les conduira en bataille,
de son épieu tranchant il frappera de bons coups.

221

Le sixième corps, ils l'ont fait de Bretons :
quarante mille hommes sont avec eux.
Ceux-ci chevauchent en vrais vaillants,
3055 leurs hampes toutes droites, leurs gonfanons fixés.
Eudes est le nom de leur seigneur ;
il donne ses ordres au comte Nevelon,

Tedbald de Reins e le marchis Otun :
'Guïez ma gent, jo vos en faz le dun !'   AOI

222

3060 Li emperere ad sis escheles faites.
Naimes li dux puis establist la sedme
De Peitevins e des barons d'Alverne :
Quarante milie chevalers poeent estre.
Chevals unt bons e les armes mult beles.
3065 Cil sunt par els en un val suz un tertre,
Si's beneïst Carles de sa main destre.
Els guïerat Jozerans e Godselmes.   AOI

223

E l'oidme eschele ad Naimes establie :
De Flamengs est e des barons de Frise ;
3070 Chevalers unt plus de quarante milie ;
Ja devers els n'ert bataille guerpie.
Ço dist li reis : 'Cist ferunt mun servise.'
Entre Rembalt e Hamon de Galice
Les guïerunt tut par chevalerie.   AOI

224

3075 Entre Naimon e Jozeran le cunte
La noefme eschele unt faite de prozdomes :
De Loherengs e de cels de Borgoigne ;
Cinquante milie chevalers unt par cunte,
Helmes laciez e vestües lor bronies.
3080 Espiez unt forz e les hanstes sunt curtes.
Së Arrabiz de venir ne demurent,
Cil les ferrunt, s'il a els s'abandunent.
Si's guïerat Tierris, li dux d'Argone.   AOI

225

La disme eschele est des baruns de France :
3085 Cent milie sunt de noz meillors cataignes ;
Cors unt gaillarz e fieres cuntenances,
Les chefs fluriz e les barbes unt blanches,
Osbercs vestuz e lur brunies dubleines,
Ceintes espees franceises e d'Espaigne,

et au marquis Oton et à Thibaud de Reims :
« Je vous confie mes troupes ; conduisez-les ! »

222

3060 L'empereur a fait six corps de bataille.
Puis le duc Naimes établit le septième
de Poitevins et de barons d'Auvergne ;
ils peuvent bien être quarante mille chevaliers.
Leurs armes sont belles, et leurs destriers sont bons.
3065 Ils restent à part dans un val au pied d'une hauteur.
De sa main droite Charles les a bénis.
Ce sont Godselme et Jozeran qui les conduiront.

223

Le huitième corps, Naimes l'a établi :
il est formé de Flamands et de barons de Frise,
3070 et ils ont plus de quarante mille chevaliers ;
jamais ceux-ci n'abandonneront le combat.
Et le roi dit : « Ils feront bien mon service. »
Ce sont Rembalt et Hamon de Galice ensemble
qui les conduiront avec vaillance chevaleresque.

224

3075 Ensemble, Naimes et le comte Jozeran
ont établi le neuvième corps de vrais preux :
il est formé de Lorrains et de ceux de Bourgogne.
On les estime à cinquante mille chevaliers,
les heaumes lacés, les brognes revêtues.
3080 Leurs épieux sont solides, les hampes en sont courtes.
Si les païens ne renoncent pas à venir,
et s'ils s'y risquent, ceux-là les frapperont.
Le duc d'Argonne, Thierry, les conduira.

225

Le dixième corps est fait des barons de France :
3085 ils sont cent mille de nos meilleurs capitaines ;
ils ont le corps robuste, et la prestance farouche,
ils ont le chef fleuri et la barbe toute blanche,
hauberts au dos, brognes à double épaisseur,
à leurs côtés épées de France et d'Espagne,

3090 Escuz unt genz, de multes cunoisances.
Puis sunt muntez, la bataille demandent,
Munjoie escrïent ; od els est Carlemagne.
Gefreid d'Anjou portet l'orïeflambe :
.Seint Piere fut, si aveit num Romaine,
3095 Mais de Munjoie iloec out pris eschange.   AOI

226

Li emperere de sun cheval descent,
Sur l'erbe verte s'i est culchét adenz ;
Turnet sun vis vers le soleill levant,
Recleimet Deu mult escordusement :
3100 'Veire Paterne, hoi cest jor me defend,
Ki guaresis Jonas tut veirement
De la baleine ki en sun cors l'out enz,
E esparignas le rei de Niniven,
E Danïel del merveillus turment
3105 Enz en la fosse des lëons o fut enz,
Les treis enfanz tut en un fou ardant ;
La tue amurs me seit hoi en present !
Par ta mercit, se tei plaist, me cunsent
Que mun nevold poisse venger, Rollant.'
3110 Cum ad orét, si se drece en estant,
Seignat sun chef de la vertut poisant.
Muntet il reis en sun cheval curant, –
L'estreu li tindrent Neimes e Jocerans –
Prent sun escut e sun espiét trenchant.
3115 Gent ad le cors, gaillart e ben sëant,
Cler le visage e de bon cuntenant ;
Puis si chevalchet mult afichëement.
Sunent cil greisle e derere e devant ;

3090. Il s'agit sans doute d'emblèmes personnels, le port d'armoiries héral-
diques héréditaires s'étant développé au XIIᵉ siècle.

3093. L'origine de l'oriflamme (bannière dorée) telle qu'elle est transmise
par notre texte (elle avait appartenu à saint Pierre, c'est-à-dire au pape) semble
bien cadrer avec l'histoire : effectivement, en 795 le pape Léon III envoya à
Charlemagne l'étendard de la ville de Rome (vexillum Romanae urbis). Le nom

3090 écus splendides aux marques distinctives.
Ils sont montés à cheval et réclament le combat,
ils crient « Monjoie ! » ; Charlemagne est avec eux.
Geoffroi d'Anjou porte l'oriflamme :
elle s'appelait Romaine, saint Pierre s'en était servi,
3095 mais alors même elle avait pris le nom de Monjoie.

226

L'empereur descend de son destrier,
sur l'herbe verte il s'est couché face contre terre,
et vers l'orient il tourne son visage,
de tout son cœur il invoque Dieu :
3100 « Père véritable, aujourd'hui défends-moi,
toi qui sauvas Jonas, c'est la vérité,
de la baleine qui l'avait avalé,
qui épargnas le roi de Ninive,
qui préservas Daniel d'un terrible supplice
3105 quand il était dans la fosse aux lions,
et les trois enfants jetés dans une fournaise,
que ton amour m'accompagne aujourd'hui !
Par ta bonté, accorde-moi de pouvoir,
je t'en supplie, venger mon neveu Roland. »
3110 Sa prière finie, il se redresse,
signe sa tête de la croix toute-puissante.
Lors le roi monte son destrier rapide –
Naimes et Jozeran lui tenaient l'étrier –,
prend son écu et son épieu tranchant.
3115 C'est un bel homme, au corps robuste et bien assis,
le visage clair, le regard confiant ;
puis il chevauche avec résolution.
Les clairons sonnent à l'arrière, à l'avant ;

---

de « Romaine » a été changé et l'oriflamme rebaptisée « Monjoie » pour coïn-
cider avec le cri d'armes de Charlemagne (voir la note au v. 1181). Cette pro-
venance ne peut que renforcer l'idée que l'empereur mène une guerre sainte
contre l'infidèle.

3100. Pour la prière de Charlemagne, voir pp. 168 et 169, la note du v. 2384.

Sur tuz les altres bundist li olifant.
3120 Plurent Franceis pur pitét de Rollant.

227

Mult gentement li emperere chevalchet,
Desur sa bronie fors ad mise sa barbe ;
Pur sue amor altretel funt li altre :
Cent milie Francs en sunt reconoisable.
3125 Passent cez puis e cez roches plus haltes,
Cez vals parfunz, cez destreiz anguisables,
Issent des porz e de la tere guaste ;
Devers Espaigne sunt alez en la marche,
En une plaigne si unt pris lur estage.
3130 A Baligant repairent ses enguardes ;
Uns Sulïans li ad dit sun message :
'Veüd avum li orguillus reis Carles ;
Fiers sunt si hume, n'unt talent qu'il li faillent.
Adubez vus, sempres avrez bataille !'
3135 Dist Baligant : 'Or oi grant vasselage.
Sunez voz graisles, que mi paien le sacent !'

228

Par tute l'ost funt lur taburs suner
E cez buisines e cez greisles mult cler ;
Paien descendent pur lur cors aduber.
3140 Li amiralz ne se voelt demurer :
Vest une bronie dunt li pan sunt sasfrét,
Lacet sun elme ki ad or est gemmét,
Puis ceint s'espee al senestre costét.
Par sun orgoill li ad un num truvét :
3145 Par la Carlun, dunt il oït parler,

3119. Quoique « fendu par le bout » contre le crâne d'un Sarrasin au v. 2295, l'olifant est remis en service, ici et au v. 3310, à la gloire de Roland.

plus que tout autre retentit l'olifant.
3120 Les Français pleurent par pitié pour Roland.

227

Fort noblement chevauche l'empereur,
et sur sa brogne il a étalé sa barbe ;
les autres font de même par amour pour lui :
cent mille Francs se distinguent ainsi.
3125 Ils passent les monts et les roches élevées,
les vals profonds, les défilés oppressants,
traversent les cols et la terre déserte ;
ils sont entrés dans la marche d'Espagne,
et sur une plaine ils ont pris position.
3130 Vers Baligant ses avant-gardes reviennent,
et un Syrien lui transmet son message :
« Nous avons vu l'orgueilleux roi Charles ;
ses hommes, ils brûlent de se battre et ne lui feront pas
                                                    [défaut.
Prenez vos armes, vous aurez la bataille à l'instant. »
3135 Baligant dit : « J'entends parler de prouesses à venir.
Faites-le savoir à mes païens, sonnez vos clairons ! »

228

Par toute l'armée ils font retentir leurs tambours,
et les trompettes et les cors, haut et clair ;
pour revêtir leurs armes, les païens descendent de cheval.
3140 L'émir entend ne pas s'attarder :
il vêt une brogne aux pans laqués or,
il lace son heaume aux gemmes serties dans l'or,
ceint son épée à son côté gauche.
En son orgueil il lui a inventé un nom :
3145 il connaissait celui de l'épée de Charles,

3137. Selon M. de Riquer, les allusions aux tambours des Sarrasins (voir
également le v. 852) ne remonteraient pas plus loin qu'à la bataille de Zalaca,
en 1086, et permettraient ainsi de cerner la date de composition de la version
d'Oxford.

[La süe fist Precïuse apeler;]
Ço ert s'enseigne en bataille campel;
Ses cevalers en ad fait escrïer.
Pent a sun col un soen grant escut lét :
3150 D'or est la bucle e de cristal listét,
La guige en est d'un bon palie roét.
Tient sun espiét, si l'apelet Maltét;
La hanste grosse cume uns fust de tinel;
De sul le fer fust uns mulez trussét.
3155 En sun destrer Baligant est muntét;
L'estreu li tint Marcules d'Ultremer.
La forceüre ad asez grant li ber,
Graisles les flancs e larges les costez,
Gros ad le piz, belement est mollét,
3160 Lëes espalles e le vis ad mult cler,
Fier le visage, le chef recercelét,
Tant par ert blancs cume flur en estét;
De vasselage est suvent esprovét.
Deus! quel baron, s'oüst chrestïentét!
3165 Le cheval brochet, li sancs en ist tuz clers,
Fait sun eslais, si tressalt un fossét;
Cinquante pez i poet hom mesurer.
Paien escrïent : 'Cist deit marches tenser!
N'i ad Franceis, së a lui vient juster,
3170 Voeillet o nun, n'i perdet sun edét.
Carles est fols, que ne s'en est alét.'   AOI

229

Li amiralz ben resemblet barun;
Blanche ad la barbe ensement cume flur,
E de sa lei mult par est saives hom,
3175 E en bataille est fiers e orgoillus.
Ses filz Malprimes mult est chevalerus,
Granz est e forz e trait as anceisurs;
Dist a sun perre : 'Sire, car cevalchum!
Mult me merveill se ja verrum Carlun.'
3180 Dist Baligant : 'Oïl, car mult est proz.
En plusurs gestes de lui sunt granz honurs.
Il nen at mie de Rollant sun nevold,
N'avrat vertut que s' tienget cuntre nus.'   AOI

3146. Restitution d'un vers manquant d'après les autres versions.
3152. Les noms à préfixe néfaste sont attribués volontiers aux Sarrasins

à son instar, il fit appeler la sienne Précieuse ;
c'est son cri d'armes sur le champ de bataille,
et il l'a fait crier par ses chevaliers.
Il pend à son cou un grand écu très large,
3150 à boucle d'or et bordé de cristal,
l'attache est faite de bonne soie brodée à rosaces.
Puis il saisit son épieu – il l'appelle Maltet ;
sa hampe était grosse comme le bois d'une massue,
son fer eût fait, à lui seul, la charge d'un mulet.
3155 Sur son destrier Baligant est monté ;
c'était Marcule d'Outremer qui lui tenait l'étrier.
Le vaillant a l'enfourchure très grande,
les hanches étroites, les côtés larges,
la poitrine forte et joliment moulée,
3160 les épaules vastes, le regard très clair,
la face hardie, les cheveux bouclés
et aussi blancs que fleurs à la saison nouvelle ;
à maintes reprises, il a fait ses preuves, le vaillant.
Quel preux, mon Dieu ! s'il avait été chrétien !
3165 Il pique des deux, fait jaillir le sang tout clair,
prend son galop, saute par-dessus un fossé
de cinquante pieds – on peut les mesurer.
« Voilà quelqu'un », s'écrient les païens, « qui saura
[défendre les marches !
Pas un Français, s'il vient l'attaquer,
3170 qui ne le paye, bon gré mal gré, de sa vie.
Charles est bien fou de ne pas être parti. »

229

Il a tout l'air, l'émir, d'un vrai vaillant ;
il a la barbe aussi blanche qu'une fleur,
il est très docte en la foi païenne,
3175 et au combat il est farouche et superbe.
Son fils Malprimes est digne d'être chevalier ;
il est robuste et grand, il tient de ses ancêtres.
« Sire, chevauchons ! » dit-il à son père.
« Je me demande si jamais nous verrons Charles. »
3180 Baligant dit : « Certes, car il est très preux.
Dans plusieurs gestes on parle de lui avec honneur.
Mais il n'a plus son neveu Roland,
et n'aura pas la force de tenir contre nous. »

(Malbien, Malcud, Margariz...), à leurs pays (Malprose, Marbrise, Maruse...),
et, comme ici, à leurs accessoires. *Cf.* également les vv. 1554, 1631, 2814, etc.

230

'Bels filz Malprimes,' ço li dist Baligant,
3185 'Ier fut ocis le bon vassal Rollant,
E Oliver li proz e li vaillanz,
Li duze per qui Carles amat tant,
De cels de France vint milie cumbatanz;
Trestuz les altres ne pris jo mie un guant.
3190 Li empereres repairet veirement,
Si l' m'at nunciét mes més, li Sulïans,
E dis escheles en a faites mult granz.
Cil est mult proz ki sunet l'olifant,
D'un graisle cler racatet ses cumpaignz,
3195 E si cevalcent el premer chef devant,
Ensembl'od els quinze milie de Francs,
De bachelers que Carles cleime enfanz.
Aprés icels en i ad altretanz;
Cil i ferrunt mult orgoillusement.'
3200 Ço dist Malprimes : 'Le colp vos en demant.'   AOI

231

'Bels filz Malprimes,' Baligant li ad dit,
'Jo vos otrei quanque m'avez ci quis :
Cuntre Franceis sempres irez ferir,
Si i merrez Torleu, le rei persis,
3205 E Dapamort, un altre rei leutiz.
Le grant orgoill se ja püez matir,
Jo vos durrai un pan de mun païs
Dés Cherïant entresqu'en Valmarchis.'
E cil respunt : 'Sire, vostre mercit.'
3210 Passet avant, le dun en requeillit –
C'est de la tere ki fut al rei Flurit –
A tel eür, unches puis ne la vit,
Në il n'en fut ne vestut ne saisit.

232

Li amiraill chevalchet par cez oz,
3215 Sis filz le siut, ki mult ad grant le cors.
Li reis Torleus e li reis Dapamort
Tels trente escheles establissent mult tost –
Chevalers unt a merveillus esforz –
En la menur cinquante milie en out.
3220 La premere est de cels de Butentrot,
E l'altre aprés de Micens as chefs gros;
Sur les eschines qu'il unt enmi les dos

230

« Beau fils Malprimes », lui dit Baligant,
3185 « le bon vassal Roland fut tué hier,
et Olivier le preux et le vaillant,
et les douze Pairs que Charles aimait tant,
de ceux de France vingt mille combattants ;
de tous les autres je ne donnerais pas un gant.
3190 L'empereur revient, c'est bien vrai,
mon messager le Syrien me l'a annoncé,
et il a fait dix corps de bataille, très grands.
C'est un vrai preux, celui qui sonne l'olifant,
son compagnon lui répond d'une trompette claire,
3195 et ils chevauchent devant, au premier rang,
et avec eux quinze mille Francs,
de ces jeunes gens que Charles appelle ses enfants.
Après ceux-là, il en arrive autant ;
ils frapperont avec grande férocité. »
3200 Malprimes lui dit : « À moi l'honneur du premier coup. »

231

« Beau fils Malprimes », lui a dit Baligant,
« je vous accorde tout ce que vous m'avez demandé :
sans plus tarder, vous irez frapper contre les Français,
vous y mènerez Torleu, le roi persan,
3205 et Dapamort, un autre roi leutice.
Si vous pouvez mater leur grand orgueil,
je vous donnerai une partie de mon pays,
de Cherïant jusqu'au Val-Marchis. »
Et il répond : « Sire, je vous en remercie. »
3210 Puis il s'avance et reçoit le don –
c'était la terre qui avait appartenu au roi Flurit –,
mal lui en prit : jamais il ne la vit,
et il n'en fut ni investi ni saisi.

232

L'émir chevauche à travers son armée,
3215 son fils le suit, il a le corps très grand.
Le roi Torleu et le roi Dapamort
forment tout de suite trente corps de bataille –
en chevaliers leur force est redoutable –,
le plus petit en comptait cinquante milliers.
3220 Dans le premier sont ceux de Butentrot,
dans le second les Micens aux têtes énormes ;
sur leurs échines, au milieu du dos,

Cil sunt seiét ensement cume porc.   AOI
E la terce est de Nubles e de Blos,
3225 E la quarte est de Bruns e d'Esclavoz,
E la quinte est de Sorbres e de Sorz,
E la siste est d'Ermines e de Mors,
E la sedme est de cels de Jericho,
L'oitme est de Nigres, e la noefme de Gros,
3230 E la disme est de Balide la Fort :
C'est une gent ki unches ben ne volt.   AOI
Li amiralz en juret quanqu'il pout
De Mahumet les vertuz e le cors :
'Karles de France chevalchet cume fols ;
3235 Bataille i ert, së il ne s'en destolt,
Jamais n'avrat el chef corone d'or.'

233

E dis escheles establisent aprés :
La premere est des Canelius les laiz,
De Valfuït sunt venuz en traver ;
3240 L'altre est de Turcs, e la terce de Pers,
E la quarte est de Pinceneis engrés,
E la quinte est de Soltras e d'Avers,
E la siste est d'Ormaleus e d'Euglez,
E la sedme est de la gent Samüel,
3245 L'oidme est de Bruise, la noefme d'Esclavers,
E la disme est d'Occïan le Desert :
C'est une gent ki Damnedeu ne sert –
De plus feluns n'orrez parler jamais –
Durs unt les quirs ensement cume fer,
3250 Pur ço n'unt soign dë elme ne d'osberc ;
En la bataille sunt felun e engrés.   AOI

234

Li amiralz dis escheles ajusted :
La premere est des jaianz de Malprose,
L'altre est de Hums, e la terce de Hungres,
3255 E la quarte est de Baldise la Lunge,
E la quinte est de cels de Valpenuse,
E la siste est de la gent de Maruse,
E la sedme est de Leus e d'Astrimonies,

3241. Les Pincenois font peut-être penser aux Petchenègues, des Tartares mercenaires à la solde de l'empereur de Byzance au XIe siècle.

ils ont des soies à la manière des porcs.
Et le troisième est de Nubles et de Blos,
3225 et le quatrième de Bruns et de Slaves,
et le cinquième de Sorbres et de Sors,
et le sixième d'Arméniens et de Maures,
et le septième de ceux de Jéricho,
et le huitième de Nigres, le neuvième de Gros,
3230 et le dixième de ceux de Balide-la-Forte :
c'est là un peuple qui jamais ne voulut le bien.
Tant qu'il le peut, l'émir jure
par la puissance de Mahomet et son corps :
« Bien insensé, Charles de France, de chevaucher ainsi ;
3235 il y aura bataille, s'il ne s'y soustrait pas,
et jamais plus il ne portera la couronne d'or. »

233

Ils établissent ensuite dix autres corps :
dans le premier sont les hideux Chananéens,
de Val-Fuït ils sont venus par le travers ;
3240 le second est de Turcs, le troisième de Persans,
et le quatrième de cruels Pincenois,
et le cinquième de Soltras et d'Avers,
et le sixième d'Ormaleus et d'Euglets,
et le septième du peuple de Samuel,
3245 le huitième est de Bruise, le neuvième de Slaves,
et le dixième d'Occïant-le-Désert :
c'est là un peuple qui ne sert pas notre Seigneur ;
de plus félons vous n'entendrez jamais parler :
ils ont la peau aussi dure que le fer,
3250 et c'est pourquoi ils n'ont cure ni de heaume ni de
à la bataille ils sont déloyaux et cruels.   [haubert ;

234

Dix autres corps l'émir réunit :
dans le premier sont les géants de Malprose,
le second est de Huns, le troisième de Hongrois,
3255 et le quatrième de ceux de Baldise-la-Longue,
et le cinquième de ceux de Val-Peneuse,
et le sixième du peuple de Marose,
et le septième de Leus et d'Astrimoines,

3245. *Bruise* : il s'agit sans doute du pays des Borusses, voisins des Slaves (*Esclavers*).

L'oidme est d'Argoilles, la noefme de Clarbone,
3260 E la disme est des barbez de Valfronde;
C'est une gent ki Deu nen amat unkes.
Geste Francor trente escheles i numbret.
Granz sunt les oz u cez buisines sunent.
Paien chavalchent en guise de produme.   AOI

235

3265 Li amiralz mult par est riches hoem;
Dedavant sei fait porter sun dragon
E l'estandart Tervagan e Mahum
E un' ymagene Apolin le felun.
Dis Canelius chavalchent envirun,
3270 Mult haltement escrïent un sermun :
'Ki par noz deus voelt aveir guarison,
Si's prit e servet par grant afflictïun !'
Paien i baissent lur chefs e lur mentun,
Lor helmes clers i suzclinent enbrunc.
3275 Dïent Franceis : 'Sempres murrez, glutun !
De vos seit hoi male confusïun !
Li nostre Deu, guarantisez Carlun !
Ceste bataille seit vüee en sun num !'   AOI

236

Li amiralz est mult de grant saveir,
3280 A sei apelet sis filz e les dous reis :
'Seignurs barons, devant chevalchereiz,
E mes escheles, tutes les guïereiz,
Mais des meillors voeill jo retenir treis :
L'un' ert de Turcs e l'altre d'Ormaleis,
3285 E la terce est des jaianz de Malpreis.
Cil d'Ocïant ierent ensembl'ot mei,
Si justerunt a Charle e a Franceis.
Li emperere, s'il se cumbat od mei,
Desur le buc la teste perdre en deit.
3290 Trestut seit fiz, n'i avrat altre dreit.'   AOI

237

Granz sunt les oz e les escheles beles.
Entr'els nen at ne pui ne val ne tertre,
Selve ne bois; asconse n'i poet estre;
Ben s'entreveient enmi la pleine tere.
3295 Dist Baligant : 'La meie gent averse,
Car chevalchez pur la bataille quere !

et le huitième d'Argoille, le neuvième de Clarbonne,
3260 et le dixième des barbus de Val-Fronde ;
c'est là un peuple qui jamais n'aima Dieu.
Dans la Geste des Francs on dénombre ainsi trente corps
Grande est l'armée où sonnent les clairons.   [de bataille.
Comme de vrais preux les païens chevauchent.

235

3265 C'est un seigneur de grande puissance, l'émir ;
il fait porter devant lui son dragon
et l'étendard de Tervagan et de Mahomet
et une statue d'Apollyon le félon.
Autour de lui chevauchent dix Chananéens,
3270 d'une voix très haute ils lancent cet appel :
« Qui veut avoir la protection de nos dieux,
qu'il les supplie, prosterné, et les serve ! »
Les païens baissent alors têtes et mentons,
et ils inclinent très bas leurs heaumes clairs.
3275 Les Français disent : « Truands, vous allez mourir sur
Qu'aujourd'hui soit votre ruine, votre honte !   [l'heure !
Vous, notre Dieu, préservez Charles !
Que cette bataille soit vouée à son seul nom ! »

236

C'est un seigneur d'une grande adresse, l'émir :
3280 il fait appeler son fils et les deux rois :
« Seigneurs barons, vous chevaucherez devant,
vous conduirez tous mes corps de bataille,
mais des meilleurs, j'en veux garder trois avec moi :
l'un sera fait de Turcs, et l'autre d'Ormaleis,
3285 et le troisième des géants de Malpreis.
Ceux d'Occïant resteront avec moi,
ils combattront Charles et les Français.
Si contre moi l'empereur livre combat,
il en perdra la tête sur ses épaules.
3290 Qu'il en soit sûr, il n'aura droit qu'à cela. »

237

Les deux armées sont grandes, beaux les corps de bataille.
Ni mont ni val ni tertre ne les séparent,
pas de forêt, de bois où s'embusquer ;
ils se voient bien en terrain découvert.
3295 Baligant dit : « Mes troupes païennes,
chevauchez donc, engagez le combat !

L'enseigne port Amborres d'Oluferne !'
Paien escrïent, Precïuse l'apelent.
Dïent Franceis : 'De vos seit hoi grant perte !'
3300 Mult haltement Munjoie renuvelent.
Li emperere i fait suner ses greisles
E l'olifan, ki trestuz les esclairet.
Dïent paien : 'La gent Carlun est bele.
Bataille avrum e aduree e pesme.'   AOI

238

3305 Grant est la plaigne e large la cuntree.
Luisent cil elme as perres d'or gemmees,
E cez escuz e cez bronies safrees,
E cez espiez, cez enseignes fermees.
Sunent cez greisles, les voiz en sunt mult cleres ;
3310 De l'olifan haltes sunt les menees.
Li amiralz en apelet sun frere,
C'est Canabeus, li reis de Floredee –
Cil tint la tere entresqu'en Valsevree –
Les dis escheles Charlun li ad mustrees :
3315 'Vëez l'orgoil de France la loëe !
Mult fierement chevalchet l'empereere ;
Il est darere od cele gent barbee :
Desur lur bronies lur barbes unt getees
Altresi blanches cume neif sur gelee.
3320 Cil i ferrunt de lances e d'espees.
Bataille avrum e forte e aduree ;
Unkes nuls hom ne vit tel ajustee.'
Plus qu'om ne lancet une verge pelee,
Baligant ad ses cumpaignes passees ;
3325 Une raisun lur ad dit' e mustree :
'Venez, paien, kar j'irai en l'estree !'
De sun espiét la hanste en ad branlee,
Envers Karlun la mure en ad turnee.   AOI

239

Carles li magnes, cum il vit l'amiraill
3330 E le dragon, l'enseigne e l'estandart, –
De cels d'Arabe si grant force i par ad,
De la contree unt purprises les parz

3302. Le sens de ce vers est obscur.

3317. Il est question de la dixième division de l'armée impériale composée de vétérans venus de l'Ile-de-France et commandée par Charlemagne lui-même ; voir les vv. 3084-3095.

Le porte-enseigne, que ce soit Amborre d'Oluferne ! »
Les païens crient, c'est Précieuse qu'ils invoquent.
Les Français disent : « Que vos pertes soient lourdes
[aujourd'hui ! »
3300 et à leur tour ils crient « Monjoie ! » très fort.
Puis l'empereur fait sonner ses clairons
et l'olifant, qui les rend plus sonores.
Les païens disent : « L'armée de Charles est belle.
Nous aurons une bataille acharnée et violente. »

238

3305 Grande est la plaine, dégagée la campagne.
Les heaumes brillent, aux gemmes montées sur l'or,
et les écus, les brognes laquées or,
et les épieux, les enseignes attachées.
Les clairons sonnent, les voix en sont très claires ;
3310 de l'olifant les sonneries sont fortes.
L'émir convoque son frère,
c'est Canabeu, le roi de Floredée –
il tient la terre jusqu'à Val-Sevrée –
et il lui montre les dix corps de bataille de Charles :
3315 « Voyez l'orgueil de France la renommée !
L'empereur chevauche terrible et fier :
il est derrière, avec ses gens barbus,
et sur leurs brognes ils ont étalé leurs barbes
tout aussi blanches que neige sur glace.
3320 Ils frapperont bien des lances et des épées.
Nous, nous aurons une bataille dure et acharnée ;
jamais personne ne vit pareil affrontement. »
Plus loin encore qu'on ne lance une verge pelée,
Baligant a dépassé ses compagnies ;
3325 il les harangue et leur adresse ces mots :
« Venez, païens, je vous ouvre la voie ! »
De son épieu il a brandi la hampe,
en a tourné la pointe vers Charles.

239

Charles le Grand, quand il vit l'émir,
3330 et le dragon, l'enseigne et l'étendard –
la force de ceux d'Arabie était telle
qu'ils occupaient la région tout entière,

Ne mes que tant cum l'emperere en ad –
Li reis de France s'en escrïet mult halt :
3335 'Barons franceis, vos estes bons vassals,
Tantes batailles avez faites en camps ;
Vëez paien : felun sunt e cuart !
Tute lor leis un dener ne lur valt.
S'il unt grant gent, d'iço, seignurs, qui calt ?
3340 Ki or ne voelt a mei venir, s'en alt !'
Des esperons puis brochet le cheval,
E Tencendor li ad fait quatre salz.
Dïent Franceis : 'Icist reis est vassals !
Chevalchez, bers, nul de nus ne vus falt !'

240

3345 Clers fut li jurz e li soleilz luisanz ;
Les oz sunt beles e les cumpaignes granz.
Justees sunt les escheles devant :
Li quens Rabels e li quens Guinemans
Lascent les resnes a lor cevals curanz,
3350 Brochent a eit, dunc laisent curre Francs,
Si vunt ferir de lur espiez trenchanz.   AOI

241

Li quens Rabels est chevaler hardiz :
Le cheval brochet des esperuns d'or fin,
Si vait ferir Torleu, le rei persis.
3355 N'escut ne bronie ne pout sun colp tenir :
L'espiét a or li ad enz el cors mis,
Que mort l'abat sur un boissun petit.
Dïent Franceis : 'Damnesdeus nos aït !
Carles ad dreit, ne li devom faillir.'   AOI

242

3360 Guineman justet a un rei de Leutice :
Tute li freint la targe k'est flurie,
Aprés li ad la bronie descunfite,
Tute l'enseigne li ad enz el cors mise,
Que mort l'abat, ki qu'en plurt u ki'n rïet.
3365 A icest colp cil de France s'escrïent :
'Ferez, baron, si ne vos targez mie !
Carles ad dreit vers la gent paënisme.
Deus nus ad mis al plus verai juïse.'   AOI

sauf la partie qu'en tenait l'empereur –,
le roi de France s'écrie très haut :

3335 « Barons français, vous êtes de braves vassaux,
vous qui avez tant combattu sur les champs de bataille ;
voyez, ils sont félons et lâches, ces païens !
Leur religion ne vaut pas un denier.
Qu'importe, seigneurs, s'ils sont aussi nombreux ?

3340 Qui ne veut pas me suivre, qu'il s'en aille ! »
Sur ce, il pique son destrier des éperons,
et Tencendur lui a fait quatre bonds.
Les Français disent : « C'est un vaillant, ce roi !
Sire, chevauchez ! Pas un de nous ne vous fait défaut ! »

240

3345 Clair est le jour, éclatant le soleil,
belles les armées, et grands les bataillons.
Les premiers corps de bataille en viennent aux prises :
Le comte Rabel et le comte Guineman
lâchent les rênes à leurs destriers rapides,

3350 piquent fort des deux, les Francs prennent le galop
et vont frapper de leurs épieux tranchants.

241

Le comte Rabel est un chevalier courageux :
il pique des deux, des éperons d'or pur,
et va frapper Torleu, le roi persan.

3355 Ni son écu ni sa brogne ne peuvent parer le coup :
l'épieu doré, il le lui a plongé dans le corps,
et l'abat mort sur un petit buisson.
Les Français disent : « Que notre Seigneur nous aide !
Charles a le droit pour lui, nous ne devons pas lui faire
[défaut ! »

242

3360 Guineman lutte contre un roi de Leutice :
lui a brisé toute la targe ornée de fleurons,
lui a défait ensuite la brogne,
lui a plongé dans le corps toute l'enseigne,
et l'abat mort, qu'on en pleure, qu'on en rie.

3365 Voyant ce coup, ceux de France s'écrient :
« Frappez, barons, et ne tardez pas !
Charles a le droit pour lui contre le peuple païen.
Dieu nous a fait administrer sa justice ultime. »

243

Malprimes siet sur un cheval tut blanc,
3370 Cunduit sun cors en la presse des Francs,
D'ures en altres granz colps i vait ferant,
L'un mort sur l'altre suvent vait tresturnant.
Tut premereins s'escrïet Baligant :
'Li mien baron, nurrit vos ai lung tens ;
3375 Vëez mun filz, qui Carlun vait querant,
E a ses armes tanz barons calunjant, –
Meillor vassal de lui ja ne demant –
Succurez le a voz espiez trenchant !'
A icest mot paien venent avant,
3380 Durs colps i fierent, mult est li caples granz.
La bataille est merveilluse e pesant :
Ne fut si fort enceis ne puis cel tens.   AOI

244

Granz sunt les oz e les cumpaignes fieres,
Justees sunt trestutes les escheles,
3385 E li paien merveillusement fierent.
Deus ! tantes hanstes i ad parmi brisees,
Escuz fruisez e bronies desmaillees !
La vëisez la tere si junchee,
L'erbe del camp, ki est verte e delgee,
3390 [Del sanc qu'en ist est tute envermeille].
Li amiralz recleimet sa maisnee :
'Ferez, baron, sur la gent chrestïene !'
La bataille est mult dure e afichee :
Unc einz ne puis ne fut tel ajustee ;
3395 Josqu'a la noit n'en ert fins otrïee.   AOI

245

Li amiralz la süe gent apelet :
'Ferez, paien, por el venud n'i estes !
Jo vos durrai muillers gentes e beles,
Si vos durai feus e honors e teres.'
3400 Paien respundent : 'Nus le devuns ben fere.'
A colps pleners de lor espiez i perdent,
Plus de cent milie espees i unt traites.
Ais vos le caple e dulurus e pesmes !
Bataille veit cil ki entr'els volt estre.   AOI

3390. Restitution d'un vers manquant d'après les autres versions.

243

Malprimes monte un cheval tout blanc,
3370 il se dirige au plus épais des troupes franques,
à maintes reprises il assène de grands coups,
et les renverse morts, les uns sur les autres.
Tout le premier Baligant s'écrie :
« Depuis longtemps, mes barons, je vous nourris ;
3375 voyez mon fils qui s'attaque à Charles
et qui défie de ses armes tant de barons –
je ne demande pas de meilleur vassal que lui –,
secourez-le de vos épieux tranchants ! »
À ces mots les païens s'avancent,
3380 frappent de durs coups ; le combat est très rude,
redoutable est la bataille et dure à supporter :
depuis ce temps, ni avant, il n'en fut d'aussi violente.

244

Les armées sont grandes, les compagnies intrépides,
et tous les corps de bataille sont aux prises ;
3385 les païens frappent de façon terrifiante.
Dieu ! tant de hampes brisées en deux,
d'écus cassés, de brognes déchirées !
Vous auriez vu là la terre si jonchée
que l'herbe du champ, verte et tendre,
3390 est rendue toute vermeille par le sang qui se répand.
L'émir exhorte ses plus proches vassaux :
« Frappez, barons, sur le peuple chrétien ! »
La bataille est très rude et serrée :
depuis ce temps, ni avant, il n'y eut pareil affrontement ;
3395 jusqu'à la nuit, la fin n'en sera pas accordée.

245

L'émir s'adresse à ses troupes :
« Frappez, païens ; vous n'êtes là que pour cela !
Je vous donnerai des femmes nobles et belles,
je vous donnerai des fiefs, des terres, des domaines. »
3400 « Nous devons bien le faire », répondent les païens.
Ils frappent si fort qu'ils y perdent de leurs épieux ;
ils ont tiré plus de cent mille épées.
Et le voici, le combat, doŭloureux et violent !
Celui qui lutte parmi eux voit ce qu'est une vraie bataille.

246

3405 Li emperere recleimet ses Franceis :
'Seignors barons, jo vos aim, si vos crei.
Tantes batailles avez faites pur mei,
Regnes cunquis e desordenét reis !
Ben le conuis que gueredun vos dei
3410 E de mun cors, de teres e d'aveir.
Vengez voz filz, voz freres e voz heirs
Qu'en Rencesvals furent ocis ier seir !
Ja savez vos, cuntre paiens ai dreit.'
Respondent Franc : 'Sire, vos dites veir.'
3415 Tels vint miliers en ad Charles od sei,
Cumunement l'en prametent lor feiz :
Ne li faldrunt pur mort ne pur destreit.
N'en i ad cel sa lance n'i empleit,
De lur espees i fierent demaneis.
3420 La bataille est de merveillus destreit.　　　　　AOI

247

Li ber Malprimes parmi le camp chevalchet,
De cels de France i fait mult grant damage.
Naimes li dux fierement le reguardet,
Vait le ferir cum hume vertudable :
3425 De sun escut li freint la pene halte,
De sun osberc les dous pans li desaffret,
El cors li met tute l'enseigne jalne,
Que mort l'abat entre set cenz des altres.

248

Reis Canabeus, le frere a l'amiraill,
3430 Des esperuns ben brochet sun cheval ;
Trait ad l'espee – le punt est de cristal –
Si fiert Naimun en l'elme principal :
L'une meitiét l'en fruissed d'une part,
Al brant d'acer l'en trenchet cinc des laz.
3435 Li capelers un dener ne li valt :
Trenchet la coife entresquë a la char,
Jus a la tere une piece en abat.
Granz fut li colps, li dux en estonat :
Sempres caïst, se Deus ne li aidast.
3440 De sun destrer le col en enbraçat ;

3433. *Meitiét* en ancien français a souvent le sens de « partie » plutôt que « moitié ».

246

3405 L'empereur exhorte ses Français :
« Seigneurs barons, je vous aime bien, je crois en vous.
Que de batailles vous avez livrées pour moi,
que de royaumes conquis, que de rois déposés !
Je vous dois bien une récompense, j'en conviens,
3410 de ma personne, de terres et de biens.
Vengez vos fils, vos frères, vos héritiers
qui à Roncevaux ont été tués hier soir !
Moi, j'ai le droit contre les païens, vous le savez. »
Les Francs répondent : « Sire, vous dites vrai. »
3415 Charles a vingt mille hommes avec lui
qui tous ensemble lui jurent leur fidélité :
dussent-ils souffrir, mourir même, ils ne lui feraient pas
Il n'en est pas qui n'assène des coups de lance ;   [défaut.
de leurs épées ils frappent de grands coups.
3420 La bataille est effroyablement serrée.

247

Malprimes le noble chevauche à travers le champ,
de ceux de France il fait un grand massacre.
D'un œil farouche, le duc Naimes le regarde,
va le frapper en homme très vigoureux :
3425 lui brise l'écu en haut sur le rebord,
et fait sauter la laque des deux pans de son haubert,
il lui enfonce dans le corps toute l'enseigne jaune,
et l'abat mort au milieu de sept cents autres.

248

Le roi Canabeu, le frère de l'émir,
3430 de ses éperons pique bien son cheval ;
il a tiré l'épée au pommeau de cristal,
et en frappe Naimes sur le sommet du heaume :
sur un côté il en brise une partie,
et il lui tranche cinq des lacets avec sa lame d'acier.
3435 La chapeline ne lui vaut pas un denier :
jusqu'à la chair il lui tranche la coiffe,
en fait tomber à terre un morceau.
Le coup fut fort, le duc en fut étourdi :
il serait certes tombé, si Dieu ne l'avait pas secouru.
3440 Il s'accrocha au cou de son destrier ;

Se li paiens une feiz recuvrast,
Sempres fust mort li nobilies vassal.
Carles de France i vint ki l' succurrat.   AOI

249

Naimes li dux tant par est anguissables,
3445 E li paiens de ferir mult le hastet.
Carles li dist : 'Culvert, mar le baillastes !'
Vait le ferir par sun grant vasselage :
L'escut li freint, cuntre le coer li quasset,
De sun osberc li desrumpt la ventaille,
3450 Que mort l'abat ; la sele en remeint guaste.

250

Mult ad grant doel Carlemagnes li reis,
Quant Naimun veit nafrét dedevant sei,
Sur l'erbe verte le sanc tut cler cäeir.
Li empereres li ad dit a cunseill :
3455 'Bel sire Naimes, kar chevalcez od mei !
Morz est li gluz k'en destreit vus teneit ;
El cors li mis mun espiét une feiz.'
Respunt li dux : 'Sire, jo vos en crei.
Se jo vif alques, mult grant prod i avreiz.'
3460 Puis sunt justez par amur e par feid,
Ensembl'od els tels vint milie Franceis :
N'i ad celoi n'i fierge o n'i capleit.   AOI

251

Li amiralz chevalchet par le camp,
Si vait ferir le cunte Guineman :
3465 Cuntre le coer li fruisset l'escut blanc,
De sun osberc li derumpit les pans,
Les dous costez li deseivret des flancs,
Que mort l'abat de sun cheval curant.
Puis sunt ocis Gebuïn e Lorant,
3470 Richart le veill, li sire des Normans.
Paien escrïent : 'Precïuse est vaillant !
Ferez, baron, nus i avom guarant !'   AOI

252

Ki puis veïst li chevaler d'Arabe,
Cels d'Occïant e d'Argoillie e de Bascle !
3475 De lur espiez ben i fierent e caplent,

si le païen avait seulement frappé à nouveau,
il serait mort sans doute, le vaillant vassal.
Charles de France vint à lui : il va le secourir.

249

Le duc Naimes est tout oppressé d'angoisse,
3445 et le païen menace de le frapper.
« Truand », dit Charles, « vous avez eu tort de le toucher ! »
Plein de vaillance, il va le frapper :
lui brise l'écu, le lui écrase contre le cœur,
lui fait voler la ventaille de son haubert,
3450 et l'abat mort ; la selle reste dégarnie.

250

Le roi Charlemagne souffre cruellement
quand, devant lui, il voit Naimes blessé,
et son sang clair tomber sur l'herbe verte.
Tout bas, l'empereur lui a dit :
3455 « Chevauchez donc, beau sire Naimes, avec moi !
Il est bien mort, le truand qui vous harcelait ;
je lui ai mis mon épieu dans le corps une fois pour toutes. »
Le duc répond : « Sire, je vous fais confiance.
Si je survis, vous en tirerez grand profit. »
3460 En tout amour et toute foi, ils se sont mis côte à côte ;
et avec eux sont vingt mille Français :
il n'en est pas un qui ne frappe et ne refrappe.

251

L'émir chevauche à travers le champ,
et va frapper le comte Guineman :
3465 lui brise l'écu blanc contre son cœur,
et lui déchire les pans de son haubert,
il lui sépare des hanches les deux flancs
et l'abat mort de son destrier rapide.
Puis il a tué Gebuin et Lorant,
3470 Richard le Vieux, le seigneur des Normands.
Les païens s'écrient : « Elle est vaillante, Précieuse !
Frappez, barons, nous avons notre protecteur ! »

252

Vous auriez vu alors les chevaliers d'Arabie,
ceux d'Occïant, d'Argoille et de Bascle !
3475 De leurs épieux ils frappent et refrappent.

E li Franceis n'unt talent que s'en algent ;
Asez i moerent e des uns e des altres.
Entresqu'al vespre est mult fort la bataille ;
Des francs barons i ad mult grant damage ;
3480 Doel i avrat, enceis qu'ele departed.   AOI

253

Mult ben i fierent Franceis e Arrabit ;
Fruissent cez hanstes e cil espiez furbit.
Ki dunc veïst cez escuz si malmis,
Cez blancs osbercs ki dunc oïst fremir,
3485 E cez escuz sur cez helmes cruisir,
Cez chevalers ki dunc veïst caïr
E humes braire, contre tere murir,
De grant dulor li poüst suvenir.
Ceste bataille est mult fort a suffrir.
3490 Li amiralz recleimet Apolin
E Tervagan e Mahum altresi :
'Mi damnedeu, jo vos ai mult servit,
E voz ymagenes referai tut d'or fin ;   AOI
[Cuntre Carlun devez mei guarantir.']
3495 As li devant un soen drut, Gemalfin,
Males nuveles li aportet e dit :
'Baligant, sire, mal estes oi baillit :
Perdut avez Malprimes, vostre filz,
E Canabeus, vostre frere, est ocis.
3500 A dous Franceis belement en avint :
Li empereres en est l'uns, ço m'est vis ;
Granz ad le cors, ben resenblet marchis,
Blanche ad la barbe cume flur en avrill.'
Li amiralz en ad le helme enclin,
3505 E enaprés si'n enbrunket sun vis.
Si grant doel ad, sempres qu'ïad murir ;
Si'n apelat Jangleu l'Ultremarin.

254

Dist l'amiraill : 'Jangleu, venez avant !
Vos estes proz, vostre saveir est grant,
3510 Vostre conseill ai jo creü tuz tens.
Que vos en semblet d'Arrabiz e de Francs,

3494. Nous rétablissons ce vers qui manque dans le manuscrit. La numérotation des vv. 3490-3495 est fausse dans les éditions de Bédier et de Moignet.

Les Français, eux, ne songent pas à s'enfuir.
Beaucoup y meurent, des uns et des autres.
La bataille est très dure jusqu'au soir;
parmi les Francs, il y a de lourdes pertes;
3480 on souffrira encore avant que la bataille prenne fin.

253

Ils frappent très fort, les Francs et les Arabes;
les lances se brisent, et les épieux fourbis.
Qui aurait vu alors les écus disloqués,
qui aurait entendu crisser les hauberts brillants,
3485 et les écus grincer sur les heaumes,
qui aurait vu alors les chevaliers tomber,
les hommes hurler, mourir par terre,
aurait souvenance d'une grande douleur.
Cette bataille est très dure à supporter.
3490 L'émir invoque Apollyon,
et Tervagan, et Mahomet aussi:
« Dieux, mes seigneurs, je vous ai beaucoup servis;
toutes vos statues, je les referai d'or pur;
vous devez bien me protéger contre Charles. »
3495 Voici qu'arrive Gemalfin, un de ses intimes,
il lui apporte de mauvaises nouvelles, et dit:
« Baligant, sire, c'est un jour funeste pour vous,
car vous avez perdu votre fils Malprimes,
et votre frère Canabeu est tué.
3500 À deux Français la fortune a souri:
l'un est l'empereur, si je comprends bien;
il a le corps grand, et tout l'air d'un marquis,
sa barbe est blanche comme fleur en avril. »
L'émir en a incliné son heaume,
3505 et puis après il baisse la tête.
Il souffrait tant qu'il pensait en mourir aussitôt;
il convoqua Jangleu d'Outremer.

254

L'émir lui dit: « Jangleu, avancez donc!
Vous êtes un preux, et d'une grande sagesse:
3510 j'ai toujours pris conseil de vous.
Que vous en semble, des Arabes et des Francs? »

3500. C'est Charlemagne qui a tué le frère de Baligant aux vv. 3446-3450,
et Naimes qui a été responsable de la mort de son fils Malprimes aux
vv. 3421-3428.

Se nos avrum la victorie del champ ?'
E cil respunt : 'Morz estes, Baligant !
Ja vostre deu ne vos erent guarant.
3515 Carles est fiers e si hume vaillant ;
Unc ne vi gent ki si fust cumbatant.
Mais reclamez les barons d'Occïant,
Turcs e Enfruns, Arabiz e Jaianz.
Ço qu'estre en deit, ne l'alez demurant !'

255

3520 Li amiraill ad sa barbe fors mise,
Altresi blanche cume flur en espine :
Cument qu'il seit, ne s'i voelt celer mie.
Met a sa buche une clere buisine,
Sunet la cler, que si paien l'oïrent ;
3525 Par tut le camp ses cumpaignes ralïent.
Cil d'Ocïant i braient e henissent,
E cil d'Arguille si cume chen glatissent ;
Requerent Franc par si grant estultie,
El plus espés si's rumpent e partissent ;
3530 A icest colp en jetent mort set milie.

256

Li quens Oger cuardise n'out unkes ;
Meillor vassal de lui ne vestit bronie.
Quant de Franceis les escheles vit rumpre,
Si apelat Tierri, le duc d'Argone,
3535 Gefrei d'Anjou e Jozeran le cunte.
Mult fierement Carlun en araisunet :
'Vëez paien cum ocïent voz humes !
Ja Deu ne placet qu'el chef portez corone
S'or n'i ferez pur venger vostre hunte !'
3540 N'i ad icel ki un sul mot respundet.
Brochent ad eit, lor cevals laissent cure,
Vunt les ferir la o il les encuntrent.   AOI

257

Mult ben i fiert Carlemagnes li reis,
Naimes li dux e Oger li Daneis,
3545 Geifreid d'Anjou, ki l'enseigne teneit.
Mult par est proz danz Ogers li Daneis :
Puint le ceval, laisset curre ad espleit,
Vait cel ferir ki le dragun teneit,
Si jetet mort Ambure devant sei,

Emporterons-nous la victoire du combat ? »
Celui-ci répond : « Vous êtes mort, Baligant !
Jamais vos dieux ne vous protégeront.
3515 Charlemagne est intrépide, et ses hommes vaillants ;
je n'ai jamais vu de peuple aussi combatif.
Faites donc appel aux barons d'Occïant :
Turcs et Enfruns, Arabes et Géants.
Quoi qu'il arrive, ne tardez surtout pas ! »

255

3520 Sur ce, l'émir a étalé sa barbe
tout aussi blanche que fleur d'aubépine :
quoi qu'il arrive, il ne cherche pas à se cacher.
Puis à sa bouche il met une claire trompette,
il la sonne clair, et ses païens l'entendirent ;
3525 par tout le champ ils rallient ses bataillons.
Ceux d'Occïant braient et hennissent,
et ceux d'Argoille glapissent comme des chiens ;
tout téméraires, ils attaquent les Francs,
en rompent les rangs, les divisent dans la mêlée ;
3530 du coup ils jettent morts sept mille hommes.

256

Le comte Ogier ne connut jamais la couardise ;
meilleur vassal que lui ne revêtit jamais la brogne.
Quand il vit rompre les corps de bataille des Français,
il rassembla Thierry, le duc d'Argonne,
3535 Geoffroi d'Anjou et le comte Jozeran.
À Charles il lance ces paroles fougueuses :
« Voyez un peu comme les païens tuent vos hommes !
Ne plaise à Dieu que vous portiez la couronne sur la tête,
si aussitôt vous ne frappez pas pour venger votre honte ! »
3540 Il n'en est nul qui réponde un seul mot.
Ils piquent des deux, laissent courir les chevaux,
vont les frapper où qu'ils les rencontrent.

257

Le roi Charlemagne frappe fort bien,
et le duc Naimes, Ogier le Danois aussi,
3545 et Geoffroi d'Anjou, qui tenait l'enseigne.
Il est très preux, sire Ogier le Danois :
il pique son cheval, le laisse courir à fond ;
il va frapper celui qui tenait le dragon,
et il renverse Amborre mort devant lui,

3550 E le dragon e l'enseigne le rei.
Baligant veit sun gunfanun cadeir
E l'estandart Mahumet remaneir ;
Li amiralz alques s'en aperceit
Quë il ad tort e Carlemagnes dreit.
3555 Paien d'Arabe s'en cuntienent plus quei.
Li emperere recleimet ses Franceis :
'Dites, baron, por Deu, si m'aidereiz.'
Respundent Francs : 'Mar le demandereiz !
Trestut seit fel ki n'i fierge a espleit !'   AOI

258

3560 Passet li jurz, si turne a la vespree.
Franc e paien i fierent des espees.
Cil sunt vassal ki les oz ajusterent,
Mais lor enseignes n'i unt mie ublïees :
Li amiralz Precïuse ad crïee,
3565 Carles Munjoie, l'enseigne renumee.
L'un conuist l'altre as haltes voiz e cleres.
Enmi le camp amdui s'entr'encuntrerent :
Si s' vunt ferir, granz colps s'entredunerent
De lor espiez en lor targes roëes ;
3570 Fraites les unt desuz cez bucles lees,
De lor osbercs les pans en desevrerent,
Dedenz cez cors mie ne s'adeserent.
Rumpent cez cengles e cez seles turnerent,
Chëent li rei, a tere se verserent ;
3575 Isnelement sur lor piez releverent ;
Mult vassalment unt traites les espees.
Ceste bataille nen ert mais destornee :
Seinz hume mort ne poet estre achevee.   AOI

259

Mult est vassal Carles de France dulce :
3580 Li amiralz, il ne l' crent ne ne dutet.
Cez lor espees tutes nües i mustrent,
Sur cez escuz mult granz colps s'entredunent :
Trenchent les quirs e cez fuz ki sunt dubles,
Chëent li clou, si peceient les bucles ;
3585 Puis fierent il nud a nud sur lur bronies,
Des helmes clers li fous en escarbunet.
Ceste bataille ne poet remaneir unkes
Josque li uns sun tort i reconuisset.   AOI

3550 et le dragon aussi, et l'enseigne du roi.
Baligant voit tomber son gonfanon
et l'étendard de Mahomet réduit à néant ;
l'émir commence à prendre conscience
que le tort est pour lui, le droit pour Charlemagne.
3555 Et les païens d'Arabie s'en morfondent.
À ses Français l'empereur fait appel :
« Dites, mes barons, pour Dieu, vous m'aiderez. »
Les Francs répondent : « Inutile de le demander !
Et maudit soit qui ne frappe de toutes ses forces ! »

258

3560 Le jour s'en va, il tourne au soir.
Francs et païens frappent de leurs épées.
Ceux qui dirigent les armées sont des vaillants,
et ils n'ont pas oublié leur cri de guerre :
l'émir a crié « Précieuse ! »,
3565 et Charles « Monjoie ! », cette enseigne renommée.
À leurs voix hautes et claires, ils se reconnaissent l'un
tous deux se rencontrèrent au milieu du champ :   [l'autre ;
ils vont se frapper, se donnent de grands coups
de leurs épieux sur leur targes à rosaces ;
3570 sous les larges boucles, ils les ont brisées,
de leurs hauberts ils firent voler les pans,
mais dans leur chair ils ne se touchèrent pas.
Les sangles rompent, les selles basculent,
les deux rois tombent par terre, à la renverse ;
3575 ils se relèvent aussitôt sur leurs pieds ;
très vaillamment ils ont tiré leurs épées.
Et cette bataille ne peut que suivre son cours :
elle ne pourra finir sans que l'un d'eux ne meure.

259

Il est vaillant, Charles de France la douce :
3580 quant à l'émir, il ne le redoute ni ne le craint.
Ils brandissent leurs épées toutes nues,
sur les écus ils s'en donnent de rudes coups :
ils tranchent les cuirs, les ais à double épaisseur ;
les clous en tombent, les boucles volent en éclats ;
3585 sans protection, ils se frappent sur leurs brognes,
et des heaumes clairs le feu jaillit en étincelles.
Et cette bataille ne s'arrêtera pas
jusqu'à ce que l'un d'eux reconnaisse son tort.

260

Dist l'amiraill : 'Carles, kar te purpenses,
3590 Si pren cunseill que vers mei te repentes !
Mort as mun filz, par le men escïentre,
A mult grant tort mun païs me calenges ;
Deven mes hom ; en fiét le te voeill rendre ;
Ven mei servir d'ici qu'en Orïente !'
3595 Carles respunt : 'Mult grant viltét me semblet :
Pais në amor ne dei a paien rendre.
Receif la lei que Deus nos apresentet,
Chrestïentét, e puis t'amerai sempres ;
Puis serf e crei le rei omnipotente !'
3600 Dist Baligant : 'Malvais sermun cumences !'
Puis vunt ferir des espees qu'unt ceintes.   AOI

261

Li amiralz est mult de grant vertut :
Fiert Carlemagne sur l'elme d'acer brun,
Desur la teste li ad frait e fendut ;
3605 Met li l'espee sur les chevels menuz,
Prent de la carn grant pleine palme e plus ;
Iloec endreit remeint li os tut nut.
Carles cancelet, por poi qu'il n'est caüt,
Mais Deus ne volt qu'il seit mort ne vencut.
3610 Seint Gabrïel est repairét a lui,
Si li demandet : 'Reis magnes, que fais tu ?'

262

Quant Carles ot la seinte voiz de l'angle,
Nen ad poür ne de murir dutance.
Repairet loi vigur e remembrance :
3615 Fiert l'amiraill de l'espee de France,
L'elme li freint o les gemmes reflambent,
Trenchet la teste pur la cervele espandre
E tut le vis tresqu'en la barbe blanche,
Que mort l'abat senz nule recuvrance.
3620 Munjoie escrïet pur la reconuisance.
A icest mot venuz i est dux Neimes,
Prent Tencendur, muntét est li reis magnes.

260

« Charles », dit l'émir, « réfléchis donc,
3590   et résous-toi à te repentir par-devers moi !
C'est toi, je sais, qui as tué mon fils ;
à très grand tort, tu me disputes ce pays ;
sois mon vassal ; je suis prêt à te le donner en fief ;
viens me servir d'ici jusqu'en Orient ! »
3595   Charles lui répond : « Cela me semble fort déshonorant :
à un païen, je ne dois rendre ni paix ni amour.
Reçois plutôt la religion que Dieu nous révèle,
la loi chrétienne, puis je t'aimerai aussitôt ;
sers par la suite le roi tout-puissant, et crois en lui ! »
3600   Baligant dit : « Tu prêches un sermon indigne ! »
Ils vont alors se frapper des épées qu'ils ont ceintes.

261

L'émir possède une très grande force :
il frappe Charlemagne sur le heaume d'acier bruni,
et le lui brise et fend sur la tête,
3605   lui met l'épée sur ses cheveux drus,
et lui enlève une pleine paume, et plus, de chair ;
l'os reste à vif à cet endroit.
Charles chancelle, peu s'en faut qu'il ne soit tombé,
mais Dieu ne veut pas qu'il soit tué ou vaincu.
3610   Saint Gabriel est revenu vers lui,
et lui demande : « Grand roi, que fais-tu ? »

262

Quand Charles entend la sainte voix de l'ange,
il ne redoute ni ne craint de mourir.
Il a repris ses sens et il reprend ses forces :
3615   il frappe l'émir de l'épée de France,
lui brise le heaume aux gemmes flamboyantes,
lui ouvre le crâne – la cervelle s'en répand –
et le visage jusqu'à la barbe blanche,
et l'abat mort sans espoir de salut.
3620   Il crie « Monjoie » pour se faire reconnaître.
Et à ce mot, le duc Naimes est venu,
il lui attrape Tencendur, le grand roi y est remonté.

Paien s'en turnent, ne volt Deus qu'i remainent.
Or sunt Franceis a icels qu'il demandent.

263

3625 Paien s'en fuient cum Damnesdeus le voelt ;
Encalcent Franc e l'emperere avoec.
Ço dist li reis : 'Seignurs, vengez voz doels,
Si esclargiez voz talenz e voz coers,
Kar hoi matin vos vi plurer des oilz.'
3630 Respondent Franc : 'Sire, ço nus estoet !'
Cascuns i fiert tanz granz colps cum il poet.
Poi s'en estoerstrent d'icels ki sunt iloec.

264

Granz est li calz, si se levet la puldre.
Paien s'en fuient e Franceis les anguissent ;
3635 Li enchalz duret d'ici qu'en Sarraguce.
Ensum sa tur muntee est Bramimunde,
Ensembl'od li si clerc e si canonie
De false lei, que Deus nen amat unkes :
Ordres nen unt në en lor chefs corones.
3640 Quant ele vit Arrabiz si cunfundre,
A voiz s'escrïe : 'Aïez nos, Mahume !
E ! gentilz reis, ja sunt vencuz noz humes,
Li amiralz ocis a si grant hunte !'
Quant l'ot Marsilie, vers sa pareit se turnet,
3645 Pluret des oilz, tute sa chere enbrunchet ;
Morz est de doel, si cum pecchét l'encumbret.
L'anme de lui as vifs dïables dunet.   AOI

265

Paien sunt morz, alquant turnét en fuie ;
E Carles ad sa bataille vencue.
3650 De Sarraguce ad la porte abatue ;
Or set il ben que n'ert mais defendue.
Prent la citét, sa gent i est venue ;
Par poëstét icele noit i jurent.
Fiers est li reis a la barbe canue,
3655 E Bramimunde les turs li ad rendues :

3646. Comme au v. 15, *pecchét* a le sens de « malheur », « calamité » (Foulet).

Paien s'en turnent, ne volt Deus qu'i remainent.
Or sunt Franceis a icels qu'il demandent.

263

3625 Paien s'en fuient cum Damnesdeus le voelt;
Encalcent Franc e l'emperere avoec.
Ço dist li reis : 'Seignurs, vengez voz doels,
Si esclargiez voz talenz e voz coers,
Kar hoi matin vos vi plurer des oilz.'
3630 Respondent Franc : 'Sire, ço nus estoet !'
Cascuns i fiert tanz granz colps cum il poet.
Poi s'en estoerstrent d'icels ki sunt iloec.

264

Granz est li calz, si se levet la puldre.
Paien s'en fuient e Franceis les anguissent;
3635 Li enchalz duret d'ici qu'en Sarraguce.
Ensum sa tur muntee est Bramimunde,
Ensembl'od li si clerc e si canonie
De false lei, que Deus nen amat unkes :
Ordres nen unt në en lor chefs coronés.
3640 Quant ele vit Arrabiz si cunfundre,
A voiz s'escrïe : 'Aïez nos, Mahume !
E ! gentilz reis, ja sunt vencuz noz humes,
Li amiralz ocis a si grant hunte !'
Quant l'ot Marsilie, vers sa pareit se turnet,
3645 Pluret des oilz, tute sa chere enbrunchet;
Morz est de doel, si cum pecchét l'encumbret.
L'anme de lui as vifs dïables dunet.   AOI

265

Paien sunt morz, alquant turnét en fuie;
E Carles ad sa bataille vencue.
3650 De Sarraguce ad la porte abatue;
Or set il ben que n'ert mais defendue.
Prent la citét, sa gent i est venue;
Par poëstét icele noit i jurent.
Fiers est li reis a la barbe canue,
3655 E Bramimunde les turs li ad rendues :

3646. Comme au v. 15, *pecchét* a le sens de « malheur », « calamité » (Foulet).

260

« Charles », dit l'émir, « réfléchis donc,
3590 et résous-toi à te repentir par-devers moi !
C'est toi, je sais, qui as tué mon fils ;
à très grand tort, tu me disputes ce pays ;
sois mon vassal ; je suis prêt à te le donner en fief ;
viens me servir d'ici jusqu'en Orient ! »
3595 Charles lui répond : « Cela me semble fort déshonorant :
à un païen, je ne dois rendre ni paix ni amour.
Reçois plutôt la religion que Dieu nous révèle,
la loi chrétienne, puis je t'aimerai aussitôt ;
sers par la suite le roi tout-puissant, et crois en lui ! »
3600 Baligant dit : « Tu prêches un sermon indigne ! »
Ils vont alors se frapper des épées qu'ils ont ceintes.

261

L'émir possède une très grande force :
il frappe Charlemagne sur le heaume d'acier bruni,
et le lui brise et fend sur la tête,
3605 lui met l'épée sur ses cheveux drus,
et lui enlève une pleine paume, et plus, de chair ;
l'os reste à vif à cet endroit.
Charles chancelle, peu s'en faut qu'il ne soit tombé,
mais Dieu ne veut pas qu'il soit tué ou vaincu.
3610 Saint Gabriel est revenu vers lui,
et lui demande : « Grand roi, que fais-tu ? »

262

Quand Charles entend la sainte voix de l'ange,
il ne redoute ni ne craint de mourir.
Il a repris ses sens et il reprend ses forces :
3615 il frappe l'émir de l'épée de France,
lui brise le heaume aux gemmes flamboyantes,
lui ouvre le crâne – la cervelle s'en répand –
et le visage jusqu'à la barbe blanche,
et l'abat mort sans espoir de salut.
3620 Il crie « Monjoie » pour se faire reconnaître.
Et à ce mot, le duc Naimes est venu,
il lui attrape Tencendur, le grand roi y est remonté.

3550 et le dragon aussi, et l'enseigne du roi.
Baligant voit tomber son gonfanon
et l'étendard de Mahomet réduit à néant ;
l'émir commence à prendre conscience
que le tort est pour lui, le droit pour Charlemagne.
3555 Et les païens d'Arabie s'en morfondent.
À ses Français l'empereur fait appel :
« Dites, mes barons, pour Dieu, vous m'aiderez. »
Les Francs répondent : « Inutile de le demander !
Et maudit soit qui ne frappe de toutes ses forces ! »

258

3560 Le jour s'en va, il tourne au soir.
Francs et païens frappent de leurs épées.
Ceux qui dirigent les armées sont des vaillants,
et ils n'ont pas oublié leur cri de guerre :
l'émir a crié « Précieuse ! »,
3565 et Charles « Monjoie ! », cette enseigne renommée.
À leurs voix hautes et claires, ils se reconnaissent l'un
tous deux se rencontrèrent au milieu du champ :   [l'autre ;
ils vont se frapper, se donnent de grands coups
de leurs épieux sur leur targes à rosaces ;
3570 sous les larges boucles, ils les ont brisées,
de leurs hauberts ils firent voler les pans,
mais dans leur chair ils ne se touchèrent pas.
Les sangles rompent, les selles basculent,
les deux rois tombent par terre, à la renverse ;
3575 ils se relèvent aussitôt sur leurs pieds ;
très vaillamment ils ont tiré leurs épées.
Et cette bataille ne peut que suivre son cours :
elle ne pourra finir sans que l'un d'eux ne meure.

259

Il est vaillant, Charles de France la douce :
3580 quant à l'émir, il ne le redoute ni ne le craint.
Ils brandissent leurs épées toutes nues,
sur les écus ils s'en donnent de rudes coups :
ils tranchent les cuirs, les ais à double épaisseur ;
les clous en tombent, les boucles volent en éclats ;
3585 sans protection, ils se frappent sur leurs brognes,
et des heaumes clairs le feu jaillit en étincelles.
Et cette bataille ne s'arrêtera pas
jusqu'à ce que l'un d'eux reconnaisse son tort.

260

Dist l'amiraill : 'Carles, kar te purpenses,
3590   Si pren cunseill que vers mei te repentes !
Mort as mun filz, par le men escïentre,
A mult grant tort mun païs me calenges ;
Deven mes hom ; en fïet le te voeill rendre ;
Ven mei servir d'ici qu'en Orïente !'
3595   Carles respunt : 'Mult grant viltét me semblet :
Pais në amor ne dei a paien rendre.
Receif la lei que Deus nos apresentet,
Chrestïentét, e puis t'amerai sempres ;
Puis serf e crei le rei omnipotente !'
3600   Dist Baligant : 'Malvais sermun cumences !'
Puis vunt ferir des espees qu'unt ceintes.   AOI

261

Li amiralz est mult de grant vertut :
Fiert Carlemagne sur l'elme d'acer brun,
Desur la teste li ad frait e fendut ;
3605   Met li l'espee sur les chevels menuz,
Prent de la carn grant pleine palme e plus ;
Iloec endreit remeint li os tut nut.
Carles cancelet, por poi qu'il n'est caüt,
Mais Deus ne volt qu'il seit mort ne vencut.
3610   Seint Gabrïel est repairét a lui,
Si li demandet : 'Reis magnes, que fais tu ?'

262

Quant Carles ot la seinte voiz de l'angle,
Nen ad poür ne de murir dutance.
Repairet loi vigur e remembrance :
3615   Fiert l'amiraill de l'espee de France,
L'elme li freint o les gemmes reflambent,
Trenchet la teste pur la cervele espandre
E tut le vis tresqu'en la barbe blanche,
Que mort l'abat senz nule recuvrance.
3620   Munjoie escrïet pur la reconuisance.
A icest mot venuz i est dux Neimes,
Prent Tencendur, muntét est li reis magnes.

260

« Charles », dit l'émir, « réfléchis donc,
3590 et résous-toi à te repentir par-devers moi !
C'est toi, je sais, qui as tué mon fils ;
à très grand tort, tu me disputes ce pays ;
sois mon vassal ; je suis prêt à te le donner en fief ;
viens me servir d'ici jusqu'en Orient ! »
3595 Charles lui répond : « Cela me semble fort déshonorant :
à un païen, je ne dois rendre ni paix ni amour.
Reçois plutôt la religion que Dieu nous révèle,
la loi chrétienne, puis je t'aimerai aussitôt ;
sers par la suite le roi tout-puissant, et crois en lui ! »
3600 Baligant dit : « Tu prêches un sermon indigne ! »
Ils vont alors se frapper des épées qu'ils ont ceintes.

261

L'émir possède une très grande force :
il frappe Charlemagne sur le heaume d'acier bruni,
et le lui brise et fend sur la tête,
3605 lui met l'épée sur ses cheveux drus,
et lui enlève une pleine paume, et plus, de chair ;
l'os reste à vif à cet endroit.
Charles chancelle, peu s'en faut qu'il ne soit tombé,
mais Dieu ne veut pas qu'il soit tué ou vaincu.
3610 Saint Gabriel est revenu vers lui,
et lui demande : « Grand roi, que fais-tu ? »

262

Quand Charles entend la sainte voix de l'ange,
il ne redoute ni ne craint de mourir.
Il a repris ses sens et il reprend ses forces :
3615 il frappe l'émir de l'épée de France,
lui brise le heaume aux gemmes flamboyantes,
lui ouvre le crâne – la cervelle s'en répand –
et le visage jusqu'à la barbe blanche,
et l'abat mort sans espoir de salut.
3620 Il crie « Monjoie » pour se faire reconnaître.
Et à ce mot, le duc Naimes est venu,
il lui attrape Tencendur, le grand roi y est remonté.

Paien s'en turnent, ne volt Deus qu'i remainent.
Or sunt Franceis a icels qu'il demandent.

263

3625 Paien s'en fuient cum Damnesdeus le voelt;
Encalcent Franc e l'emperere avoec.
Ço dist li reis : 'Seignurs, vengez voz doels,
Si esclargiez voz talenz e voz coers,
Kar hoi matin vos vi plurer des oilz.'
3630 Respondent Franc : 'Sire, ço nus estoet !'
Cascuns i fiert tanz granz colps cum il poet.
Poi s'en estoerstrent d'icels ki sunt iloec.

264

Granz est li calz, si se levet la puldre.
Paien s'en fuient e Franceis les anguissent;
3635 Li enchalz duret d'ici qu'en Sarraguce.
Ensum sa tur muntee est Bramimunde,
Ensembl'od li si clerc e si canonie
De false lei, que Deus nen amat unkes :
Ordres nen unt në en lor chefs corones.
3640 Quant ele vit Arrabiz si cunfundre,
A voiz s'escrïe : 'Aïez nos, Mahume !
E ! gentilz reis, ja sunt vencuz noz humes,
Li amiralz ocis a si grant hunte !'
Quant l'ot Marsilie, vers sa pareit se turnet,
3645 Pluret des oilz, tute sa chere enbrunchet;
Morz est de doel, si cum pecchét l'encumbret.
L'anme de lui as vifs dïables dunet.   AOI

265

Paien sunt morz, alquant turnét en fuie;
E Carles ad sa bataille vencue.
3650 De Sarraguce ad la porte abatue;
Or set il ben que n'ert mais defendue.
Prent la citét, sa gent i est venue;
Par poëstét icele noit i jurent.
Fiers est li reis a la barbe canue,
3655 E Bramimunde les turs li ad rendues :

3646. Comme au v. 15, *pecchét* a le sens de « malheur », « calamité » (Foulet).

Les païens fuient ; Dieu ne veut pas qu'ils restent là.
Alors les Francs sont aux trousses de ceux qu'ils poursui-
[vent.

263

3625 Comme le Seigneur le veut, les païens s'enfuient.
Les Francs les poursuivent, et avec eux l'empereur.
Le roi leur dit : « Seigneurs, vengez vos souffrances,
apaisez vos désirs, éclaircissez vos cœurs,
car ce matin je vous ai vus pleurer des yeux. »
3630 Les Francs répondent : « Sire, il le faut bien ! »
Et chacun frappe d'aussi grands coups qu'il peut.
Peu réchappèrent de ceux qui étaient là.

264

Il fait très chaud, et la poussière s'élève.
Les païens fuient, les Francs les serrent de près ;
3635 la poursuite dure jusqu'à Saragosse.
Au sommet de sa tour, Bramimonde est montée,
et avec elle, ses clercs et ses chanoines
du culte perfide que jamais Dieu n'aima :
ils ne sont pas dans les ordres, ne portent pas la tonsure.
3640 Quand elle a vu les Arabes mis en déroute,
elle s'est écriée à haute voix : « Aidez-nous, Mahomet !
Eh ! noble roi, voilà nos hommes vaincus,
et l'émir tué si indignement ! »
Quand il l'entend, Marsile se tourne vers la paroi,
3645 il pleure des yeux, baisse toute la tête ;
tout accablé par le malheur, il est mort de douleur.
Il rend son âme aux diables incarnés.

265

Les païens sont morts, certains se sont enfuis ;
Charles a gagné la bataille.
3650 Il démolit la porte de Saragosse ;
il sait alors qu'elle ne sera plus défendue.
Il a pris donc la cité : son armée est arrivée ;
en occupant, elle y coucha cette nuit-là.
Il est farouche, le roi à la barbe chenue,
3655 et Bramimonde lui a livré les tours :

3647. Il s'agit sans doute des diables qui se manifestent en chair et en os
pour recueillir l'âme des impies. L'art médiéval en fournit de nombreux exemples.

Les dis sunt grandes, les cinquante menues.
Mult ben espleitet qui Damnedeus aiüet.

266

Passet li jurz, la noit est aserie ;
Cler luist la lune, les esteiles flambïent.
3660 Li emperere ad Sarraguce prise,
A mil Franceis fait ben cercer la vile,
Les sinagoges e les mahumeries ;
A mailz de fer e cuignees qu'il tindrent
Fruissent Mahum e trestutes les ydeles ;
3665 N'i remeindrat ne sorz ne falserie.
Li reis creit Deu, faire voelt sun servise,
E si evesque les eves beneïssent,
Meinent paiens entresqu'al baptistirie.
S'or i ad cel qui Carle cuntredie,
3670 Il le fait prendre o ardeir ou ocire.
Baptizét sunt asez plus de cent milie,
Veir chrestïen, ne mais sul la reïne :
En France dulce iert menee caitive,
Ço voelt li reis, par amur cunvertisset.

267

3675 Passet la noit, si apert le cler jor.
De Sarraguce Carles guarnist les turs :
Mil chevalers i laissat puigneürs,
Guardent la vile a oés l'empereör.
Muntet li reis e si hume trestuz,
3680 E Bramimunde meinet en sa prisun ;
Mais n'ad talent li facet se bien nun.
Repairez sunt a joie e a baldur,
Passent Nerbone par force e par vigur.
Vint a Burdeles, la citét de renun,
3685 Desur l'alter seint Sevrin le baron
Met l'oliphan plein d'or e de manguns –
Li pelerin le veient ki la vunt.
Passet Girunde a mult granz nefs qu'i sunt,
Entresqu'a Blaive ad cunduit sun nevold
3690 E Oliver, sun noble cumpaignun,

3683. Narbonne étant célèbre dans l'épopée (*cf.* les chansons de geste *Aymeri de Narbonne* et *Les Narbonnais*), on peut dire que la poésie l'emporte ici sur la vraisemblance géographique. Restituer « Arbonne » (au sud de Biarritz) est, par conséquent, courir le risque de dépoétiser notre texte.

il y en a dix grandes, et cinquante petites.
Il réussit bien, celui que notre Seigneur secourt.

266

Le jour s'en va et la nuit est tombée ;
la lune est claire et les étoiles scintillent.
3660 L'empereur a pris Saragosse,
il fait fouiller la ville avec mille Français,
les synagogues, les temples des idolâtres ;
avec des masses de fer, des cognées, à la main,
ils mettent en miettes Mahomet et toutes les idoles ;
3665 ni maléfice ni fausseté n'y subsisteront.
Le roi, lui, croit en Dieu et veut le servir,
et ses évêques bénissent les eaux,
et ils conduisent les païens jusqu'au baptistère.
S'il en est un qui s'oppose alors à Charles,
3670 il le fait mettre en prison, ou brûler, ou tuer.
Plus de cent mille sont ainsi baptisés,
de vrais chrétiens ; la reine fait exception :
en France la douce elle sera emmenée captive,
car le roi veut qu'elle se convertisse par amour.

267

3675 La nuit s'en va, le jour apparaît clair.
À Saragosse, dans les tours, Charles mit une garnison :
il y laissa mille chevaliers guerriers,
ils gardent la ville au service de l'empereur.
Puis le roi monte à cheval, et tous ses hommes aussi,
3680 et il emmène Bramimonde sous bonne garde ;
il ne lui veut, d'ailleurs, que du bien.
Allégrement ils ont pris le chemin du retour,
ils passent devant Narbonne en étalant leur force.
Charles arriva à Bordeaux, la cité renommée,
3685 et sur l'autel du noble saint Seurin
il fait l'offrande de l'olifant, plein d'or et de mangons ;
ceux qui y vont en pèlerinage le voient.
Puis il traverse la Gironde avec les grands bateaux qui y
et jusqu'à Blaye il a conduit son neveu,   [sont,
3690 et Olivier, son vaillant compagnon

3685. Sur le culte des reliques de Roncevaux, on consultera J. Bédier, *Les Légendes épiques*, tome III, pp. 341 et ss. Notons, au sujet de la célèbre théorie de Bédier sur l'importance des routes de pèlerinage dans l'élaboration des chansons de geste (« Au commencement était la route »), qu'il n'est pas fait mention une seule fois de Saint-Jacques-de-Compostelle dans notre poème.

E l'arcevesque, ki fut sages e proz.
En blancs sarcous fait metre les seignurs ;
A Seint Romain, la gisent li baron ;
Francs les cumandent a Deu e a ses nuns.
3695 Carles cevalchet e les vals e les munz,
Entresqu'a Ais ne volt prendre sujurn ;
Tant chevalchat qu'il descent al perrun.
Si cume il est en sun paleis halçur,
Par ses messages mandet ses jugëors :
3700 Baivers e Saisnes, Loherencs e Frisuns,
Alemans mandet, si mandet Borguignuns
E Peitevins e Normans e Bretuns,
De cels de France des plus saives qu'i sunt.
Dés or cumencet le plait de Guenelun.

268

3705 Li empereres est repairét d'Espaigne
E vient a Ais, al meillor siéd de France,
Munte el palais, est venut en la chambre.
As li venue Alde, une bele dame.
Ço dist al rei : 'O 'st Rollant le catanie,
3710 Ki me jurat cume sa per a prendre ?'
Carles en ad e dulor e pesance,
Pluret des oilz, tiret sa barbe blance :
'Soer, cher' amie, d'hume mort me demandes.
Jo t'en durai mult esforcét eschange :
3715 C'est Loëwis ; mielz ne sai jo a rendre ;
Il est mes filz, si tendrat mun reialme.'
Alde respunt : 'Cest mot mei est estrange.
Ne place Deu ne ses seinz ne ses angles
Aprés Rollant que jo vive remaigne !'
3720 Pert la culor, chet as piez Carlemagne,
Sempres est morte ; Deus ait mercit de l'anme !
Franceis barons en plurent si la pleignent.

269

Alde la bel' est a sa fin alee.
Quidet li reis quë el se seit pasmee ;
3725 Pitét en ad, si'n pluret l'emperere,

3695. On notera la correspondance entre les vv. 3695-3698 et les
vv. 3705-3707 de la laisse suivante : « La reprise ici n'est pas textuelle... Il
semble que soient juxtaposés deux moments, ou, plus exactement, qu'à partir
du même moment, du même point, se déroulent deux fils différents. J'appellerais
volontiers ce type celui de la *reprise bifurquée* » (J. Rychner).

et l'archevêque, qui était sage et preux.
Il fait étendre les seigneurs dans des cercueils blancs ;
à Saint-Romain, c'est là que gisent les barons ;
les Francs les recommandent à Dieu et à ses noms.
3695 Le roi chevauche par vaux et par monts,
il ne veut pas s'arrêter avant d'arriver à Aix ;
il chevaucha si bien qu'il descendit au perron.
Sitôt qu'il est dans son palais principal,
il mande ses juges par ses messagers :
3700 Bavarois et Saxons, Lorrains et Frisons ;
il mande aussi les Alemans, et mande les Bourguignons,
et les Poitevins, les Normands, les Bretons,
de ceux de France les plus sages qui s'y trouvent.
Alors commence le procès de Ganelon.

268

3705 Charles l'empereur est revenu d'Espagne,
il vient à Aix, le premier siège de France,
monte au palais, et entre dans la chambre.
Voici que vient à lui Aude, une belle dame.
Elle dit au roi : « Où est le capitaine Roland,
3710 qui s'engagea à me prendre pour femme ? »
Charles s'en afflige et il s'attriste,
il pleure des yeux, il tire sa barbe blanche :
« Sœur, chère amie, tu parles là d'un homme mort.
Mais en échange je t'en donnerai un plus noble :
3715 ce sera Louis, je ne saurais mieux compenser ta perte ;
il est mon fils, il possédera mon royaume. »
Aude lui répond : « Ces paroles ne s'adressent pas à moi.
Ne plaise à Dieu, ni à ses saints, ni à ses anges,
qu'après Roland je continue à vivre ! »
3720 Elle devient blême, tombe aux pieds de Charlemagne,
et la voilà morte – que Dieu ait pitié de son âme !
Les barons francs la pleurent et la plaignent.

269

La belle Aude est allée à sa fin.
Le roi s'imagine qu'elle est évanouie ;
3725 il a pitié d'elle, l'empereur, il en pleure,

3708. L'épisode de la mort d'Aude, traité ici avec une singulière sobriété, est considérablement amplifié dans certains textes plus tardifs, en particulier dans la *Chanson de Roland* de Châteauroux.

3715. L'épopée fait fi de la précision historique : Louis le Pieux est né l'année même de la bataille de Roncevaux.

Prent la as mains, si l'en ad relevee ;
Desur l'espalle ad la teste clinee.
Quant Carles veit que morte l'ad truvee,
Quatre cuntesses sempres i ad mandees ;
3730 A un muster de nuneins est portee ;
La noit la guaitent entresqu'a l'ajurnee.
Lunc un alter belement l'enterrerent ;
Mult grant honur i ad li reis dunee. AOI

270

Li emperere est repairét ad Ais.
3735 Guenes li fels, en cäeines de fer,
En la citét est devant le paleis ;
A un' estache l'unt atachét cil serf,
Les mains li lïent a curreies de cerf.
Tresben le batent a fuz e a jamelz ;
3740 N'ad deservit quë altre ben i ait.
A grant dulur iloec atent sun plait.

271

Il est escrit en l'ancïene Geste
Que Carles mandet humes de plusurs teres.
Asemblez sunt ad Ais, a la capele.
3745 Halz est li jurz, mult par est grant la feste,
Dïent alquanz, del baron seint Silvestre.
Dés or cumencet le plait e les noveles
De Guenelun, ki traïsun ad faite.
Li emperere devant sei l'ad fait traire. AOI

272

3750 'Seignors barons', ço dist Carles li reis,
'De Guenelun car me jugez le dreit !
Il fut en l'ost tresqu'en Espaigne od mei,
Si me tolit vint mil de mes Franceis,
E mun nevold, que jamais ne verreiz,
3755 E Oliver, li proz e li curteis ;
Les duze pers ad traït por aveir.'
Dist Guenelon : 'Fel seie se jo l' ceil !
Rollant forfist en or e en aveir,

3758. En plaidant non coupable, Ganelon fait valoir son droit à la vengeance personnelle et rappelle qu'il avait bien défié Roland dans les formes juridiques (vv. 322-326). Impressionnés par ce plaidoyer, les juges hésitent, mais Thierry nie que Ganelon ait eu ce droit, car Roland était au service de l'empereur : dès lors, Ganelon a fait tort à Charles, rompant ainsi son serment de fidélité et le

et il la prend par les mains, l'a relevée.
Sa tête retombe sur les épaules.
Quand Charles comprend qu'il l'a trouvée morte,
il fait venir aussitôt quatre comtesses ;
3730 dans une église de nonnes elle est portée,
et elles la veillent toute la nuit, jusqu'à l'aube.
On l'enterra en grande pompe le long d'un autel,
et à l'église le roi a fait don de larges terres.

270

Charles l'empereur est revenu à Aix,
3735 et le félon Ganelon, enchaîné,
se trouve devant le palais dans la cité ;
à un poteau les serfs l'ont attaché,
et ils lui lient les mains avec des courroies de cerf.
Avec des triques et des bâtons ils le battent fort ;
3740 c'est tout le bien qu'il a mérité.
Là, au supplice, il attend son procès.

271

Il est écrit dans l'ancienne Geste
que Charles mande des hommes de plusieurs terres.
À la chapelle à Aix ils sont assemblés.
3745 C'est un grand jour, une fête solennelle,
celle, disent certains, du noble saint Sylvestre.
Alors commence le procès, et l'enquête
sur Ganelon qui a commis la trahison.
L'empereur l'a fait traîner devant lui.

272

3750 « Seigneurs barons », dit le roi Charles,
« selon le droit jugez sur le cas de Ganelon.
Jusqu'en Espagne il fut dans l'armée avec moi,
il me priva de vingt mille de mes Français,
de mon neveu, que vous ne reverrez plus,
3755 et d'Olivier, le preux et le courtois ;
il a trahi les douze Pairs pour de l'argent. »
Ganelon déclare : « Que je sois maudit si je le cache !
Roland a fait du tort en argent et en biens,

---

lien féodal, et il y a bien eu trahison. Qui a raison ? La décision vient de Dieu
lui-même, qui révèle son jugement par l'intermédiaire du duel judiciaire. R. Rug-
gieri a prétendu que les procédés juridiques mis en application dans le procès
de Ganelon sont archaïques, et appartiennent au IXe plutôt qu'au XIe siècle.

Pur que jo quis sa mort e sun destreit ;
3760 Mais traïsun nule nen i otrei.'
Respundent Franc : 'Ore en tendrum cunseill.'

273

Devant le rei la s'estut Guenelun :
Cors ad gaillard, el vis gente color ;
S'il fust leials, ben resemblast barun.
3765 Veit cels de France e tuz les jugeürs,
De ses parenz trente ki od lui sunt.
Puis s'escrïat haltement, a grant voiz :
'Pur amor Deu, car m'entendez, seignors !
Jo fui en l'ost avoec l'empereür.
3770 Serveie le par feid e par amur.
Rollant sis niés me coillit en haür,
Si me jugat a mort e a dulur.
Message fui al rei Marsilïun ;
Par mun saveir vinc jo a guarisun.
3775 Jo desfiai Rollant le poignëor,
E Oliver e tuiz lur cumpaignun ;
Carles l'oïd e si noble baron.
Vengét m'en sui, mais n'i ad traïsun.'
Respundent Francs : 'A conseill en irums.'

274

3780 Quant Guenes veit que ses granz plaiz cumencet,
De ses parenz ensembl'od li out trente ;
Un en i ad a qui li altre entendent,
C'est Pinabel del castel de Sorence ;
Ben set parler e dreite raisun rendre,
3785 Vassals est bons por ses armes defendre.   AOI
Ço li dist Guenes : 'En vos ai jo fïance ;
Getez mei hoi de mort e de calenje !'
Dist Pinabel : 'Vos serez guarit sempres.
N'i ad Franceis ki vos juget a pendre,
3790 U l'empere noz dous cors en asemblet,
Al brant d'acer que jo ne l'en desmente.'
Guenes li quens a ses piez se presente.

275

Bavier e Saisnes sunt alét a conseill,
E Peitevin e Norman e Franceis ;
3795 Asez i ad Alemans e Tiedeis,
Icels d'Alvèrne i sunt li plus curteis.

et c'est pourquoi j'ai cherché sa ruine et sa mort,
3760 mais je dénie formellement la trahison. »
Les Francs répondent : « Nous en tiendrons conseil. »

273

Devant le roi Ganelon se tenait debout :
il a le corps robuste et le teint coloré ;
on aurait dit un vrai baron, s'il avait été loyal.
3765 Il regarde bien ceux de France et tous ses juges,
et ses parents – ils sont trente à l'accompagner –,
puis il s'écrie très haut, d'une voix puissante :
« Entendez-moi, seigneurs, pour l'amour de Dieu !
Avec l'empereur j'étais dans l'armée,
3770 je le servais en toute foi et tout amour.
Et puis Roland, son neveu, me prit en haine,
me condamna à la souffrance et à la mort.
Auprès du roi Marsile, je fus messager ;
par mon adresse, j'en revins sain et sauf.
3775 Je défiai bien le guerrier Roland,
et Olivier, et tous leurs compagnons ;
Charles l'entendit, et ses vaillants barons aussi.
Je me vengeai, mais ce ne fut pas trahison. »
Les Francs répondent : « Nous irons en tenir conseil. »

274

3780 Quand Ganelon voit commencer son grand procès,
il y a trente de ses parents avec lui ;
il en est un qui se fait écouter des autres,
c'est Pinabel, du château de Sorence ;
il s'exprime bien, il a son franc-parler,
3785 et se défend vaillamment par ses armes.
Ganelon lui dit : « Je me confie à vous ;
délivrez-moi à présent de la menace de la mort ! »
Pinabel lui dit : « Vous serez sauvé à l'instant.
Aucun Français ne vous condamnera à être pendu
3790 sans que, si l'empereur nous fait battre en duel,
je lui donne le démenti avec ma lame d'acier. »
Le comte Ganelon s'incline à ses pieds.

275

Les Bavarois et les Saxons sont entrés en conseil,
et les Poitevins, les Normands, les Français ;
3795 il y a là bon nombre d'Alemans et de Thiois ;
les gens d'Auvergne sont les plus diplomates.

Pur Pinabel se cuntienent plus quei ;
Dist l'un a l'altre : 'Bien fait a remaneir !
Laisum le plait e si preium le rei
3800 Que Guenelun cleimt quite ceste feiz,
Puis si li servet par amur e par feid.
Morz est Rollant, jamais ne l' revereiz ;
N'ert recuvrét por or ne por aveir ;
Mult sereit fols ki or s'en cumbatreit !'
3805 N'i ad celoi nel gräant e otreit
Fors sul Tierri, le frere dam Geifreit.   AOI

276

A Charlemagne repairent si barun,
Dïent al rei : 'Sire, nus vos prïum
Que clamez quite le cunte Guenelun,
3810 Puis si vos servet par feid e par amor.
Vivre l' laisez, car mult est gentilz hoem.
Ja por murir n'ert rendud gueredun,
Ne por aveir ja ne l' recuverum.'
Ço dist li reis : 'Vos estes mi felun !'   AOI

277

3815 Quant Carles veit que tuz li sunt faillid,
Mult l'enbrunchit e la chere e le vis ;
Al doel qu'il ad si se cleimet caitifs.
Ais li devant uns chevalers, Tierris,
Frere Gefrei, a un duc angevin.
3820 Heingre out le cors e graisle e eschewid,
Neirs les chevels e alques brun le vis ;
N'est gueres granz ne trop nen est petiz.
Curteisement a l'emperere ad dit :
'Bels sire reis, ne vos dementez si !
3825 Ja savez vos que mult vos ai servit ;
Par anceisurs dei jo tel plait tenir :
Que que Rollant Guenelun forsfesist,
Vostre servise l'en doüst bien guarir.
Guenes est fels d'iço qu'il le traït,
3830 Vers vos s'en est parjurez e malmis.
Pur ço le juz a pendre e a murir,
E sun cors metre en peine e en exil
Si cume fel ki felonie fist.
S'or ad parent m'en voeille desmentir,
3835 A ceste espee, que jo ai ceinte ici,

Ils se montrèrent plus prudents à cause de Pinabel ;
ils se disaient : « Mieux vaut en rester là !
Abandonnons le procès et prions le roi
3800 de déclarer Ganelon quitte pour cette fois ;
que celui-ci le serve désormais en tout amour et toute foi.
Roland est mort, vous ne le reverrez plus ;
ni pour de l'or ni pour des biens, on ne le fera revenir ;
bien insensé celui qui combattrait pour cela ! »
3805 Il n'est personne qui n'en convienne et ne l'accorde
hormis Thierry, le frère de sire Geoffroi.

276

Ses barons viennent retrouver Charlemagne ;
ils disent au roi : « Sire, nous vous prions
de déclarer le comte Ganelon quitte,
3810 et qu'il vous serve désormais en toute foi et tout amour.
Permettez-lui de vivre, car c'est un homme très noble.
Même si quelqu'un doit mourir, amende honorable ne sera
à aucun prix, on ne le fera revenir. »   [faite :
Le roi répond : « C'est forfaiture à mon égard ! »

277

3815 Quand Charles voit que tous lui ont failli,
profondément son visage et sa tête s'inclinent ;
il souffre tant qu'il se traite de malheureux.
Voici surgir devant lui un chevalier, Thierry,
frère de Geoffroi, un duc angevin.
3820 Il a le corps mince, svelte et élancé,
les cheveux noirs, le visage plutôt brun ;
il n'est pas grand, ni très petit non plus.
D'un ton courtois il a dit à l'empereur :
« Beau sire, mon roi, ne vous affligez pas !
3825 Vous savez bien que je vous ai longtemps servi ;
par mes ancêtres je suis habilité à juger :
que Roland eût, ou non, fait tort à Ganelon,
il aurait dû être protégé par le fait même d'être à votre
C'est parce qu'il l'a trahi que Ganelon est félon,   [service.
3830 c'est envers vous qu'il s'est parjuré et compromis.
Je juge pour cela qu'il doit mourir pendu,
et que son corps doit être mis à mal et détruit
comme un félon qui a fait une félonie.
Si, de par lui, un parent veut m'en donner le démenti,
3835 avec l'épée que j'ai ceinte ici

Mun jugement voel sempres guarantir.'
Respundent Franc : 'Or avez vos ben dit.'

278

Devant lu rei est venuz Pinabel.
Granz est e forz e vassals e isnel –
3840 Qu'il fiert a colp, de sun tens n'i ad mais –
E dist al rei : 'Sire, vostre est li plaiz :
Car cumandez que tel noise n'i ait !
Ci vei Tierri ki jugement ad fait ;
Jo si li fals, od lui m'en cumbatrai.'
3845 Met li el poign le destre guant de cerf.
Dist l'empereres : 'Bons pleges en avrai.'
Trente parenz l'i plevissent a plait.
Ço dist li reis : 'E jo l' vos recrerai.'
Fait cels guarder tresqu'en ert li dreiz faiz.   AOI

279

3850 Quant veit Tierri qu'or en ert la bataille,
Sun destre guant en ad presentét Carle.
Li emperere l'i recreit par hostage,
Puis fait porter quatre bancs en la place :
La vunt sedeir cil ki s' deivent cumbatre.
3855 Ben sunt malez par jugement des altres –
Si l' purparlat Oger de Denemarche –
E puis demandent lur chevals e lur armes.   AOI

280

Puis quë il sunt a bataille justez,
Ben sunt cunfés e asols e seignez,
3860 Oënt lur messes e sunt acuminiez ;
Mult granz offrendes metent par cez musters.
Devant Carlun andui sunt repairez :
Lur esperuns unt en lor piez calcez,
Vestent osbercs blancs e forz e legers,
3865 Lur helmes clers unt fermez en lor chefs,
Ceinent espees enheldees d'or mier,
En lur cols pendent lur escuz de quarters,
En lur puinz destres unt lur trenchanz espiez ;
Puis sunt muntez en lur curanz destrers.
3870 Idunc plurerent cent milie chevalers
Qui pur Rollant de Tierri unt pitiét.
Deus set asez cument la fins en ert !

je suis tout prêt à appuyer mon jugement. »
Les Francs répondent : « Vous avez bien dit. »

278

Devant le roi Pinabel se présente.
C'est un homme grand, fort, agile et vaillant ;
3840 celui qu'il frappe en force, son temps est épuisé.
Il dit au roi : « C'est vous qui présidez :
commandez donc qu'il y ait moins de bruit !
Je vois ici Thierry qui a rendu son verdict ;
je le provoque en duel, car je m'inscris en faux contre
[lui. »
3845 Il lui remet en son poing son gant droit en peau de cerf.
L'empereur lui dit : « J'en aurai de bons garants. »
Et trente parents se portent garants pour lui.
Le roi leur dit : « Je vous le remets sous caution. »
Jusqu'au jugement, il les fait garder à vue.

279

3850 Quand Thierry voit que le duel va se faire,
il présente à Charles son gant droit.
L'empereur reçoit sa caution par la remise d'otages,
puis fait porter quatre bancs sur la place :
là vont s'asseoir ceux qui doivent combattre.
3855 Les autres jugent qu'ils ont respecté les formes –
ce fut Ogier de Danemark qui s'en chargea –,
puis ils demandent leurs chevaux et leurs armes.

280

Une fois qu'ils sont prêts à se battre en duel,
ils se confessent, ils sont absous et bénis,
3860 puis ils entendent la messe et communient ;
de grandes offrandes ils déposent aux églises.
Devant Charles tous deux sont revenus :
ils ont chaussé les éperons à leurs pieds,
et revêtu les hauberts brillants, forts et légers,
3865 et sur leurs têtes lacé leurs heaumes clairs,
ils ceignent ensuite leurs épées à la garde d'or pur,
et à leurs cous ils pendent leurs écus à quartiers,
à la main droite ils ont leurs épieux tranchants ;
ils sont montés sur leurs destriers rapides.
3870 Alors pleurèrent cent mille chevaliers
qui s'attendrissent sur Thierry à cause de Roland.
Dieu sait très bien ce qui en adviendra !

281

Dedesuz Ais est la pree mult large ;
Des dous baruns justee est la bataille.
3875 Cil sunt produme e de grant vasselage,
E lur chevals sunt curanz e äates.
Brochent les bien, tutes les resnes lasquent,
Par grant vertut vait ferir li uns l'altre :
Tuz lur escuz i fruissent e esquassent,
3880 Lur osbercs rumpent e lur cengles departent,
Les seles turnent, chäeites sunt les alves.
Cent milië humes i plurent ki's esguardent.   AOI

282

A tere sunt ambdui li chevaler ;
Isnelement se drecent sur lur piez.
3885 Pinabels est forz, isnels e legers ;
L'uns requiert l'altre ; n'unt mie des destrers.
De cez espees enheldees d'or mer
Fierent e caplent sur cez helmes d'acer :
Granz sunt les colps as helmes detrencher.
3890 Mult se dementent cil franceis chevaler.
'E ! Deus,' dist Carles, 'le dreit en esclargiez !'

283

Dist Pinabel : 'Tierri, car te recreiz !
Tes hom serai par amur e par feid,
A tun plaisir te durrai mun aveir,
3895 Mais Guenelun fai acorder al rei !'
Respont Tierri : 'Ja n'en tendrai cunseill.
Tut seie fel se jo mie l'otrei !
Deus facet hoi entre nus dous le dreit.'   AOI

284

Ço dist Tierri : 'Pinabel, mult ies ber,
3900 Granz ies e forz, e tis cors ben mollez ;
De vasselage te conoissent ti per ;
Ceste bataille, car la laisses ester !
A Carlemagne te ferai acorder ;
De Guenelun justise ert faite tel,
3905 Jamais n'ert jur quë il n'en seit parlét.'
Dist Pinabel : 'Ne placet Damnedeu !
Sustenir voeill trestut mun parentét,
Ne m' recrerrai pur nul hume mortel ;

281

Au-dessous d'Aix la prairie est très large ;
des deux barons le duel s'engage.
3875 Tous deux sont preux et de grande vaillance,
et leurs chevaux sont rapides et vifs.
Ils piquent des deux et leur lâchent toutes les rênes,
de toutes leurs forces ils vont frapper l'un sur l'autre :
leurs deux écus se brisent, volent en éclats,
3880 et leurs hauberts se déchirent, les sangles se rompent,
leurs selles basculent, les trousséquins sont tombés.
Cent mille hommes pleurent en les regardant.

282

Les chevaliers, tous deux, sont à terre ;
ils se relèvent aussitôt sur leurs pieds.
3885 Pinabel est fort, rapide et agile ;
les deux s'affrontent ; ils n'ont plus de destriers.
De leurs épées à la garde d'or pur
ils frappent et refrappent sur les heaumes d'acier :
les coups sont rudes, à en fendre les heaumes.
3890 Les chevaliers français se lamentent tout haut.
« Ah ! Dieu ! » dit Charles, « faites rayonner le droit ! »

283

Pinabel dit : « Thierry, abandonne la partie !
En tout amour et toute foi je serai ton vassal ;
tant que tu veux je te donnerai de mes richesses,
3895 mais que tu fasses accorder Ganelon avec le roi ! »
Thierry répond : « Je n'y songerai même pas.
Malheur à moi si jamais j'y consens !
Entre nous deux, que Dieu fasse aujourd'hui le droit ! »

284

Thierry lui dit : « Pinabel, tu es très vaillant,
3900 et grand et fort, et tu as le corps bien fait ;
pour ta vaillance tes pairs te connaissent bien ;
mais renonce donc à ce duel !
Avec Charlemagne je te réconcilierai ;
quant à Ganelon, telle justice sera faite de lui
3905 que pas un jour ne passera qu'il n'en soit parlé. »
Pinabel dit : « Ne plaise à notre Seigneur !
Je veux soutenir toute ma parenté,
et pour nul homme qui vive je ne me rendrai ;

Mielz voeill murir qu'il me seit reprovét.'
3910 De lur espees cumencent a capler
Desur cez helmes ki sunt a or gemez :
Cuntre le ciel en volet li fous clers.
Il ne poet estre qu'il seient desevrez ;
Seinz hume mort ne poet estre afinét.   AOI

285

3915 Mult par est proz Pinabel de Sorence,
Si fiert Tierri sur l'elme de Provence :
Salt en li fous que l'erbe en fait esprendre.
Del brant d'acer la mure li presentet,
Desur le frunt li ad faite descendre,
3920 Parmi le vis le helme li detrenchet :
La destre joe en ad tute sanglente,
L'osberc desclot josque parsum le ventre.
Deus le guarit, que mort ne l'acraventet.   AOI

286

Ço veit Tierris quë el vis est ferut :
3925 Li sancs tuz clers en chiet el préd herbut.
Fiert Pinabel sur l'elme d'acer brun,
Jusqu'al nasel li ad frait e fendut,
Del chef li ad le cervel espandut,
Brandit sun colp, si l'ad mort abatut.
3930 A icest colp est li esturs vencut.
Escrïent Franc : 'Deus i ad fait vertut !
Asez est dreiz que Guenes seit pendut
E si parent, ki plaidét unt pur lui.'   AOI

287

Quant Tierris ad vencue sa bataille,
3935 Venuz i est li emperere Carles,
Ensembl'od lui de ses baruns ad quatre :
Naimes li dux, Oger de Danemarche,
Geifrei d'Anjou, e Willalme de Blaive.
Li reis ad pris Tierri entre sa brace,
3940 Tert lui le vis od ses granz pels de martre ;
Celes met jus, puis li afublent altres.
Mult süavét le chevaler desarment.
Munter l'unt fait en un mulet d'Arabe,
Repairet s'en a joie e a barnage ;
3945 Vienent ad Ais, descendent en la place.
Dés or cumencet l'ocisïun des altres.

mieux vaut mourir que mériter ce reproche ! »
3910 De leurs épées ils commencent à frapper
sur les heaumes aux gemmes serties dans l'or :
les étincelles volent claires en l'air.
Nul ne pourrait dès lors les séparer ;
le duel ne peut finir sans que l'un d'eux meure.

285

3915 Il est très preux, Pinabel de Sorence,
il frappe Thierry sur le heaume de Provence :
le feu jaillit si bien qu'il enflamme l'herbe.
Il lui présente la pointe de la lame d'acier,
il la lui fait descendre sur le front,
3920 lui fend le heaume jusqu'au milieu du visage :
sa joue droite en est ensanglantée,
et le haubert entaillé jusqu'au-dessus du ventre.
Dieu le préserve d'être renversé mort.

286

Thierry voit qu'il est blessé au visage :
3925 son sang tout clair tombe sur le pré herbeux.
Il frappe Pinabel sur le heaume d'acier bruni,
jusqu'au nasal il l'a brisé et fendu,
hors de la tête il lui répand la cervelle,
retourne la lame et l'a abattu mort.
3930 Avec ce coup, le duel est gagné.
Les Francs s'écrient : « Dieu a fait un miracle !
Il est bien juste que Ganelon soit pendu,
et ses parents aussi, qui lui ont été garants. »

287

Lorsque Thierry eut gagné son duel,
3935 Charles l'empereur est venu vers lui ;
il a quatre de ses barons avec lui :
le duc Naimes et Ogier de Danemark,
Geoffroi d'Anjou et Guillaume de Blaye.
Le roi a pris Thierry entre ses bras,
3940 il lui essuie le visage avec ses grandes fourrures de martre ;
il les rejette ; on lui en remet d'autres.
Avec douceur on désarme le chevalier.
On l'a monté sur un mulet d'Arabie,
il s'en revient joyeux et en grande pompe ;
3945 tout le monde rentre dans Aix, met pied à terre sur la place.
Dès lors commence le supplice des autres.

288

Carles apelet ses cuntes e ses dux :
'Que me loëz de cels qu'ai retenuz ?
Pur Guenelun erent a plait venuz,
3950 Pur Pinabel en ostage renduz.'
Respundent Franc : 'Ja mar en vivrat uns !'
Li reis cumandet un soen veier, Basbrun :
'Va, si's pent tuz a l'arbre de mal fust !
Par ceste barbe dunt li peil sunt canuz,
3955 Së uns escapet, morz ies e cunfunduz.'
Cil li respunt : 'Qu'en fereie joe plus ?'
Od cent serjanz par force les cunduit ;
Trente en i ad d'icels ki sunt pendut.
Hom ki traïst, sei ocit e altroi.   AOI

289

3960 Puis sunt turnét Bavier e Aleman
E Peitevin e Bretun e Norman ;
Sor tuit li altre l'unt otrïét li Franc
Que Guenes moerget par merveillus ahan.
Quatre destrers funt amener avant,
3965 Puis si li lïent e les piez e les mains.
Li cheval sunt orgoillus e curant,
Quatre serjanz les acoeillent devant.
Devers un' ewe ki est enmi un camp
Turnét est Guenes a perdicïun grant :
3970 Trestuit si nerf mult li sunt estendant,
E tuit li membre de sun cors derumpant ;
Sur l'erbe verte en espant li cler sanc.
Guenes est mort cume fel recrëant.
Hom ki traïst, nen est dreiz qu'il s'en vant.

290

3975 Quant l'empereres ad faite sa venjance,
Si'n apelat ses evesques de France,
Cels de Baviere e icels d'Alemaigne :
'En maisun ai une caitive franche ;
Tant ad oït e sermuns e essamples,
3980 Creire voelt Deu, chrestïentét demandet.
Baptizez la, pur quei Deus en ait l'anme !'
Cil li respundent : 'Or seit fait par marrenes
Asez creües e haltes nëes dames !'
As bainz ad Ais mult sunt granz les cumpaignes ;

288

Charles convoque ses comtes et ses ducs :
« Pour ceux que j'ai retenus, que me conseillez-vous ?
Ils avaient pris parti pour Ganelon au procès,
3950 pour Pinabel ils s'étaient portés caution. »
Les Francs répondent : « On aura tort d'en laisser vivre
[un seul ! »
Le roi commande à Basbrun, un de ses magistrats :
« Va, pends-les tous à l'arbre au bois funeste !
Par cette barbe dont les poils sont chenus,
3955 s'il en échappe un seul, tu es perdu et mort. »
Il lui répond : « Que ferais-je de plus ? »
Il les emmène de vive force avec cent hommes d'armes ;
ils étaient trente, tous ont été pendus.
Qui a trahi perd et soi-même et autrui.

289

3960 Puis Bavarois et Alemans sont entrés en conseil,
et Poitevins et Bretons et Normands ;
plus que tout autre, les Francs ont jugé
que Ganelon doit mourir d'un terrible supplice.
On fait alors amener quatre destriers,
3965 on y attache ses pieds et ses mains.
Les chevaux sont fougueux et rapides,
quatre servants les poussent en avant.
Près d'un cours d'eau au milieu d'un champ,
Ganelon est livré à une fin lamentable :
3970 de plus en plus tous ses nerfs se distendent,
et tous les membres de son corps se rompent ;
sur l'herbe verte son clair sang se répand.
Ganelon est mort comme un misérable félon.
Qui a trahi, il n'est pas juste qu'il s'en vante.

290

3975 Lorsque l'empereur eut pris sa vengeance,
il convoqua ses évêques de France,
ceux de Bavière et ceux d'Alemanie :
« En ma maison j'ai une noble captive,
et elle a tant entendu de sermons et de pieux récits
3980 qu'elle désire croire en Dieu et se faire chrétienne.
Baptisez-la, pour que Dieu ait son âme ! »
Ils lui répondent : « Que cela se fasse par des marraines
dignes d'estime et des dames de haute naissance ! »
Aux bains, à Aix, très grande est l'assemblée ;

3985 La baptizerent la reïne d'Espaigne ;
    Truvét li unt le num de Juliane.
    Chrestïene est par veire conoisance.

291

    Quant l'emperere ad faite sa justise,
    E esclargiee est la süe grant ire,
3990 En Bramimunde ad chrestïentét mise.
    Passet li jurz, la nuit est aserie.
    Li reis se culcet en sa cambre voltice.
    Seint Gabrïel de part Deu li vint dire :
    'Carles, sumun les oz de tun empire !
3995 Par force iras en la tere de Bire,
    Reis Vivïen si succuras en Imphe
    A la citét que paien unt asise ;
    Li chrestïen te recleiment e crïent.'
    Li emperere n'i volsist aler mie :
4000 'Deus !' dist li reis, 'si penuse est ma vie !'
    Pluret des oilz, sa barbe blanche tiret.

    Ci falt la geste que Turoldus declinet.

_____

3987. La conversion en tant qu'alternative au massacre est évoquée rapide-
ment aux vv. 102, 155 et 3671, mais la royale Bramimonde se convertit volon-
tairement et en bonne foi (*par amur*, v. 3674 ; *par veire conoisance*, v. 3987),
touchée sans doute par la grâce divine. Le nom de baptême qu'elle reçoit est
vraisemblablement celui de sainte Julienne de Cumes, fille d'Africanus.

4002. Le vers terminal est un modèle d'ambiguïté : l'explicite formulaire *ci
falt* annonce, certes, la fin, mais encore faut-il savoir si c'est le récit ou la copie
qui s'achève, si la narration se déclare finie ou si le présent exemplaire s'annonce
incomplet, *faillir* en ancien français ayant le sens double de « faire défaut » et
de « s'arrêter ». Quant au mot *geste*, s'agit-il de l'ensemble du poème, de la
source de celui-ci, ou bien du manuscrit dont le Digby 23 est la copie ? Le verbe

3985 on baptisa la reine d'Espagne ;
    on a trouvé pour elle le nom de Julienne.
    Par connaissance de la vérité, la voilà chrétienne.

291

    Quand l'empereur eut bien fait sa justice,
    et apaisé son grand ressentiment,
3990 il convertit Bramimonde à la foi chrétienne.
    Le jour s'en va et la nuit est tombée.
    Le roi se couche dans sa chambre voûtée ;
    saint Gabriel de par Dieu vient lui dire :
    « Charles, rassemble les armées de ton empire !
3995 De vive force tu iras dans la terre de Bire
    et secourras le roi Vivien à Imphe,
    car les païens ont assiégé la cité,
    et les chrétiens te réclament et t'appellent. »
    L'empereur aurait voulu ne pas y aller :
4000 « Dieu ! » dit le roi, « comme est dure la vie que je mène ! »
    Il pleure des yeux, il tire sa barbe blanche.

    Ici finit l'histoire que Turold fait connaître.

---

decliner (sans doute un latinisme), qui a été traduit par « composer », « trans-
crire », « réciter », « proclamer », aurait peut-être le sens technique de « poé-
tiser ». Enfin, qui est Turoldus ? Chanteur, auteur, copiste ? Le nom Turold,
d'origine scandinave, est typiquement normand ; Adigard de Gautries en enre-
gistre au moins vingt-huit en Normandie entre 911 et 1066. Toutes les identi-
fications proposées sont plus ou moins gratuites, et la candidature, par exemple,
de Turold moine de Fécamp est tout aussi peu soutenable que celle de Turold
abbé de Peterborough, sans parler de Turold évêque de Bayeux, ni du petit
personnage représenté sur la Tapisserie de Bayeux et nommé Turold en toutes
lettres.

Glossaire

Glossaire

almaçour : dignité sarrasine au même titre qu'«émir» et «calife»; dérive de l'arabe *Al Mançur*, «le Victorieux», nom du célèbre calife de Bagdad mort en 1102.

arbalète : arme de trait.

arpent : ancienne mesure de superficie.

aune : ancienne mesure de longueur.

barge : navire de grandes dimensions.

baron : implique à la fois un rang très élevé dans la hiérarchie sociale (homme de haute naissance, proche vassal du roi ou d'un seigneur), et les qualités les plus appréciées de la caste guerrière, la vaillance et la force (voir **vassal**).

besant : monnaie d'or de Byzance.

bliaut : longue tunique ou robe d'étoffe fine portée sous le *haubert* ou sous le manteau.

boucle : voir **écu**.

brogne : cuirasse, à l'origine justaucorps de cuir garni d'une armature métallique sous forme de plaques, qui au XIIᵉ siècle se trouve remplacé par le *haubert*. Dans notre poème, les deux termes sont employés indifféremment.

chaland : sorte de bateau plat, transport de guerre.

chapeline : voir **haubert**.

cité : ville forte, forteresse.

coiffe : voir **haubert**.

comtor : titre féodal; le sens est sans doute «comte».

denier : monnaie d'argent de très petite valeur : la douzième partie du *sou (sol)*, lequel est la vingtième partie de la *livre*. En Grande-Bretagne, ce système a persisté jusqu'en 1971.

destrier : cheval de combat (mené par l'écuyer de sa main droite, d'où son nom).

dragon : étendard des Sarrasins (voir **gonfanon**).

dromon : navire de guerre.

écu : bouclier allongé et creux, composé d'ais recouverts de cuir et divisé en *quartiers* par des bandes métalliques; comporte en son centre une bosse, la boucle (d'où le terme

« bouclier »), souvent décorée dans notre poème de cristal ou d'or ; se différencie de la *targe*, qui est plus petite et ronde.

enfant : voir **nourrir**.

épieu : long bâton en bois *(hampe)* armé à son bout d'un fer tranchant ; à l'origine une arme de jet, mais le plus souvent synonyme de lance dans notre poème.

escarboucle : pierre précieuse, la pierre de lumière par excellence : elle apparaît sur les heaumes, sur la statue du dieu païen Tervagan, et, attachée au sommet des mâts de la flotte de Baligant, elle permet de naviguer dans le noir.

esquif : sorte de barque.

fief : domaine relevant d'un seigneur, concédé à un vassal sous condition d'hommage et assujetti à certains services et à certaines obligations réciproques (voir **vassal**).

foi : la foi féodale est la fidélité, la confiance, la loyauté et le respect du serment ; elle est à la base du culte de l'honneur chevaleresque.

franchise : exemption de toute obligation, de redevance.

Galaza : Galaza en Cilicie, ou bien Galata à Constantinople.

Geste : remonte au latin *res gestas*, « choses faites » ; source alléguée par la tradition poétique afin de prêter de l'authenticité au récit en tant que document historique. Il serait question, d'après les vv. 1443, 3262, 3742, d'une source écrite, mais aux vv. 1685, 2095 et 3181 il n'est pas exclu qu'il s'agisse d'une commémoration orale, peut-être d'une chanson de geste antérieure au Roland d'Oxford. La forme semi-érudite *La Geste Francor* (vv. 1443, 3262) n'est pas sans évoquer une chronique rédigée en latin et intitulée *Gesta Francorum*. Le sens du mot au v. 788 est le lignage noble, ses traditions et sa réputation telles qu'elles se sont propagées dans la mémoire collective. Au vers 4002, la signification du terme reste profondément ambiguë.

gonfalonier : titre de celui qui a l'honneur de porter le *gonfanon* et qui sert de ralliement.

gonfanon : pennon d'étoffe de couleur attaché à la lance ; synonyme dans notre poème d'« enseigne » et d'« étendard ».

haubert : armure du chevalier : cotte ou tunique en mailles métalliques entrelacées, à capuchon *(coiffe)* qui couvrait le cou et la tête, complété par une calotte *(chapeline)*, pardessus lesquels se mettait le *heaume*. Le haubert, dont les mailles peuvent être doubles ou même triples, a comme épithètes fréquentes *blanc* (c'est-à-dire brillant) ou *saffré* (enduit de vernis ou de laque jaune or).

heaume : casque d'acier à forme conique, renforcé de bandes
dont l'une, le *nasal*, protège le nez, et souvent orné dans
notre poème de pierres précieuses. Il est attaché sur la coiffe
par des lacets de cuir.

lige : le seigneur lige est le premier et le plus important de tous
ceux à qui le vassal se lie par hommage direct.

mangon : monnaie d'or orientale.

marche : territoire ou province frontière ; par extension partie
de l'empire ou même l'empire lui-même.

marquis : gouverneur d'une *marche* ; utilisé comme terme lau-
datif.

mué : s'applique aux oiseaux de chasse dont la mue (change-
ment de plumage) est achevée, et qui sont donc en bonne
condition.

nasal : voir **heaume**.

nourrir : élever un jeune noble à la cour, le protéger et lui
fournir une éducation chevaleresque ; ces chevaliers
apprentis sont considérés comme les *enfants* de leurs seigneurs.

olifant : cor d'ivoire ; dérive du latin *oliphantem*, « éléphant »
et « ivoire ».

Pairs : les douze Pairs sont membres d'un compagnonnage
d'élite de l'armée impériale ; ce sont, dans notre poème :
Roland, Olivier, Gerin, Gerier, Berengier, Oton, Samson,
Engelier, Ivon, Ivoire, Anseïs, Gérard de Roussillon. La
parenté avec les douze apôtres est évidente.

palais : grande salle d'apparat et de réception d'un château.

palefroi : cheval de marche ou de promenade par opposition
au cheval de combat *(destrier)*.

perrière : machine de guerre à balancier qui lance des pierres.

perron : pierre taillée et carrée servant pour monter à cheval
ou en descendre ; le roi peut aussi y siéger (vv. 12, 2556). À
Roncevaux, les quatre perrons contre lesquels Roland
s'efforce de briser son épée sont peut-être des bornes pour
marquer la frontière entre les mondes chrétien et musulman.

preux : le type accompli du chevalier que l'aristocratie féodale
propose en modèle ; courageux avant tout, mais représentant
aussi toutes les valeurs morales et sociales requises par
l'éthique héroïque.

prouesse : action de valeur, exploit militaire héroïque et exemplaire.

quartier : voir **écu**.

sardoine : onyx de Sardaigne.

tables : sorte de jeu de trictrac, souvent associé aux échecs.

targe : voir **écu**.

tertre : terrain élevé, plateau, hauteur.

Thiois : Flamands de race germanique.

Valence : au v. 998, il s'agit sans doute de Valence en Espagne (Valencia).

vassal : à la fois noble lié à un seigneur (suzerain) par un contrat d'obligations réciproques (subsistance, assistance et soutien militaires, participation aux délibérations, etc.), et celui qui possède les vertus essentielles du noble féodal, avant tout la bravoure (voir **baron**).

vautre : sorte de chien de chasse féroce et de grande taille ; il ne peut guère s'agir d'un lévrier.

ventaille : capuchon de mailles protégeant le bas du visage ; synonyme de *coiffe*.

verrat : porc sauvage mâle, sanglier ; certains éditeurs transcrivent *uers* et comprennent « ours », ce qui semblerait inadmissible du point de vue philologique.

Viennois : il pourrait s'agir de Viana en Navarre plutôt que de Vienne en Dauphiné ou encore de Vienne en Autriche.

Index des noms propres

Les chiffres renvoient aux vers

Table

La collection « Lettres gothiques »
dans Le Livre de Poche

Le Livre de Poche

ABÉLARD ET HELOÏSE, *Lettres*   n° 4572

La fortune littéraire de la correspondance d'Abélard et Héloïse a été semée de traverses. Aujourd'hui réhabilitée et mieux comprise, elle n'est toutefois pas aussi accessible qu'on pourrait le penser dans son texte original et intégral. Le présent volume offre une édition et une traduction complètes du récit autobiographique d'Abélard (« Histoire de mes malheurs ») et de la totalité des lettres échangées ensuite entre le maître et son élève.

ADAM DE LA HALLE, *Œuvres complètes*   n° 4543

Arras est au XIIIᵉ siècle la ville de France où la vie littéraire est la plus animée et la plus brillante. Adam de la Halle, dit Adam le Bossu, en est, dans les années 1270, le représentant le plus remarquable. Ses œuvres très variées – chansons, théâtre, poésie – sont réunies et traduites intégralement, accompagnées de la reproduction de ces mélodies.

ALEXANDRE DE PARIS, *Le Roman d'Alexandre*   n° 4542

Le Roman d'Alexandre, un des plus anciens romans français, relate les conquêtes d'Alexandre le Grand, mais aussi son histoire fabuleuse telle qu'elle avait pris forme dans l'Antiquité tardive. Il se présente avant tout comme un roman d'aventures dans un décor oriental peuplé de merveilles. Alexandre y figure comme le modèle de toute chevalerie, image qui sera la sienne pendant tout le Moyen Âge.

ANTOINE DE LA SALE, *Jehan de Saintré*   n° 4544

Antoine de la Sale (1385 ou 1386 – vers 1460), écuyer au service de la maison d'Anjou, fut le précepteur de Jean de Calabre, fils du roi René, puis celui des enfants de Louis de Luxembourg. *Jehan de Saintré* est son chef-d'œuvre et celui du roman français au XVe siècle. On y voit une jeune veuve faire l'éducation mondaine, chevaleresque et sentimentale d'un page du roi, Jehan de Saintré. C'est un récit charmant et un peu cruel, qui mêle non sans ambiguïté le ton du roman de chevalerie à celui du fabliau.

BENOÎT DE SAINTE-MAURE, *Le Roman de Troie*   n° 4552

Lorsqu'il entreprend, vers 1160-1170, de conter l'histoire de Troie, Benoît de Sainte-Maure s'inscrit dans un courant littéraire : dans l'entourage d'Henri II Plantagenêt et d'Aliénor d'Aquitaine, d'autres écrivains, avant ou autour de lui, ont adapté en français des œuvres majeures de l'Antiquité latine. Benoît entrelace habilement aux exploits guerriers des héros grecs et troyens le récit de leurs amours impossibles : amours condamnées de Jason et de Médée, de Pâris et d'Hélène, de Troïlus et de Briséida, d'Achille et de Polixène.

BOÈCE, *La Consolation de Philosophie*   n° 4577

Conseiller du roi Théodoric, Boèce est arrêté en 524, torturé, et c'est dans la prison où il attend son exécution qu'il compose cette œuvre d'une profondeur et d'une beauté stupéfiantes. Il n'est guère de question philosophique qu'il n'aborde, en se fondant sur son immense culture, nourrie de la pensée grecque, et à laquelle il n'apporte de réponse originale et vigoureuse.

CHARLES D'ORLÉANS, *Ballades et rondeaux*   n° 4531

Fait prisonnier à la bataille d'Azincourt en 1415, le duc Charles d'Orléans passe vingt-cinq ans de sa vie captif en

Angleterre. Il devient l'un des poètes les plus émouvants qui soient, notamment par son attention mélancolique et souriante, familière et lasse, aux mouvements de l'âme, à l'instant qui passe, au temps qui fuit. Cette édition réunit les ballades et les rondeaux de Charles d'Orléans, l'essentiel de son œuvre.

CHRÉTIEN DE TROYES

Erec et Enide   n° 526

Premier roman du premier grand romancier français, *Erec et Enide* (vers 1170) met en scène le roi Arthur et les chevaliers de la Table Ronde : roman d'aventures autant que roman d'amour ; roman merveilleux et roman courtois, au sens où Chrétien de Troyes prend plaisir à décrire avec précision le raffinement de la cour arthurienne ; roman enfin de la Joie d'un couple qui devient la Joie de tout un royaume.

Cligès   n° 4541

Un retour à la Grèce, ainsi se définit *Cligès*, le deuxième roman de Chrétien de Troyes, daté de 1176 : l'inventeur du roman breton se laisse hanter par les souvenirs de Troie et de Thèbes, de Tantale et d'Alexandre, de Médée et des magiciennes de Thessalie, avant d'explorer plus avant la forêt de Brocéliande sur les traces de la Fée amante.

Le Chevalier au Lion   n° 4539

La fontaine enchantée de la forêt de Brocéliande ; le coup de foudre d'Yvain pour Laudine ; la finesse et la ruse bienveillantes de la suivante Lunete ; la folie d'Yvain ; la fidélité reconnaissante du lion qu'il a sauvé ; les captives employées à tisser la soie au château de la Pesme Aventure : tous ces épisodes ont séduit l'imagination, provoqué la réflexion, alimenté la recherche des ethnologues, des mythologues, des historiens autant que celle des historiens de la littérature.

Le Chevalier de la Charrette   n° 4527

Rédigé entre 1177 et 1179, ce roman draine la légende de Tristan pour opérer la transmutation qui ouvrira bientôt aux grands secrets du Graal. La tour où Lancelot entre en adoration du Précieux Corps de sa Reine enclôt le mystère à partir duquel le roman médiéval prend désormais un nouveau tour.

Le Conte de Graal   n° 4525

Voici l'œuvre dernière, restée inachevée (c. 1181), du grand romancier. Œuvre riche de toutes les traditions : biblique et augustinienne, antique et rhétorique, celtique et féerique. Est-ce un roman d'éducation ou le mystère d'une initiation ?

CHRISTINE DE PIZAN,
Le Chemin de Longue Étude   n° 4558

Christine de Pizan est la première femme à vivre de son métier d'écrivain. En écrivant *Le Chemin de Longue Étude*, elle veut prouver sa capacité à entrer dans le débat moral et politique de son temps. À la faveur d'une vision, elle gagne les sphères célestes et assiste à un débat entre les forces qui vise à déterminer les qualités idéales d'un prince qui gouvernerait le monde entier.

FRANÇOIS VILLON, *Poésies complètes*   n° 4530

Villon nous touche par son évocation gouailleuse et amère de la misère, de la déchéance et de la mort. Mais c'est aussi un poète ambigu, difficile moins par sa langue que par son art de l'allusion et du double sens. La présente édition éclaire son œuvre et en facilite l'accès tout en évitant le passage par la traduction, qui rompt le rythme et les effets de cette poésie sans en donner la clé.

GUILLAUME DE LORRIS et JEAN DE MEUN, *Le Roman de la Rose*   n° 4533

Le Roman de la Rose est un récit codé de l'initiation amoureuse. Le poète rêve qu'il entre dans le verger de Plaisir et s'éprend d'un bouton de rose. Malgré tous les obstacles, il parviendra à le cueillir et à le déflorer avant de s'éveiller. Le songe allégorique est ici un moyen d'investigation des mouvements obscurs de l'âme et de l'éveil des sens. Laissé en suspens par Guillaume de Lorris, le poème est achevé par Jean de Meun vers 1270.

GUILLAUME DE MACHAUT, *Le Voir Dit*   n° 4557

Guillaume de Machaut est un des plus grands écrivains du Moyen Âge français. C'est aussi un très grand musicien. Ce texte à deux voix, mêlant récit en vers, pièces lyriques et musicales, lettres en prose, se donne pour une histoire vraie, celle des amours d'un poète illustre et vieillissant avec une toute jeune fille, son admiratrice.

JEAN D'ARRAS, *Mélusine*   n° 4566

Mélusine ou *La Noble Histoire de Lusignan*, terminé en 1393, fait entendre pour la première fois dans la littérature les « cris de la fée » Mélusine, que son époux, manquant à sa parole, a surprise sous sa forme de serpente. Roman qui mêle récits de croisades, chroniques historiques, livre d'éducation des princes, épisodes épiques et contes de fées et qui prête au conte universel des amours impossibles entre un mortel et un être surnaturel les traits propres à la culture princière du Moyen Âge flamboyant.

JEAN FROISSART

Chroniques livres I et II   n° 4556

Les *Chroniques* de Jean Froissart couvrent les années 1325-1400 et constituent une source essentielle pour la connaissance du XIVe siècle et l'histoire de la guerre de Cent Ans. Elles sont d'une lecture passionnante par la masse des faits rapportés, la vivacité du style et la vie du récit, le foisonnement des épisodes, la richesse du détail, l'habileté de la composition, la personnalité de l'auteur.

Livres III et IV   n° 4563

Les deux derniers Livres sont les plus passionnants. Ils sont écrits à chaud : la chronique a rattrapé l'actualité. L'auteur inscrit le récit des événements dans le cadre de sa propre enquête, ponctuée de voyages et de rencontres. Il transforme ainsi ses chroniques en mémoires.

JOINVILLE, *Vie de saint Louis*   n° 4565

Joinville raconte ce qu'il a personnellement connu du règne de saint Louis (1226-1270), essentiellement la croisade en Égypte et le séjour en Terre sainte ; il se fait l'écho des propos édifiants du roi, qu'il vit souvent depuis leur retour en France, et de quelques-unes de ses décisions les plus remarquables. Mais Joinville parle presque autant de lui-même que du roi. À côté de la haute figure de saint Louis se dessine celle, bien vivante, du chroniqueur.

LOUIS XI, *Lettres choisies*   n° 4546

Les lettres de Louis XI présentent un intérêt historique à la mesure de son activité politique et de l'importance de son règne. Mais aussi un intérêt qui touche à sa personne, et même un intérêt littéraire. Elles reflètent les préoccupations de leur auteur. On y sent la patte du roi, son style, son humeur. Elles sont écrites à l'emporte-pièce, avec une netteté efficace et parfois brutale.

MARCO POLO, *La Description du monde*   n° 4551

En unifiant l'Asie de la Méditerranée à la mer de Chine, la conquête mongole a ouvert les routes de l'Extrême-Orient aux marchands, aux missionnaires et aux aventuriers. C'est au retour d'un séjour dans l'empire du Grand Khan de Tartarie que le Vénitien Marco Polo a dicté en 1298 son *Devisement* ou *Description du monde*. Il y révèle la Chine, la diversité de ses paysages, l'étrangeté de ses mœurs, ses trésors. Il dresse le tableau de merveilles inouïes.

MARIE DE FRANCE, *Lais* n° 4523

Les *Lais*, composés à la fin du XIIe siècle par une mystérieuse Marie, sont d'abord, comme le revendique leur auteur, des contes populaires situés dans une Bretagne ancienne et mythique. Les fées y viennent à la rencontre du mortel dont elles sont éprises ; un chevalier peut se révéler loup-garou ou revêtir l'apparence d'un oiseau pour voler jusqu'à la fenêtre de sa bien-aimée.

PHILIPPE DE COMMYNES, *Mémoires* n° 4564

Philippe de Commynes (1447-1511), serviteur et agent de Charles le Téméraire, l'abandonne pour conduire, auprès de Louis XI, le jeu diplomatique de la France. « Commynes l'Européen » restera une figure majeure sous trois rois de France. Avec ces Mémoires, nous découvrons une écriture et un genre nouveaux. Et le genre littéraire des Mémoires fait sa véritable apparition.

RENÉ D'ANJOU, *Le Livre du Cœur d'amour épris* n° 4567

Le « bon roi René » (1409-1480) a réservé le meilleur de lui-même aux arts et à la littérature. Une nuit, à la faveur d'un rêve, il se lance à cœur perdu dans l'aventure d'aimer, en quête de la femme idéale. Tel est l'argument du *Livre du Cœur d'amour épris*, où se mêlent souvenirs personnels et souvenirs de lectures. L'histoire finit mal pour le cœur, plus mal encore pour le désir.

On a souvent voulu voir en Rutebeuf un prédécesseur de Villon : même gouaille caustique du poète parisien, même peinture caricaturale et apitoyée de soi-même. Certes, Rutebeuf a aussi, sur commande, mis sa poésie au service des grandes polémiques et des grandes causes de son temps (la crise de l'Université, les croisades, la piété). Mais les vers qui restent en mémoire sont bien ceux où le poète égrène ses « soliloques du pauvre », victime de la misère et prisonnier du vice.

Auteurs anonymes ou collectifs

Beowulf / La Chanson de la croisade albigeoise / La Chanson de Girart de Roussillon / La Chanson de Guillaume / La Chanson de Roland / Chansons des trouvères / Le Cycle de Guillaume d'Orange / Fabliaux érotiques / Flamenca / Le Haut Livre du Graal / Journal d'un bourgeois de Paris / Lancelot du lac / La Fausse Guenièvre / Le Val des amants infidèles / L'Enlèvement de Guenièvre / Le Livre de l'Echelle de Mahomet / Le Mesnagier de Paris / La Mort du roi Arthur / Mystère du siège d'Orléans / Nouvelles courtoises / Partonopeu de Blois / Poésie lyrique latine du Moyen Age / Première continuation de Perceval / La Quête du Saint-Graal / Raoul de Cambrai / Le Roman d'Apollonius de Tyr / Le Roman d'Éneas / Le Roman de Renart / Le Roman de Thèbes / Tristan et Iseut : Les Poèmes français, La Saga norroise.

Le Livre de Poche s'engage pour
l'environnement en réduisant
l'empreinte carbone de ses livres.
Celle de cet exemplaire est de :

550 g éq. CO_2
Rendez-vous sur
www.livredepoche-durable.fr

PAPIER À BASE DE
FIBRES CERTIFIÉES

Imprimé en France par CPI
en avril 2015
N° d'impression : 2014382
Dépôt légal 1re publication : juin 1990
Edition 14 - avril 2015
LIBRAIRIE GÉNÉRALE FRANÇAISE
31, rue de Fleurus - 75278 Paris Cedex 06

30/4524/2